Judith Bug · Matthias Karmasin (Hrsg.)

Telekommunikation und Jugendkultur

Judith Bug · Matthias Karmasin (Hrsg.)

Telekommunikation und Jugendkultur

Eine Einführung

Westdeutscher Verlag

Bibliografische Information Der Deutschen Bibliothek
Die Deutsche Bibliothek verzeichnet diese Publikation in der Deutschen
Nationalbibliografie; detaillierte bibliografische Daten sind im Internet über
<http://dnb.ddb.de> abrufbar.

1. Auflage März 2003

Alle Rechte vorbehalten
© Westdeutscher Verlag GmbH, Wiesbaden 2003

Lektorat: Barbara Emig-Roller / Nadine Kinne

Der Westdeutsche Verlag ist ein Unternehmen der
Fachverlagsgruppe BertelsmannSpringer.
www.westdeutscher-verlag.de

Umschlaggestaltung: Horst Dieter Bürkle, Darmstadt
Titelbild: Brettspiel, um 1905, Privatsammlung Rudolf Rühle
Gedruckt auf säurefreiem und chlorfrei gebleichtem Papier
ISBN-13: 978-3-531-13808-4   e-ISBN-13: 978-3-322-80417-4
DOI: 10.1007/978-3-322-80417-4

Für Benedikt, Emil und Lovis

Inhalt

Vorwort

Die vorliegende Einführung in den komplexen Gegenstandsbereich bzw. das komplexe Verhältnis von Telekommunikation und Jugendkultur wurde aufgrund seiner Neuheit und Aktualität offen konzipiert. Die Forschung befindet sich erst am Anfang. In dieser Situation verbietet sich eine zu enge fachliche Orientierung. Die Erforschung von Telekommunikation und Jugendkultur erfordert eine problemorientierte Zusammenarbeit über Fächergrenzen hinaus. Diese wollen die Beiträge des Bandes anregen.

Es freut uns, dass wir Autorinnen und Autoren aus verschiedenen Forschungsfeldern zur Mitarbeit an dieser Einführung gewinnen konnten. Neben ihnen gilt unser Dank unserem Sponsor, der Telekom Austria. Sie hat unsere Erforschung von Telekommunikation im Kontext von Jugendkultur großzügig unterstützt und durch Anregungen bereichert. Dank schulden wir an dieser Stelle insbesondere auch Maren Krüger und Rene Rummel, die bei der Arbeit im Kolleg und an diesem Band unverzichtbar waren, ebenso wie Carsten Winter, der den Band angeregt und in seiner Entstehung begleitet hat.

Klagenfurt, Januar 2003

Judith Bug und Matthias Karmasin

Telekommunikation und Jugendkultur. Eine Einführung in Probleme und Aufgaben des Forschungsfeldes

Judith Bug und Matthias Karmasin

Das Forschungsfeld „Telekommunikation und Jugendkultur" entsteht gerade erst in und mit vereinzelten disziplinären Ansätzen, die noch weitgehend unverbunden sind. Weil wir erst am Anfang stehen, ist auch noch nicht ausgemacht, was auf jeden Fall dazugehören sollte oder müsste. Alle im Band versammelten Autorinnen und Autoren nähern sich diesem Forschungsfeld denn auch aus ganz verschiedenen Gründen – mit unterschiedlichen Interessen, Methoden und Gegenständen. Das macht einerseits den Reiz, andererseits aber auch einige der Probleme und Aufgaben aus, in die mit diesem Band und mit diesem Beitrag eingeführt wird.

Wir haben uns das Forschungsfeld „Telekommunikation und Jugendkultur" im Team (Judith Bug, Matthias Karmasin und Carsten Winter), auf Umwegen und unter großer Mithilfe unseres Forschungskollegs[1] gemeinsam erschlossen. Ausgangspunkt war dabei zunächst ein allgemeineres Interesse an neuen Medien, Services und Angeboten an der Schnittstelle von Telekommunikation und Medien. Wobei wir uns dieser Schnittstelle freilich vor dem Hintergrund unserer bisherigen Forschung genährt haben.[2] Unser Interesse an der Erforschung des Verhältnisses von Telekommunikation und Jugendkultur ergab sich dann ganz konkret vor allem im Zusammenhang mit Ergebnissen einer gemeinsam mit dem österreichischen

---

1 Zum Forschungskolleg zählen (in alphabetischer Reihenfolge): Agnes Fojan, Nathalie Genser, Andreas Hipfl, Bettina Horn, Jessica Köberl, Maren Krüger, Andrea Leopold, Oliver Olschewski, Ingo Polanz, Peter Rass, Rene Rummel, Thomas Valentinitsch, Liselotte Wölbitsch, Elke Zechner. Ihnen sei hier noch einmal allen ganz herzlich für ihre Arbeiten und Anregungen gedankt! Vgl. Bug/ Krüger/ Winter 2002.

2 Der Wandel von Kommunikation wird dabei aus ökonomisch-medienethischer (Karmasin 1999; 2002), aus am Medienmanagement (Karmasin/ Winter 2000) sowie an Kultur- und Gesellschaftswandel (Winter 2000 und 2002b) orientierter Perspektive erforscht. In diesem Kontext haben uns insbesondere die Entwicklungen und Bedeutung neuer medialer Mehrwertdienste für Kommunikation (vgl. ausf. die Beiträge in Karmasin/ Winter 2002a) und die Entwicklung des Verhältnisses der beiden Branchen im Kontext von Produkten und Strategien (vgl. exempl. zu Narrowcasting etwa Winter 2002c) interessiert.

Gallup-Institut durchgeführten größeren repräsentativen Studie „Telekommunikation in Österreich".[3] Nahezu alle Ergebnisse verdeutlichten, dass die jüngeren Befragten bzw. Schüler und Schülerinnen sowie Studierende die komplexeste Nutzergruppe darstellen. Sie sind die „early adopter" schlechthin, kennen mit großem Abstand die meisten Angebote und Anbieter und verfügen trotz vergleichsweise geringer finanzieller Mittel über die größte Zahl an Telekommunikationsmedien.

Jugendliche und Kinder rückten für uns so als zentraler Kristallisationspunkt von und für Entwicklungen im Kontext von Telekommunikation in das Zentrum unserer Aufmerksamkeit. Daher fokussierten wir die Forschungsarbeiten unseres Kollegs, das wir Ende 2001 einrichteten, auf die Erforschung des Verhältnisses von Telekommunikation und Jugendkultur. Wir sichteten und diskutierten alle uns zugänglichen Studien und starteten unterschiedliche eigene Studien zur Nutzung vor allem des Internets an Schulen und durch Schülerinnen und Schüler, zur Nutzungshäufigkeit und den Nutzungsformen von Handys sowie zur Nutzung von Multimedia in zwei öffentlichen Jugendeinrichtungen mit qualitativen Interviews und Gruppendiskussionen.

Die qualitativen Einsichten in einzelne und konkrete Formen des Umgangs mit den neuen Telekommunikationsmedien und ihren Angeboten und Services müssen vor dem Hintergrund der allgemeinen Nutzungssituation gesehen werden: Ein Tag ohne Telekommunikationsmedien ist für die meisten Jugendlichen schon lange nicht mehr vorstellbar. In der Bundesrepublik Deutschland verfügen 2002 etwa 65% der Jugendlichen im Alter von 12 bis 25 Jahren über Zugang zum Internet; unter privilegierten Jugendlichen aus der „Oberschicht" sind es 84%, unter den Studierenden gar 95% (Linssen/ Leven/ Hurrelmann 2002: 82 f.). Bei der Frage, auf welches Medium am wenigsten verzichtet werden könne, hat der Computer unter den männlichen 12- bis 19-Jährigen inzwischen den Fernsehapparat auf Platz 1 eingeholt (Medienpädagogischer Forschungsverbund Südwest 2002: 48).

Auch die Wohnumgebung von Kindern und Jugendlichen, speziell das eigene Zimmer, hat sich grundlegend verändert: Es wird zunehmend multimedial ausgestattet. Die Forschung hat für diese Veränderung bereits den treffenden Begriff der „Bedroom Culture" (Livingstone/ Bovill 2000: 179 ff.) geprägt. Dort findet für 87% der 12 bis 19-Jährigen Jugendlichen in Deutschland auch die regelmäßige

---

3 Die Studie in Stichpunkten: Samplegröße=1000; Grundgesamtheit: Männer und Frauen ab 14 Jahren, repräsentativ für die österreichische Wohnbevölkerung; Stichprobe: Random Sampling; Befragungszeitraum: Sommer 2001; Themen u.a.: Ausstattung mit Kommunikationsmitteln und Anschaffungsabsicht; Bekanntheit und Nutzung verschiedener Dienste über Festnetz/ Fax/ Handy und Internet; Interesse an Zukunftsszenarien zu mobilen Mehrwertdiensten, intelligenten Wohnumgebungen, Power Line Communication usf.; vgl. Karmasin/ Bug/ Klein/ Winter 2002.

Computernutzung statt (Medienpädagogischer Forschungsverbund Südwest 2002: 24 f.).

Darüber hinaus sind immer mehr Jugendliche in ständiger Begleitung eines mobilen Telekommunikationsmediums: So haben nach einer aktuell erschienenen Studie der mobilkom austria (Nov. 2002) 91% der österreichischen Jugendlichen ihr Handy immer bei sich und senden pro Woche durchschnittlich 23,4 Short Messages, vor allem an ihre Freundinnen und Freunde. Eine andere und ebenfalls aktuelle kommerzielle Studie belegt darüber hinaus ein sehr großes Interesse an mobilen multimedialen Anwendungen: 80% der Deutschen zwischen 14 und 25 Jahren interessieren sich demnach für visuelle und individuell ausgerichtete mediale Mehrwertdienste. Ein Drittel gibt an, sich sogar ein neues Handy beschaffen zu wollen, um die Möglichkeiten einer „Mobile Picture Postcard" technisch besser unterstützen zu können (conVISUAL Juli 2002). Ohne diese Angaben freilich beurteilen zu können, unterstreicht auch unsere eigene Forschung, dass die Faszination der neuen Dienste und Anwendungen auf Kinder und Jugendliche – so problematisch das im Einzelfall aus unterschiedlichsten Gründen sein mag – nur schwer überschätzt werden kann.

Längst haben Telekommunikationsmedien und neue Services wie SMS, Chat und Spiele nach unserer Einschätzung ihren festen Platz in den „Medienskripts" (i.S. einer Struktur von Botschaften, medialen Figuren, Titelsongs etc., die den Alltag strukturieren und organisieren) der Jugendlichen. Diese wie auch immer verfassten medialen Bausteine der kulturellen Selbstorganisation werden in unterschiedlichen medialen Kontexten und Formen rezipiert (z.B. SMS zu Hause, in der Schule, auf dem Spielplatz) und dann mehr oder weniger kreativ in verschiedene persönliche „Aktionsmodi" umgesetzt (z.B. Rezeption von „Marienhof" im Fernsehen und dann chatten im „Marienhof"-Chatroom) (vgl. hierzu bereits Charlton/ Neumann-Braun 1992: 20). Unsere eigenen Forschungen zeigen, dass Telekommunikationsmedien herkömmliche Medienskripts erheblich verändern. Das haben wir bei unserer Feldforschung, während der wir über eine knappe Woche die Computernutzerinnen und -nutzer in den aha's Dornbirn und Bregenz[4] beobachtet haben, lernen können. Unsere Beobachtungen, die wir in einer Gruppendiskussion[5] an

---

4 Die aha-Einrichtungen in Dornbirn, Bregenz, Liechtenstein und Ravensburg verstehen sich als Informationsdrehscheibe für Jugendliche und bieten neben gedrucktem, systematisiertem Informationsmaterial zu alltagsrelevanten Fragen auch die Möglichkeit, während der Öffnungszeiten kostenfrei im Internet zu surfen. Für weitere Information siehe unter http://www.aha.org.at (Zugriff: 17.10.2002).

5 An dieser Gruppendiskussion im Februar 2002 zu den Themen Mediennutzung (Schwerpunkt: Internet und Handy), mediale Vorlieben und Abneigungen sowie eigene Freizeitgestaltung nahmen acht jugendliche Nutzerinnen und Nutzer der aha-Einrichtungen zwischen 12 und 20 Jahren teil;

einem Abend thematisiert haben, ermöglichte es, die am Tage beobachteten Praktiken und deren Bedeutung weiter auszudifferenzieren. Die medialen Formen und Inhalte telekommunikativer Handlungen, mit denen sie sich auf ihre individuelle Lebenssituation beziehen und die sie zur Interpretation dieser Situation nutzen können, werden für sie immer wichtigere Bezugspunkte der kulturellen und kommunikativen Selbstorganisation und Selbstvergewisserung.

Die große Bedeutung dieser telekommunikativen Handlungen für die kulturelle Selbstvergewisserung und -organisation wird in den anderen empirischen Projekten bestätigt. Was im Hinblick auf das Verständnis dieser Handlungen für uns zentral war, war die Einsicht in den grundsätzlich spielerischen Charakter dieser Handlungen, die diese in jeder Hinsicht am deutlichsten kennzeichneten (vgl. dazu die Hinweise im Beitrag von Winter im Band). Innerhalb dieser spielerischen Selbstorganisation kam vor allem geschlechtsspezifischen Differenzen eine wichtige Rolle zu. So fanden wir z.B. Hinweise darauf, dass Mädchen und weibliche Jugendliche Entwicklungsaufgaben wie die Geschlechterrollenidentifikation, den Umgang mit Macht und Kontrolle oder die große Bandbreite an Beziehungsthematiken stärker durch die soziale Interaktion und dabei zum großen Teil medial vermittelt (SMS und Chat) zu lösen scheinen, während ihre gegengeschlechtlichen Altersgenossen diese Entwicklungsaufgaben eher im Kontext von Computer- und Konsolenspielen kennen und lösen lernen; wobei uns die Unterschiede in der Form entscheidender zu sein scheinen als die jeweiligen Unterschiede der Inhalte.

Die Form des Umgangs mit den Telekommunikationsmedien und ihren Diensten, die selbstverständliche Geschicklichkeit ist dabei in ihrer Bedeutung den vermeintlich zentralen und maßgeblichen Inhalten häufig mindestens ebenbürtig. Das war zumindest bei unserer Beobachtungen offenkundig: Paralleles Chatten in mehren virtuellen Räumen und ganz real mit der Freundin am PC gegenüber, dabei SMS empfangen und schreiben, Blättern in einer Infobroschüre, Hausaufgaben abschreiben und dabei „mobil Telefonieren": All das schien die Jugendlichen nicht sonderlich herauszufordern. Ganz im Gegenteil, die Jugendlichen hatten vor allem viel Spaß – und das ist ihnen nach ihren eigenen Aussagen dabei auch ganz wichtig. Wir wollen nicht verschweigen, dass wir uns auch dafür interessierten, wo dieser Spaß spätestens aufhört: Dort, wo die Kosten für die Jugendlichen und nicht zuletzt auch für deren Eltern nicht mehr tragbar sind.

eine Hauptschülerin, drei Gymnasiasten, zwei Berufsschüler, ein Zivildienstleistender sowie eine Praktikantin des aha Dornbirn (vgl. Bug/ Winter 2002).

1. Für eine multiperspektivische umfassende Erforschung der neuen (Tele-) Kommunikationskulturen von Kindern und Jugendlichen

Gegenwärtig werden allerdings diese vorgestellten Zahlen über die Entwicklung der Bedeutung der Telekommunikation, die wir mit kurzen Beispielen aus der eigenen Forschung verdeutlichen wollten, in der Jugendkulturforschung noch kaum beachtet. Das macht es erforderlich, einige aktuelle internationale Projekte und Diskurse der Jugendforschung zu problematisieren. Das Ziel ist dabei weniger Kritik (quasi von außen), als vielmehr eine multiperspektivische erste Sichtung von Anknüpfungs- und Bezugspunkten für die bessere Erforschung der Probleme und Potenziale, die sich neu im Kontext von Sozialisation, Identitätsentwicklung oder ganz allgemein im Alltag für Kinder und Jugendliche im Umgang mit Telekommunikationsmedien und ihren Diensten ergeben (können).

Wenngleich sich in der Jugendforschung, so die Herausgeber des Jahrbuchs Jugendforschung (Merkens/ Zinnecker 2002), sehr unterschiedliche aktuelle Trends ausmachen lassen, so können doch alle Beiträge im Wesentlichen dem Themenspektrum „Identitätsentwicklung inklusive der Probleme, die sich dabei in der Jugendzeit ergeben" subsumiert werden (ebd.: 191). Die im Jahrbuch diskutierten ausgewählten theoretischen Konzepte und Modelle der Jugendforschung entstammen vor allem klassischen Disziplinen und wurden in einem Kontext entwickelt, in dem Medien und Kommunikation in Gesellschaft und Kultur noch kein zentraler Stellenwert zugesprochen wurde – etwa das 1948 erstmals publizierte Konzept der Entwicklungsaufgaben nach Robert J. Havighurst (Reinders 2002), das Altersnormen-Konzept der 50er-Jahre (Fuchs-Heinritz 2002) oder das der Jugendgenerationen von Karl Mannheim (Zinnecker 2002). Obwohl diese kritisch reflektiert und erweitert werden, stellt sich die Frage nach der Angemessenheit dieser Bezugsrahmen.[6] Das zeigt gerade die Erforschung von Identität. Längst haben sich neue theoretische Bezugsrahmen durchgesetzt, in denen Medien und Kommunikation sogar eine zentrale Rolle zukommt. Identität kann heute nicht mehr essenzialistisch konzeptualisiert werden, als etwas, dass es zu finden oder zu entdecken gäbe: Identität wird konzeptualisiert vielmehr als permanenter und konfliktärer Prozess der Unterscheidung und Entwicklung von kommunikativen und kulturellen Optionen. Diesem Prozess kann in kapitalistischen Gesellschaften

---

6 In der Soziologie fordern viele namhafte Vertreter wie Anthony Giddens oder Mike Featherstone seit Jahren, die klassischen und um die vorletzte Jahrhundertwende entwickelten Konzepte und Begrifflichkeiten kritisch zu überprüfen und gegebenenfalls auszurangieren (vgl. Giddens 1987, Featherstone 2000 sowie ausführlicher dazu aus der Perspektive eines Soziologen auf Medien Thompson 1995).

niemand mehr ausweichen. Er wird dabei freilich vor dem Hintergrund von vielfältigsten ungleichen materiellen, sozialen, kognitiven und kulturellen Voraussetzungen betrieben – wobei der Zugang zu Information und Orientierungen und die
Verfügung über Medien sowie die Möglichkeiten im Umgang mit ihnen zu immer
wichtigeren und damit konstitutiven Ressourcen der Identitätsbildung werden.[7]

Die in der Identitätsdiskussion immer wieder erhobene Forderung, die Erforschung von Identität umfassender anzulegen und deren lebensweltliche Bedingungen stärker als bisher zu berücksichtigen, macht auf einen weiteren Aspekt
aufmerksam, der für ein Verständnis des Forschungsfeldes wichtig ist: Die gütertheoretische Klassifikation der Telekommunikation. Handelt es sich bei ihr wirklich
nur um ein Wirtschaftsgut oder nicht doch auch um ein Kultur- und ein öffentliches Gut – mit Sonderstatus, vergleichbar dem Rundfunk (Staatsvertrag) – oder,
wie an anderer Stelle ausführlicher dargelegt worden ist, um zumindest ein „quasiöffentliches Gut" (Karmasin 1999), das zumindest prinzipiell allen zugänglich sein
sollte (vgl. dazu auch den Beitrag von Winter im Band)? Es sind damit also nicht
nur gütertheoretische, sondern auch ethische Fragen angesprochen: Welchen Umgang mit den neuen Technologien in der Zivilgesellschaft erwarten wir uns, und
zwar nicht nur von den Nutzerinnen und Nutzern und der Politik, sondern auch
von den Unternehmen, die sie produzieren (vgl. dazu ausführlicher Karmasin/
Winter 2002)?

Diese grob umrissenen Aspekte des Forschungsfeldes Telekommunikation und
Jugendkultur machen deutlich, dass ein umfassendes Verständnis des Verhältnisses
von Jugendkultur und Telekommunikation eine multiperspektivische Erforschung
erfordert, die aber vor allem die Telekommunikationsmedien in ihrer Bedeutung
und im Kontext der verschiedenen Angebote und Services erst einmal angemessen
zur Kenntnis nimmt. Dass altersspezifische Entwicklungsaufgaben sowie Prozesse
der Identitätsentwicklung seit den „digitalen" Umbrüchen in den neunziger Jahren
und gegenwärtig durch Telekommunikation und entsprechende neue Medien und
Services unter völlig veränderten Bedingungen und Möglichkeiten stattfinden, wird
in der wissenschaftlichen Erforschung von Jugendkultur noch viel zu wenig berücksichtigt.

Eine Ausnahme ist etwa die Diskussion um das Konzept „(Jugend-)Generation"
als differenzierendes Deutungsmuster, in der das Internet ins Visier wissenschaftlicher Forschung gerät. Dort werden die aktuelle öffentliche Relevanz sowie die
semantische Aufladung des Begriffes „Generation" anhand der Trefferzahl einer
Internet-Suchmaschine belegt (Zinnecker 2002: 83), wobei darauf verwiesen wird,

---

7   Vgl. dazu ausführlicher die Beiträge in Winter/ Hepp/ Thomas 2002 und zur Entwicklung der
    Konzeption von Identität Winter 2002a.

dass „die überzeugendsten Generationen (…) heute offenkundig die Generationen technologischer Neuerungen" sind (ebd.). Zum anderen wird in diesem Beitrag am Beispiel der Online-Newsgroup blackbox.net[8] gezeigt, dass das Internet recht erfolgreich die Funktion einer „generationsbildenden kulturellen Institution" (Zinnecker 2002: 88) übernehmen kann. Als Gemeinsamkeit wird die von dieser Generation geteilte Erfahrung einer kommerziellen Kinderkultur angegeben (ebd.: 87). Neue Kommunikations- und Identifikationsbedingungen auf Grundlage des Potenzials von Telekommunikationsmedien deuten demnach sehr wohl bereits auf einen erheblichen Strukturwandel der Jugendphase.

Ein weiteres Beispiel für vielfältige Hinweise auf eine sich verändernde (Kommunikations-)Kultur von Kindern und Jugendlichen liefert das Porträt der ersten Jugendgeneration des neuen Jahrhunderts in Zinnecker/ Behnken/ Maschke et al. (2002). Die dort untersuchte Generation ist die erste, die mit Telekommunikationsmedien und ihren neuen Möglichkeiten aufwächst. Nahezu alle Lebensbereiche der Kinder und Jugendlichen im Alter von 10 bis 18 Jahren werden in vielfältigen Formen durch neue Kommunikationsmöglichkeiten (mit-)geprägt. Viele Erfahrungen können heute früher und damit bereits in der Kindheit gemacht werden: Die Mentalitäten der 13- bis 18-Jährigen teilen daher heute bereits 10- bis 12-jährige Kinder (Zinnecker/ Behnken/ Maschke et al. 2002: 9). Weiter gilt als häufigste Erfahrung, welche die heute 16 bis 18 Jahre alten Jugendlichen verbindet, die eigenständige Verfügung über neue Medien (ebd.: 109) und nahezu alle beliebten Freizeitaktivitäten sind multimedial eingebettet (ebd.: 67). Diese und viele weitere Aktivitäten sind in den Gleichaltrigengruppen zunehmend durch die Nutzung von mobilen Telekommunikationsmedien begleitet – SMS oder mobile Sprachtelefonie (ebd.: 67). Vor diesem Hintergrund und auf der Grundlage unserer eigenen Beobachtungen wird die in den meisten Studien zum Mediennutzungsverhalten von Kindern und Jugendlichen praktizierte Trennung zwischen „medialen" und „nichtmedialen" Freizeitbeschäftigungen zur Makulatur. Unseres Erachtens kann die seit Beginn der quantitativen Jugendforschung konstant an erster Stelle stehende Freizeitaktivität „Sich mit Freundinnen und Freunden treffen" (z.B. JIM-Studie 2001: 6) nicht mehr sinnvoll von medialen Tätigkeiten getrennt (erhoben) werden.[9]

---

8 Die damals dreißigjährige Susanne Pauser eröffnete 1987 eine bald sehr erfolgreiche Newsgroup, in der die individuellen Erinnerungen an TV-Sendungen, Werbespots und Produkte der siebziger Jahre gesammelt, ausgetauscht und aufgefrischt wurden. Die Highlights der Erinnerungsstücke sind auch in Buchformat erschienen (Pauser/ Ritscherl 2000).

9 Den Autorinnen und Autoren ist diese Problematik durchaus bewusst: Die Frage nach dem Medium, welches man beim Zusammensein mit Freundinnen und Freunden am ehesten nutzen würde (9% Handy; JIM-Studie 2001: 50), vermag diese Lücke nur bedingt zu schließen. Häufig ist den Be-

Tatsächlich müssen wir davon ausgehen, dass die Rolle, die Telekommunikationsmedien im Leben der Kinder und Jugendlichen spielen, noch nicht angemessen
reflektiert wird, solange Handypenetration oder Internetnutzungszeiten lediglich
dem Lebensbereich „Freizeit" subsumiert werden. Die aktuelle Shell-Jugendstudie
macht hier in gewisser Weise eine erste Ausnahme. Dort tauchen einige wenige
Kennziffern der Telekommunikationsmediennutzung im Kapitel „Freizeit: Freude,
Fun – und die Finanzen" (Linssen/ Leven/ Hurrelmann 2002: 76 ff.) auf. Dennoch bleibt die Rolle der Telekommunikationsmedien im Rahmen anderer Fragestellungen – wie jenen nach Wertorientierungen und Wertewandel oder nach
Mentalitäten – weitgehend unberücksichtigt; obwohl die Studie ihren qualitativen
Teil dem Aspekt einer veränderten politischen Kommunikationskultur durch die
neuen Kommunikationspotenziale des Internets widmet: Sie porträtiert Jugendliche, deren gesellschaftspolitisches Engagement in verschiedenster Weise mit den
Möglichkeiten des Internets verbunden ist (Picot/ Willert 2002: 221 ff.). Dabei hat
man in dem Forschungsfeld der politischen Entwicklung und Partizipation, einem
traditionellen Schwerpunkt der Shell-Jugendstudien wie der Jugendforschung überhaupt, ganz neue Formen der politischen Kommunikationskultur ausgemacht,
nämlich neue „'internetbezogene' Engagementformen" (Picot/ Willert et al. 2002:
223): das Internet als Ziel politischer Handlungen oder auch (nur) zur Organisation
und Kommunikation von Interessen überwiegend außerhalb des Mediums (ebd.:
222).

Wirklichkeitssensible Forschung und dem Gegenstand und Problem angemessenere Konzeptualisierungen werden künftig dazu beitragen (müssen), auch in anderen Lebensbereichen die wachsende Bedeutung der Telekommunikationsmedien
für das Alltagshandeln der Kinder und Jugendlichen zu entdecken.

Telekommunikationsmedien und die neuen Möglichkeiten und Formen von
Kommunikation gehören maßgeblich zu den veränderten Bedingungen, unter
denen Kinder und Jugendliche heute aufwachsen. Sie sind der Motor des viel diskutierten Strukturwandels der Statuspassage „Jugend". Die empirische Erforschung
des Transformationspotenzials dieser neuen Kommunikationstechnologien für
familiäre Strukturen und Beziehungen (vgl. z.B. Logemann/ Feldhaus 2002), für
Lernumwelten (aus der Perspektive der Medienpädagogik vgl. medien+erziehung

---

fragten eine Gewohnheit so selbstverständlich, dass sie diese in der Befragungssituation nicht reproduzieren. Beispielsweise ist der Musikkonsum Jugendlicher schon so eng mit anderen Tagesak-
tivitäten verwoben, dass die Jugendlichen diese Lieblingsbeschäftigung in einer offenen Fragestellung gar nicht gesondert aufführten (Dornbirner Jugendstudie 2001: 18 f.). Ähnlich in der Studie
„n-gen" (netbridge 2000). Dort ließ eine jugendliche Interviewpartnerin ihr Handy nicht aus den
Augen, in der Hoffnung, eine neue SMS zu empfangen, sagte im Interview aber, das Handy sei ihr
persönlich nicht besonders wichtig (netbridge 2000: 40).

2002), Spielumwelten (v.a. aus der Perspektive der Medienpsychologie z.B. Klimmt im Druck), Wohnumwelten (vgl. z.B. Livingstone/ Bovill 2001: 179 ff.), für die Freizeitgestaltung (vgl. Vogelgesang 2001), für Prozesse der sozialen Orientierung und natürlich des entsprechenden Mediennutzungsverhalten (z.B. Theunert/ Wagner 2002) etc. beginnt gerade erst.

Um den Wandel der Kommunikationskulturen durch Telekommunikation in ihrer Bedeutung für Kinder und Jugendliche angemessen verstehen, methodisch erforschen und theoretisch konzeptualisieren zu können, dürfte eine Verbesserung und Verstärkung vor allem der fächerübergreifenden Zusammenarbeit nötig werden. Eine solche Zusammenarbeit erfordert Anknüpfungspunkte, die möglichst konkret am Gegenstand und spezifischen Problemen entwickelt und entfaltet werden. Die Beiträge dieses Bandes entwickeln entsprechende Anknüpfungspunkte aus verschiedenen fachlichen Perspektiven auf den Gegenstand Telekommunikation und Jugendkultur und sind entweder stärker an neuen Diensten und Angeboten oder an spezifischen Problemstellungen interessiert.

2. Die Beiträge des Bandes: unterschiedliche Perspektiven auf das Verhältnis von Telekommunikation und Jugendkultur

Die ausgewählten Beiträge behandeln zentrale Aspekte von Telekommunikation im Kontext von Jugendkultur. Der Band entwickelt die Komplexität dieses Verhältnisses aus der Überblendung der verschiedenen ausgewählten Perspektiven. Gegenstände der Beiträge sind zunächst die Integration von Telekommunikationsmedien in bestehende komplexe Formen der Mediennutzung, ihre Bedeutung für die kommunikative Re-Artikulation der Kulturen und Identitäten von Kindern und Jugendlichen, die populären Bildschirmspiele und ihre Nutzung, populäre Phänomene wie der Pokémon-Medienverbund, der Chat, Mobiltelefonie und SMS, MP3 und die Mediatisierung der Lebensräume von Jugendlichen. Dieser als Einführung angelegte Band berücksichtigt dabei bewusst ganz verschiedene Perspektiven und konzeptuelle Bezugsrahmen. Sie stehen für eine problemorientierte und produktive Nutzung von Methoden und Theorien, die für eine Erforschung des Verhältnisses von Telekommunikation und Jugendkultur fruchtbar gemacht werden können und sollten und die dabei durchaus auch weiterentwickelt werden. Das zeigen etwa die beiden ersten Beiträge von Uwe Hasebrink und von Carsten Winter, die zwei unterschiedliche Perspektiven auf das Verhältnis von Telekommunikation und Jugendkultur entwickeln – einmal auf die Komplexität der Nutzung, das andere Mal auf die Komplexität der Telekommunikation selbst.

Uwe Hasebrink regt in seinem Beitrag einen Perspektivwechsel innerhalb der Kommunikations- und Medienwissenschaft an: weg von einer „medienzentrierten Segmentierung des Gegenstandsbereichs", hin zu einer stärker nutzerorientierten Forschungsperspektive. Er fragt nach dem alltäglichen Umgang der Nutzer und Nutzerinnen mit den Medienangeboten und zeigt, wie die verschiedenen Medienangebote integriert werden. Anhand von empirischen Beispielen aus einem vergleichenden Projekt zur Veränderung der Medienumgebungen von Kindern und Jugendlichen in Europa und Israel veranschaulicht er, wie unterschiedlich die jugendlichen Mediennutzer und -nutzerinnen im Kontext bestehender Medienmenüs und ihres situativen Kommunikationsbedarfes ihr individuelles Menü aus so genannten alten und neuen Medien zusammenstellen. Im Zuge konvergierender Medientechnologien schlägt er eine nicht länger medienzentrierte, sondern vielmehr an der Funktion orientierte Differenzierung von Diensten und Angeboten vor, die die Nutzer und Nutzerinnen selbst diesen Diensten zuordnen.

Carsten Winter fordert eine angemessenere Berücksichtigung der Komplexität der durch Telekommunikationsmedien als „Verbindungstechnologien" möglichen neuen Formen kultureller Differenz und Verbundenheit. Er schlägt vor, nicht mehr (nur) zu fragen, was die Medien mit den Menschen machen und was die Nutzerinnen und Nutzer mit den Medien machen, sondern vielmehr danach zu fragen, wie und warum das, was Menschen an unterschiedlichen Momenten von Kommunikation tun, komplex zusammenhängt. Sein Beitrag thematisiert die Konzeptualisierung der Möglichkeiten der neuen Technologien, die nicht nur den Nutzerinnen und Nutzern Möglichkeiten schaffen, auf die Produktion und Allokation von Angeboten und Diensten Einfluss zu nehmen (Push-und-Pull-Technologien, Living Content usf.), sondern auch den Produzenten mehr Möglichkeiten und Informationen über ihre Kundinnen und Kunden bieten.

Hardy Dreier und Susanne Kubisch rekonstruieren in ihrem Beitrag die Vielfalt und Vielgestaltigkeit der für das Verhältnis von Telekommunikation und Jugendkultur maßgeblichen Produktion und Nutzung von Bildschirmspielen. Ausführlich beschreiben sie die Entwicklung der Hardware, der Spielformen und der Märkte, bevor sie in die Welt, in den Content, der Spiele selbst einführen. Dabei stellen sie die zentralen Content-Strategien und ihre Weiterentwicklung und Differenzierung über Plattform-Strategien vor, bevor die Entwicklung der Distribution und Vernetzung der Spiele, Spieler und Spielerinnen und die Formen der Nutzung vorgestellt werden

Ingrid Paus-Hasebrinks Beitrag behandelt das erfolgreiche multimediale Phänomen „Pokémon". Neben einer umfangreichen und detaillierten Auseinandersetzung mit den Nutzerinnen und Nutzern dieses Medienverbundes, den

„Pokémon-Kindern", die tiefe Einblicke in deren Aktivität und Vielseitigkeit erlaubt, thematisiert ihre Darstellung vor allem das komplexe und erfolgreiche Zusammenspiel von Fernsehserie und Computerspielangeboten, in deren Verschränkung sie die maßgeblichen Gründe für den enormen Erfolg dieser neuen, globalisierten und kommerziell orientierten Form der Kinderunterhaltungskultur ausmacht.

In den folgenden drei Beiträgen werden vor allem Potenziale von Telekommunikation als Vernetzungstechnologie herausgearbeitet, die freilich – wie die Beiträge zeigen – ganz unterschiedlich aussehen und entwickelt werden können.

Claudia Orthmann behandelt in ihrem Beitrag Chat-Kommunikation von jugendlichen Usern und Userinnen. Sie stellt deren hohe Attraktivität dar, die sie vor allem damit erklärt, dass dabei spielerisch mit der eigenen Identität umgegangen werden kann, was sich vor allem beim „Flirten" und „Fluchen" äußert. Orthmann dokumentiert dies ausführlich und differenziert auf der Basis einer qualitativen Vorstudie zum Forschungsprojekt „Prozessanalyse der Kommunikation von Kindern und Jugendlichen im Internet", die in den Jahren 1999–2001 am Center for Media Research der FU Berlin durchgeführt wurde. Am virtuellen Raum des Chats als einem wichtigen neuen und zusätzlichen Erfahrungsraum interessiert Orthmann insbesondere auch, wie altersspezifische Aufgaben, etwa der Übergang ins Erwachsenenalter, gestaltet und gelöst werden.

Joachim R. Höflich und Julian Gebhardt zeigen in ihrem Beitrag, wie das neue Jugendmedium schlechthin, das mobile Telefon, im deutschsprachigen Raum „Handy" genannt, in den Alltag der Jugendlichen eingebaut wurde und wird. Ihre Darstellung basiert auf insgesamt 19 explorativen Gruppendiskussionen, die im Rahmen eines umfassenden Projektes zum Wandel von Vermittlungskulturen zwischen Juni 2000 und Januar 2001 durchgeführt wurden. Inhaltlich knüpfen sie dabei an die erste kommunikationswissenschaftliche Studie im deutschen Sprachraum zur Nutzung des Short Message Service durch Jugendliche an (Höflich/ Rössler 2001).

Iris Eisenbürger und Waldemar Vogelgesang thematisieren in ihrem Beitrag den Wandel im Umgang mit der Musik, dem zentralem Bestandteil von Jugendkulturen. Denn nach wie vor steht keine andere jugendkulturelle Ausdrucksform so sehr im Mittelpunkt der kulturellen Selbstvergewisserung wie die Musik. Durch die Einführung des MP3-Formates und die Etablierung (illegaler) Internet-Tauschbörsen wie Napster oder Gnutella sind völlig neue Möglichkeiten der individualisierten Musikbeschaffung und -zusammenstellung entstanden. Eisenbürger und Vogelgesang führen vor dem Hintergrund eines eigenen Forschungsprojektes über das Tauschverhalten und Rechtsbewusstsein studentischer MP3-NutzerInnen in dieses neue

Phänomen der Jugendkultur ein, das – wie sie zeigen – bereits deutliche Spuren im jugendlichen Musikhabitus hinterlassen hat.

Abschließend reflektiert Friedrich Krotz die Konsequenzen der Medienentwicklung, speziell der Entwicklung von Telekommunikationsmedien, in einem umfassenderen Rahmen. Er rekurriert dabei auf deren Bedeutung für den Wandel von Alltagsbedingungen, Wirklichkeitsvorstellungen und Erlebnisbereichen im Rahmen seiner viel beachteten Konzeptualisierung der Mediatisierung von Alltagsbereichen und entwirft (auch ganz plastisch anhand von Bildern) Thesen zu möglichen oder bereits beobachtbaren Veränderungen, aus denen er eine Vielzahl neuer Aufgaben und Herausforderungen für die Forschung entwickelt.

3. Vorschläge für die künftige Erforschung des Verhältnisses von Telekommunikation und Jugendkultur

Die Arbeit im Team, Tagungsbesuche, Gespräche mit Kolleginnen und Kollegen, die gemeinsame Arbeit im Forschungskolleg sowie ein zum Thema veranstalteter Workshop haben eine Vielzahl von Hinweisen erbracht, wie die Erforschung des komplexen Verhältnisses von Telekommunikation und Jugendkultur noch verbessert werden kann. Es sind freilich Vorschläge – heuristisch wertvoll, aber eher fallibel.

*   *Offenheit.* Die Arbeit mit Bezugsrahmen, Theorien und forschungsleitenden Fragen sollte präzise ausgewiesen und nachvollziehbar, aber dabei möglichst offen sein, um sie im Forschungsprozess, wenn nötig, korrigieren und erweitern zu können.
*   *Komplexität.* Der Alltag und das Leben und Spielen von Kindern und Jugendlichen sind in der Regel komplexer, als es die Forschung berücksichtigen kann. Die Forschung muss diesem grundsätzlichen Problem Rechnung tragen. Sie darf dennoch den Bezug sämtlicher Lebensbereiche aufeinander nicht ausblenden. Von daher sollten vielmehr spezifische Aspekte der Komplexität herausarbeitet werden; etwa der umfassenden Mediennutzung, spezifischer Formen von Medienhandeln (z.B. E-Mail – Chat – SMS – mobile mediale Mehrwertdienste) oder auch die einzelner Kommunikationsprozesse innerhalb der umfassenden Formen medialer Kommunikation.
*   *Gegenstands- und Problemorientierung.* Insgesamt erwies sich gerade im Kontext der beiden eben angeführten Hinweise eine an Problemen orientierte Vorgehensweise als zielführend: Welche Bedeutung kommt welchem Medien-

handeln im Kontext welcher Alltagssituationen oder etwa Alltags- oder Entwicklungsaufgaben von Kindern und Jugendlichen zu usf.?

* *Transdisziplinarität:* Die Komplexität und Offenheit des Forschungsfeldes erfordern eine am Gegenstand orientierte und damit fast notwendig fächerübergreifende Forschung. Dieser Band ist dafür selbst ein gutes Beispiel. Die Konzeptualisierung komplexer Verhältnisse im Kontext von Kultur und konvergenten Kommunikationstechnologien erfordern die Berücksichtigung von Erkenntnissen und Arbeiten aus so unterschiedlichen Forschungszusammenhängen wie der Medienpädagogik, der Medienökonomie, der Kommunikationssoziologie, der empirischen Rezeptionsforschung den Cultural Studies und der Psychologie – um nur einige zu nennen. Wir zählen in diesem Fall weiter in jedem Fall auch die Berücksichtigung von Praxiswissen und die Zusammenarbeit mit Praktikern dazu.

* *Multi-Methoden-Orientierung:* Der Forschungsgegenstand, die Deskription und Analyse des Medienhandelns mit Bezug auf Telekommunikationsmedien im Kontext des Alltagshandelns von Kindern und Jugendlichen ist komplex und neu. Daher sollten die Handelnden, die Kinder und Jugendlichen, möglichst selbst zu Wort kommen können, weshalb aus unserer Sicht derzeit vor allem qualitative Methoden in der Lage sind, die oben genannten Hinweise adäquat zu berücksichtigen.

Literatur

Bug, Judith/ Winter, Carsten (2002): 3 G Telekom-Trends (Leitung: Prof. DDr. M. Karmasin). Studie: Multimedia-Nutzung von Kindern und Jugendlichen. Band 3. unveröffentl. Bericht für die Telekom Austria

Bug, Judith/ Krüger, Maren/ Winter, Carsten (2002): 3 G Telekom-Trends (Leitung: Prof. DDr. M. Karmasin). Präsentation ausgewählter Forschungsergebnisse im Rahmen des Forschungskollegs. Band 4. unveröffentl. Bericht für die Telekom Austria

Bovill, Moira/ Livingstone, Sonia (2001): Bedroom Culture and the Privatization of Media Use. In: Livingstone, Sonia/ Bovill, Moira (Hrsg.): Children and Their Changing Media Environment. A European Comparative Study. Mahawah, New Jersey and London: Lawrence Erlbaum Associates: 179-200

conVisual (2002): Visuelle Kommunikation ist Trumpf in der mobilen Welt von morgen. Aufrufbar unter http://www.aboutit.de/view.php?ziel=/01/26/14.html (Zugriff: 29.11.02)

Featherstone, Mike (2000): Postmodernismus und Konsumkultur. Die Globalisierung der Komplexität. In: Robertson, Caroline Y./ Winter, Carsten (Hrsg.): Kulturwandel und Globalisierung. Baden-Baden: Nomos: 77-106

Giddens, Anthony (1987): Nine Theses on the Future of Sociology. Social Theory and Modern Society. Cambridge et al.: Polity Press: 22-51

Fuchs-Heinritz, Werner: Zur Bedeutung des Altersnormen-Konzepts für die Jugendforschung. In: Merkens, Hans/ Zinnecker, Jürgen (Hrsg.): Jahrbuch Jugendforschung 2 / 2002. Opladen: Leske + Budrich: 39-59

Höflich, Joachim/ Rössler, Patrick (2001): Mobile Schriftliche Kommunikation – oder: E-Mail für das Handy. Die Bedeutung elektronischer Kurznachrichten (Short Message Service) am Beispiel jugendlicher Handynutzer. In: Medien & Kommunikationswissenschaft, 49: 437-461

Karmasin, Matthias (1999). Produktionsfaktor Telekommunikation. Was produziert Telekommunikation und was soll sie produzieren? In: Kaspar, Achim/ Rübig, Paul (Hrsg.): Telekommunikation II. Ausblicke nach der Liberalisierung. Wien: Signum Verlag: 119-128

Karmasin, Matthias (2002): Medien und Ethik. Stuttgart: Philipp Reclam jun.

Karmasin, Matthias/ Winter, Carsten (2000): Kontexte und Aufgabenfelder von Medienmanagement. In: (diess.): Grundlagen des Medienmanagements. München: Fink (UTB): 15-39

Karmasin, Matthias/ Winter, Carsten (Hrsg.)(2002a): Mediale Mehrwertdienste und die Zukunft der Kommunikation. Wiesbaden: Westdeutscher Verlag

Karmasin, Matthias/ Winter, Carsten (2002b): Medienethik vor der Herausforderung der globalen Kommerzialisierung von Medienkultur. Probleme und Perspektiven. In: Karmasin, Matthias (Hrsg.): Medien und Ethik. Stuttgart: Philipp Reclam jun.: 9-36

Karmasin, Mathias/ Bug, Judith/ Klein, Oliver/ Winter, Carsten (2002): 3 G Telekom-Trends. (Leitung: Prof. DDr. M. Karmasin). Zwischenbericht zum Forschungsprojekt. 15.10.2000-15.10.2001. Band 2. unveröffentl. Bericht für die Telekom Austria

Klimmt, Christoph (im Druck): Computer- und Videospiele. In: Mangold, Roland/ Vorderer, Peter/Bente, Gary (Hrsg.): Lehrbuch der Medienpsychologie. Göttingen: Hogrefe

Krotz, Friedrich (2000): Vergnügen an interaktiven Medien und seine Folgen für Individuum und Gesellschaft. In: Göttlich, Udo/ Winter, Rainer (Hrsg.): Politik des Vergnügens. Köln: Herbert von Halem: 182-194

Krotz, Friedrich (2001): Die Mediatisierung kommunikativen Handelns. Wiesbaden: Westdeutscher Verlag

Krotz, Friedrich/ Hasebrink, Uwe: Who Are The New Media Users? In: Livigstone, Sonia/ Bovill, Moira (Hrsg.): Children and Their Changing Media Environment. A European Comparative Study. Mahwah, New Jersey: Erlbaum: 245-262

Logemann, Niels/ Feldhaus, Michael (2002): Zwischen SMS und download. Erste Ergebnisse zur Untersuchung der neuen Medien Mobiltelefon und Internet in der Familie. In: kommunikation@gesellschaft, Jg. 3, Beitrag 2. http//: www.uni-frankfurt.de/fb03/K.G/b2_2002_Logemann_Feldhaus.pdf (Zugriff: 15.09.02)

Linssen, Ruth/ Leven, Ingo/ Hurrelmann, Klaus (2002): Wachsende Ungleichheit der Zukunftchancen? Familie, Schule, Freizeit als jugendliche Lebenswelten. In: Jugendwerk der deutschen Shell (Hrsg.) (2002): Jugend 2002. Zwischen pragmatischem Idealismus und robustem Materialismus. Frankfurt a.M.: Fischer: 53-90

Medienpädagogischer Forschungsverbund Südwest (Hrsg.) (2002): JIM-Studie 2001. Jugend, Information, (Mulit-) Media. Basisuntersuchung zum Medienumgang 12- bis 19-Jähriger. Baden-Baden: mpfs Forschungsberichte

medien+erziehung (merz) (2002): Thema. Mediale Lernwelten. 46. Jg. 3/02: 144-172

Merkens, Hans/ Zinnecker, Jürgen (Hrsg.) (2002): Jahrbuch Jugendforschung 2 / 2002. Opladen: Leske + Budrich

diess. (2002): Trends. In: Merkens, Hans/ Zinnecker, Jürgen (Hrsg.): Jahrbuch Jugendforschung 2 / 2002. Opladen: Leske + Budrich: 191-196

mobilkom austria (2002): mobilkom austria untersucht fünf neue Mobilfunktrends. Abrufbar unter: http//de.news.yahoo.com/021106/295/31yze.html (Zugriff: 10.11.02)

netbridge (2000): n-gen. Nutzung neuer Medien durch Wiener Jugendliche. Internet, Handy, Computer. Frühjahr 2000. Siehe unter www.netbridge.at (Zugriff: 3. Oktober 2002)

Pauser, Susanne/ Ritschel, Wolfgang (2000): Wickie, Slime and Paiper. Das Online-Erinnerungsalbum für die Kinder der siebziger Jahre. Reinbeck b. Hamburg: Rowohlt

Paus-Haase, Ingrid/ Schorb, Bernd (Hrsg.) (2000): Qualitative Kinder- und Jugendmedienforschung. Theorie und Methoden: ein Arbeitsbuch. München: Kopäd

Paus-Haase, Ingrid/ Lampert, Claudia/ Süss, Daniel (Hrsg.) (2002): Medienpädagogik in der Kommunikationswissenschaft. Positionen und Perspektiven. Wiesbaden: Westdeutscher Verlag

Picot, Sibylle/ Willert, Michaela (2002): Politik per Klick? Internet und Engagement Jugendlicher – 20 Porträts. In: Jugendwerk der deutschen Shell (Hrsg.)
(2002): Jugend 2002. Zwischen pragmatischem Idealismus und robustem Materialismus. Frankfurt a.m.: Fischer: 221-414

Reinders, Heinz: Entwicklungsaufgaben. Theoretische Positionen zu einem Klassi-
ker. In: Merkens, Hans/ Zinnecker, Jürgen (Hrsg.): Jahrbuch Jugendforschung
2 / 2002. Opladen: Leske + Budrich: 13-37

SpoKK (Hrsg.) (1997): Kursbuch JugendKultur. Stile, Szenen und Identitäten vor
der Jahrtausendwende. Mannheim: Bollmann

Theunert, Helga/ Wagner, Ulrike (Hrsg.) (2002): Medienkonvergenz. Angebot und
Nutzung. Eine Fachdiskussion veranstaltet von BLM und ZDF. BLM-
Schriftenreihe. Band 70

Thompson, J. B. (1995): The Media and the Modernity. A Social Theory of the
Media. Cambridge et al.: Polity Press

Vogelgesang, Waldemar (2001): „Meine Zukunft bin ich!" Alltag und Lebenspla-
nung Jugendlicher. Frankfurt a.m./ New York: Campus

Winter, Carsten (2000): Kulturwandel und Globalisierung. Eine Einführung in die
Diskussion. In: Robertson, Caronline Y./ Winter, Carsten (Hrsg.): Kulturwandel und Globalisierung. Baden-Baden: Nomos: 13-73

Winter, Carsten (2002a): Die konfliktäre kommunikative Artikulation von Identität
im Kontext der Globalisierung von Medienkulturen. In: Winter, Carsten/
Thomas, Tanja/ Hepp, Andreas (Hrsg.): Medienidentitäten. Identität im Kontext von Globalisierung und MedienkulturKöln: Herbert von Halem Verlag:
49-70

Winter, Carsten (2002b): Medienentwicklung und Wandel als theoretische Herausforderung. Perspektiven für eine artikulationstheoretische Ergänzung systemfunktionaler Analysen. In: Behmer, Markus/ Krotz, Friedrich/ Stöber, Ru-
dolf/ Winter, Carsten (Hrsg.): Medienentwicklung und Gesellschaftswandel.
Wiesbaden: Westdeutscher Verlag: 51-87

Winter, Carsten (2002c): Von Broadcasting zu Narrowcasting? Fakten und Fiktionen von Konvergenz als Herausforderung für eine Theorie der Medienentwicklung. Fakten und Fiktionen. In: Baum, A./ Schmidt, Siegfried J. (Hrsg.):
Über den Umgang mit Medienwirklichkeiten. Konstanz: UVK: 514-526

Winter, Carsten/ Thomas, Tanja/ Hepp, Andreas (Hrsg.) (2002): Medienidentitäten. Identität im Kontext von Globalisierung und Medienkultur. Köln: Herbert
von Halem Verlag

Winter, Rainer (1999): Spielräume des Vergnügens und der Interpretation. Cultural
Studies und die kritische Analyse des Populären. In: Egelmann, Jan (Hrsg.):

Die kleinen Unterschiede. Der Cultural Studies-Reader. Frankfurt a.M./ New York: Campus

Zinnecker, Jürgen: Das Deutungsmuster Jugendgeneration. Fragen an Karl Mannheim. In: Merkens, Hans/ Zinnecker, Jürgen (Hrsg.): Jahrbuch Jugendforschung 2 / 2002. Opladen: Leske + Budrich: 61-98

Zinnecker, Jürgen/ Behnken, Imke/ Maschke, Sabine et al. (2002): null zoff & voll busy. Die erste Jugendgeneration des neuen Jahrhunderts. Opladen: Leske + Budrich

Konvergenz aus Nutzerperspektive. Zur Integration neuer Medien in die Nutzungsmuster von Jugendlichen

Uwe Hasebrink

1. Einführung

Diskussionen um die Perspektiven und Folgen neuer Medientechniken kreisen in der Regel sehr eng um das jeweils „neue" Medium und um die Frage, inwieweit dieses die „alten" Medien ersetze, eine komplementäre Beziehung zu ihnen entwickeln oder ohne große Folgen schlicht neben sie treten werde. Dies ist auch bei der aktuellen Diskussion um die künftige Nutzung der Telekommunikationsmedien der Fall: Da diese im Zuge der technischen Konvergenz in mehrfacher Hinsicht eng an die bisherigen Massenmedien heranrücken, wird – je nach Perspektive besorgt oder erwartungsfroh – gemutmaßt, die neuen Angebote und damit die hinter ihnen stehenden Anbieter könnten die bisherigen Medienangebote verdrängen.

Charakteristisch für diese Diskussion ist die Fixierung auf einzelne Medien und die damit unterstellte Determiniertheit kommunikativer Prozesse durch Medientechnologien und Medienangebote. Diese wird dadurch verstärkt, dass die Forschung ihrerseits nach wie vor nach verschiedenen Einzelmedien strukturiert ist: Neben die Fernsehforschung, die Radioforschung, die Leseforschung und andere Zweige ist in den letzten Jahren auch die Onlineforschung getreten – dabei wird das jeweils interessierende Medium in den Mittelpunkt der Forschung gestellt, so dass die übrigen Medien oft gar nicht erst in den Blick kommen. Besonders eklatant ist diese medienzentrierte Segmentierung des Gegenstandsbereichs der Forschung im Hinblick auf die Unterscheidung zwischen Massenmedien auf der einen und Individualkommunikation, einschließlich der Telekommunikation, auf der anderen Seite. So hat sich die Kommunikationswissenschaft bisher allenfalls am Rande mit dem Telefon beschäftigt. Einschlägige Untersuchungen zur Mediennutzung von Jugendlichen meinten bis vor kurzem, ohne eine systematische Berücksichtigung der Telekommunikation auskommen zu können. Aus der jüngsten Trendwende, die z.B. in mehreren Studien zur jugendlichen Handynutzung ihren Ausdruck findet (z.B. Höflich/ Rössler 2001), hat sich ebenfalls noch keine integrative Perspektive entwickeln können, der Fokus liegt hier eindeutig bei der Individualkommunikation, ohne dass Bezüge zur öffentlichen Kommunikation hergestellt würden.

Die Voraussetzungen der Forschung, Antworten auf die Frage nach der Integration alter und neuer Medien im Alltag von Jugendlichen zu geben, sind entsprechend ungünstig. Um hier einen Schritt weiterzukommen, soll im Folgenden eine nutzerorientierte Perspektive vertreten werden, die insbesondere danach fragt, wozu die Nutzerinnen und Nutzer verschiedene Medienangebote in ihrem Alltag verwenden und wie sie diese zu einem sinnvollen Ganzen kombinieren. Der letztgenannte Aspekt der Integration verschiedener Medienangebote soll in einem ersten Schritt genauer erläutert werden: Es geht um eine Forschungsperspektive, die auf die Ermittlung von Mustern der Mediennutzung abzielt, innerhalb derer die einzelnen Medien, alte und neue, einen spezifischen Platz einnehmen. In einem zweiten Schritt sollen einige empirische Beispiele zur Veranschaulichung solcher Mediennutzungsmuster speziell bei Jugendlichen dienen. Im dritten und letzten Schritt schließlich münden die Ausführungen in theoretische Überlegungen zu einem nutzerorientierten Verständnis aktueller Konvergenzphänomene.

2. Die musterorientierte Perspektive bei der Untersuchung der Integration alter und neuer Medien

Auf Fragen nach den Konsequenzen neuer Medienangebote werden Antworten von der Mediennutzungsforschung erwartet. Diese wird im Wesentlichen als Anwendungsforschung im Auftrag der Medienanbieter betrieben und geht daher insbesondere der Frage nach, wie viele und welche Rezipienten ein bestimmtes Medienangebot erreicht: Jedes Medium, jedes Medienangebot kann daher hinsichtlich der Größe und der Zusammensetzung der erreichten Nutzerschaft mehr oder weniger präzise beschrieben werden. Daher wissen Mobilfunkanbieter, Filmproduzenten, Fernsehprogrammplaner oder Herausgeber von Jugendzeitschriften recht viel über ihr jeweiliges Publikum. Worüber sie weniger wissen, ist, welche anderen Medienangebote ihre Nutzerinnen und Nutzer sonst noch gebrauchen und inwieweit sich die eigene Nutzerschaft in dieser Hinsicht aus klar unterscheidbaren Untergruppen unterschiedlicher Nutzertypen zusammensetzt.

Für die Untersuchung der hier interessierenden Frage nach der Integration neuer Medien muss die Perspektive daher umgekehrt werden: Von Interesse ist, wie viele und welche Medienangebote die Nutzerinnen und Nutzer sich zusammenstellen und welche „Medienmenüs" bzw. *individuellen Nutzungsmuster* sich dabei ergeben.[1] Mit dem Begriff der individuellen Nutzungsmuster soll die Aufmerksamkeit der Forschung auf die bei einzelnen Nutzern und Nutzerinnen zu beobachtenden und in einer gewissen Regelmäßigkeit auftretenden *Kombinationen von Nutzungsmerkmalen* gerichtet werden. Methodisch folgt daraus, dass zunächst auf individueller Ebene verschiedene Nutzungsmerkmale erfasst werden und dass dann untersucht wird, in welchen konkreten Kombinationen die verschiedenen Nutzungsmerkmale wie oft und bei welchen Rezipientengruppen auftreten.

Welche Nutzungsmerkmale zur hinreichenden Beschreibung der Mediennutzung einer Person heranzuziehen sind, ist abhängig von der konkreten Fragestellung. Auf allgemeiner Ebene sind folgende Aspekte individueller Mediennutzung zu unterscheiden:

* die absolute und relative Häufigkeit und Dauer der Nutzung verschiedener Medien (z.B. Fernsehen, Hörfunk, Printmedien, Internet, Telefon, etc.);
* die absolute und relative Häufigkeit und Dauer der Nutzung verschiedener Gattungen (z.B. Nachrichten, Unterhaltung, Action, etc.) sowie Themen (z.B. Politik, Geschichte, Beziehungen, Wissenschaft, etc.);
* die sozialen Konstellationen und situativen Bedingungen, in denen die Nutzung erfolgt;
* die Rezeption bzw. Interpretation der ausgewählten Angebote.

Angesichts dieser vielfältigen Aspekte, die zudem untereinander zusammenhängen, ist es offensichtlich, dass die Mediennutzung einer Person nicht allein anhand eines einzigen Merkmals, etwa der täglichen Fernsehdauer, erfasst werden kann. Interessant sind vielmehr die zu beobachtenden Kombinationen mehrerer dieser Merkmale, die sich daraus ergebenden *Muster*. Solche Muster lassen sich auf den verschiedenen Ebenen des Nutzungsverhaltens definieren. Welche Kriterien jeweils zugrunde gelegt werden, hängt vom inhaltlichen Interesse ab. In jedem Fall bewahrt die synchrone Betrachtung mehrerer Nutzungsmerkmale im Sinne von Nutzungsmustern vor vorschnellen Urteilen über die Mediennutzung, wie sie etwa den folgenden Beispielen zugrunde liegen:

* Unser Bild von *Vielsehern* oder *Vielseherinnen* ist geprägt von der Vorstellung, dass diese besonders viele Unterhaltungsangebote nutzen. Dies stimmt nur zum Teil. Auf der Basis telemetrischer Messungen konnten wir keinen Zusammenhang zwischen Sehdauer und dem relativen Anteil von Unterhaltungssendungen erkennen. Auf der Basis von Selbsteinschätzungen in Befragungen zeigen sich zwar mäßige positive Korrelationen zwischen der Sehdauer und

---

1 Vgl. zum Folgenden Hasebrink (2001) sowie Hasebrink/ Krotz (1993, 1996).

dem Interesse an Unterhaltungssendungen. Das ändert nichts daran, dass es durchaus auch nennenswerte Gruppen von informationsinteressierten Vielsehern und unterhaltungsorientierten Wenigsehern gibt.

* Nach wie vor spielt in der Vorstellung von Mediennutzerinnen und Mediennutzern der *vermeintliche Gegensatz von Information und Unterhaltung* eine Rolle. Sowohl auf telemetrischer als auch auf Befragungs-Basis ergeben sich aber hinsichtlich der Spartenpräferenzen unabhängige Dimensionen für Informationsangebote, für familienorientierte Unterhaltung und für actionorientierte Unterhaltung – letztere oft kombiniert mit Sport. Im Hinblick auf Nutzungsmuster heißt das: Es gibt Nutzerinnen und Nutzer, die Information und Action kombinieren, es gibt Nutzerinnen und Nutzer, die Action und Familienserien kombinieren etc., sprich: Es gibt Kombinationen von Auswahlhandlungen, die dem einfachen eindimensionalen Denken in den Kategorien von Information versus Unterhaltung widersprechen.

* Die Unterscheidung zwischen *öffentlich-rechtlich und privat orientierten Zuschauerinnen und Zuschauern* gehört ebenfalls zum Repertoire der jüngeren Nutzungsforschung. In der Tat lassen sich Bevölkerungsgruppen identifizieren, die die eine oder die andere Säule des dualen Systems präferieren. Dies ändert nichts daran, dass die allermeisten Zuschauer Angebote der beiden Seiten miteinander kombinieren. Die Rekonstruktion solcher Muster des Umgangs mit dem dualen System wäre für die Anbieter eine sehr viel hilfreichere Hintergrundinformation als die Feststellung der bloßen Differenz.

* Die empirisch vielfach belegte *geringe Umschalthäufigkeit von Radiohörerinnen und Radiohörern* hat dazu geführt, dass diese allenfalls anhand ihrer Hördauer und ihres Lieblingsprogramms charakterisiert werden. Rekonstruiert man aber die Repertoires, die sich einzelne Hörerinnen bzw. Hörer über zwei Wochen hinweg zusammenstellen, ergeben sich sehr anschauliche und aussagekräftige Muster der Kanalwahl, die auf deutlich unterschiedene Funktionserwartungen gegenüber dem Hörfunk verweisen.

* Der Gedanke scheint nach wie vor plausibel, dass bestimmte Medienangebote, insbesondere bei denjenigen Nutzerinnen und Nutzern *potenzielle Wirkungen* erzielen, die diese Angebote besonders häufig nutzen. Mit der Rekonstruktion verschiedener Nutzungs- und Rezeptionsmuster im Umgang mit täglichen Talkshows, die nur zum Teil mit der Häufigkeit der Talkshow-Nutzung übereinstimmen, lassen sich deutlichere Zusammenhänge zwischen Talkshow-Nutzung und Realitätswahrnehmung nachweisen, als dies auf der Basis der reinen Nutzungshäufigkeit der Fall ist.

Die zuvor geschilderten Befunde laufen darauf hinaus, medienübergreifende Muster des Umgangs mit verschiedenen Medien zu identifizieren. Daraus ergeben sich dann Anhaltspunkte für die *Medienumgebungen*, mit denen sich die betreffenden Bevölkerungsgruppen umgeben und denen sie die Informationen und Erfahrungen entnehmen, die sie in ihre Realitätswahrnehmung übernehmen bzw. sich aneignen. In diesem Sinne sollen im Weiteren empirische Beispiele skizziert werden, die medienübergreifende Muster des Umgangs mit verschiedenen Medien speziell bei Kindern und Jugendlichen beschreiben.

3. Empirische Anhaltspunkte für die Mediennutzungsmuster von Jugendlichen

3.1. Medienübergreifende Mediennutzungsmuster

Die empirische Basis für die folgenden Beispiele ist eine vergleichend angelegte Befragung von Kindern und Jugendlichen zwischen 6 und 17 Jahren, die 1997 in elf europäischen Ländern sowie in Israel durchgeführt wurde.[2] In dieser Studie wurde unter anderem versucht, den oben vorgestellten Überlegungen zur Identifizierung medienübergreifender Nutzungsmuster entsprechend, Nutzertypen zu identifizieren, die sich in der Zusammensetzung ihrer Medienmenüs unterschieden. Basis der Auswertungen waren Angaben der Kinder und Jugendlichen zur Dauer der Nutzung verschiedener Medien. Diese Angaben wurden zunächst per Faktoranalyse verdichtet. Die Faktorwerte bildeten sodann die Grundlage für explorative Clusteranalysen zur Typenbildung. Ein im Rahmen dieser europäisch vergleichenden Studie wesentlicher Befund war, dass die für jedes Land getrennt vorgenommenen Clusteranalysen zu recht gut vergleichbaren Mustern führten, so dass die in Tabelle 1 für die Gesamtstichprobe wiedergegebenen Ergebnisse auch für die einzelnen Länder stehen können.[3]

2　Vgl. Livingstone/ Bovill (2001).
3　Siehe Johnsson-Smaragdi (2001). Die in Tabelle 1 angegebenen Werte basieren auf der Teilstichprobe der 9- bis 16-Jährigen (n=9.450 Befragte), die sich zu etwa gleichen Teilen aus Befragten aus Belgien (Flandern), Deutschland, Finnland, Großbritannien, Israel, Italien, den Niederlanden, Schweden, der Schweiz und Spanien zusammensetzt.

Nutzertypen								Gesamt
Wenig-Nutzer	Tradi-tionelle Nutzer	Spezialisierte Nutzer				Bildschirm-Fans		
		TV	Buch	PC	PC & Spiele	TV & Video	TV & Spiele	
% der Stichprobe								
44	*20*	*23*	*3*	*1*	*2*	*4*	*4*	*100*
Print 38	39	39	119	53	49	45	42	**45**
Bücher 16	16	14	86	27	14	13	13	20
Comics 7	8	8	11	7	11	15	11	9
Zeitschriften 8	9	10	12	11	16	10	10	9
Zeitungen 7	4	7	10	8	9	7	8	7
IuKT 12	13	13	14	150	124	21	35	**22**
PC 9	10	10	11	122	105	12	25	17
Internet 3	3	3	3	28	19	9	10	5
Bildschirm 100	175	265	146	195	227	295	357	**189**
Spiele 14	16	20	14	56	90	21	149	29
Video 17	21	27	21	30	21	104	39	28
Fernsehen 69	138	218	110	109	117	170	168	132
Medien gesamt 150	227	317	279	398	400	361	434	**256**

Tabelle 1: Integration alter und neuer Medien bei 9- bis 16-Jährigen Kindern und Jugendlichen in Europa (angegeben ist die mittlere tägliche Nutzungsdauer – in Minuten – des betreffenden Mediums bei den beobachteten Nutzungstypen sowie bei der Gesamtstichprobe, n=9.450)

Die in Tabelle 1 im Überblick dargestellten Befunde dieser Auswertungen lassen sich insgesamt so zusammenfassen:

* Fernsehen ist nach wie vor in allen Nutzergruppen dominant.

* In allen Ländern am meisten verbreitet ist die Gruppe der Wenignutzerinnen und Wenignutzer, die kein Medium besonders ausgeprägt und zugleich mehrere Medien so gut wie gar nicht nutzen.

* Die „neuen Medien" sind mittlerweile Bestandteil der Medienmenüs *aller* Nutzergruppen – wenn auch in deutlich unterschiedlichem Ausmaß.

* Es gibt Anhaltspunkte für Akkumulationsprozesse: Dort, wo der Zugang zu PC und Internet weit verbreitet ist, werden diese Medien mit Print- und Bildschirmmedien kombiniert.

* Zugleich lässt sich eine zunehmende Spezialisierung beobachten: Die Gruppen, die sich auf Computer und Internet spezialisieren, sind zum Zeitpunkt der Erhebung noch recht klein, dürften aber mittlerweile stark angewachsen sein.

* Anhaltspunkte für die Verdrängung eines Mediums sind kaum zu finden. Das Zeitbudget wird neu sortiert, um den neuen Medien Raum zu schaffen. Gerade die auf neue Medien spezialisierten Nutzergruppen weisen die höchste Gesamtnutzungsdauer auf.

* Direkte Konkurrenz zeigt sich allenfalls in einigen Ländern zwischen Büchern und dem Fernsehen sowie zwischen dem Fernsehen und Computern.

Auf der Ebene der Nutzungsforschung im engeren Sinne, die sich wie in diesem Falle auf Merkmale wie die Nutzungsdauer verschiedener Medien stützt, ist der Befund vertraut, dass sich beim Hinzutreten neuer Medien nur vergleichsweise geringe Verschiebungen und Umschichtungen von Zeitbudgets ergeben. Diese Forschungsperspektive ist im Hinblick auf die Frage nach den möglichen Konsequenzen neuer Medienangebote insofern konservativ, als sie sich allein auf das grobe Kriterium „Nutzungsdauer" bezieht. Inwieweit den dabei beobachteten, quantitativ vergleichsweise geringen Verschiebungen tiefgreifendere Wandlungsprozesse zugrunde liegen, kann auf dieser Ebene nicht beurteilt werden.[4] Immerhin bewahrt aber der musterorientierte Ansatz, demzufolge verschiedene Nutzertypen auf der Basis der Kombination verschiedener Nutzungsmerkmale, hier der Nutzungsdauer für verschiedene Medien, gebildet werden, vor vorschnellen Schlüssen über die vermeintlich gravierenden Auswirkungen veränderter Angebotskonstellationen. Vielmehr verdeutlicht dieser Ansatz, wie alte und neue Medien – zwar in unterschiedlichem Mischungsverhältnis – von allen Nutzertypen in der einen oder anderen Weise miteinander kombiniert werden. Zugleich wird sichtbar, wie sehr sich die Medienumgebungen, die sich die Mitglieder unterschiedlicher Nutzergruppen schaffen, unterscheiden können – mit entsprechenden Konsequenzen für die Untersuchung potenzieller Folgen der jeweiligen Mediennutzung.

3.2. Muster der Diffusion neuer Medien

Das zweite empirische Beispiel aus der genannten Studie bezieht sich spezieller auf die Diffusion der zum Befragungszeitpunkt noch relativ neuen Medien PC und Internet. Tabelle 2 dokumentiert zunächst den aus zahlreichen Untersuchungen bekannten Befund, dass sich zwischen den europäischen Ländern erhebliche Unterschiede hinsichtlich der Verbreitung der Internetnutzung zeigen. Insbesondere in den nordischen Ländern ist der Internetzugang sehr weit verbreitet, während in

---

4 Für Überlegungen über solche potenziellen Wandlungsprozesse im Zusammenhang mit den neuen Medien siehe z.B. den Beitrag von Friedrich Krotz in diesem Band; außerdem Krotz (1999 und 2001).

Großbritannien und Deutschland zum damaligen Zeitpunkt nur ein geringer Anteil bereits Kontakt mit dem Internet hatte. Mit Befunden dieser Art wird oft die technikdeterministische Vorstellung bestärkt, bei der Diffusion neuer Medienangebote, in diesem Fall des Internet, handele es sich um einen linearen Prozess, der in verschiedenen kulturellen oder sozialen Umfeldern weitgehend vergleichbar verlaufe. In diesem Sinne werden diese Zahlen so interpretiert, dass die nordischen Länder die Entwicklung ‚anführen', während etwa Deutschland ‚hinten liegt' und vielleicht in 5 Jahren den Stand erreicht, den Schweden bereits ‚längst hinter sich gelassen hat'.

	Gesamt	6-7 Jahre	9-10 Jahre	12-13 Jahre	15-16 Jahre	Jungen	Mädchen
Schweden	66	29	46	75	86	71	61
Finnland	55	15	45	73	86	63	47
Israel	37	19	31	43	53	43	31
Spanien	29	7	28	30	34	35	23
Schweiz	**26	k.A.	11	25	40	**33	**20
Italien	*20	k.A.	k.A.	19	21	*26	*15
Niederlande	17	1	10	22	33	25	10
Belgien/Flandern	14	6	7	20	17	19	9
Großbritannien	13	1	8	18	23	16	9
Deutschland	11	0	2	11	28	15	6

Tabelle 2: Anteil der Befragten, die 1997 angaben, bereits das Internet genutzt zu haben. (in Prozent der jeweiligen Gruppe; Basis: Altersgruppen 6-7, 9-10, 12-13 und 15-16 Jahre; pro Land zwischen 570 und 1.230 Fälle; *: nur Altersgruppen 12-13 und 15-16 Jahre; **: nur Altersgruppen 9-10, 12-13 und 15-16 Jahre)

Wie vertiefende Analysen der betreffenden Untersuchung gezeigt haben, ist diese Vorstellung eines linearen Diffusionsprozesses irreführend.[5] Spätestens dann, wenn auch hier eine musterorientierte Auswertungsperspektive eingenommen wird, werden vielmehr unterschiedliche Muster der Diffusion sichtbar. Tabelle 3 zeigt für die einzelnen Länder, inwieweit die Kinder und Jugendlichen sowohl zu Hause als auch in der Schule Computer nutzen. Als wichtige Hintergrundinformation ist in der ersten Spalte aufgeführt, wie viele der Befragten zu Hause über einen PC verfügen können. Die folgenden Spalten dokumentieren, wie oft die verschiedenen logisch unterscheidbaren Kombinationsmuster von privater und schulischer

---

5 Vgl. Krotz/ Hasebrink (2001).

PC-Nutzung auftreten. Erkennbar werden zunächst die Unterschiede hinsichtlich der Häufigkeit derjenigen, die offenbar den PC noch gar nicht nutzen; dieser Anteil ist in Deutschland besonders hoch – weitaus höher als etwa in Großbritannien, obwohl dort der private Zugang zu PCs ähnlich gering ist wie in Deutschland. Dafür gibt fast die Hälfte der britischen Kinder und Jugendlichen an, den PC nur in der Schule zu nutzen. In Deutschland wiederum geben viele an, den PC ausschließlich privat zu nutzen. Hier kommen also grundsätzlich unterschiedliche Entwicklungspfade der Computertechnologie zum Ausdruck: Während etwa in Großbritannien die Entwicklung einen institutionell geprägten Weg nimmt, der im Wesentlichen vom schulischen Kontext bestimmt ist, hängt die Computernutzung in Deutschland eher vom privaten Umfeld und dem individuellen Engagement bzw. den finanziellen Möglichkeiten der Familien ab. Dass solche Unterschiede nicht nur im Hinblick auf soziale Ungleichheiten und die Debatte um den so genannten digital divide relevant sind, sondern auch für die Kinder und Jugendlichen in den verschiedenen Ländern zu einem ganz unterschiedlichen Verständnis des Computers und seiner potenziellen Funktionen führen, liegt angesichts der Unterschiede zwischen privatem und schulischem Verwendungskontext auf der Hand.

	PC-Zugang zu Hause	Keine PC-Nutzung	PC nur in der Schule	PC in der Schule mind. so oft wie zu Hause	PC öfter zu Hause	PC nur zu Hause
Belgien/Flandern	94	25	16	14	14	31
Niederlande	84	6	24	24	31	15
Israel	74	12	14	12	33	28
Finnland	70	12	18	12	43	15
Schweden	66	7	26	21	35	11
Schweiz	61	18	11	13	23	35
Spanien	54	32	16	8	14	31
Italien*	53	16	20	11	25	28
Deutschland	51	41	10	6	12	30
Großbritannien	50	7	48	18	22	5

Tabelle 3: Computernutzung in der Schule und zu Hause
(in Prozent der Befragten des jeweiligen Landes (Zeilenprozente); Basis: Altersgruppen 6-7, 9-10, 12-13 und 15-16 Jahre; pro Land zwischen 570 und 1.230 Fälle; *: nur Altersgruppen 12-13 und 15-16 Jahre)

3.3. Das Telefon im Rahmen der Mediennutzung von Kindern und Jugendlichen

Wie oben bereits angedeutet, liegen bisher kaum systematische Befunde über die Integration des Telefons bzw. anderer Medien der Individualkommunikation in medienübergreifende Mediennutzungsmuster vor. Der genannten europäischen Studie lassen sich immerhin einige Anhaltspunkte über die Zusammenhänge zwischen der Häufigkeit der Telefonnutzung und der Nutzung der Massenmedien entnehmen. Tabelle 4a gibt zunächst einen Überblick über die Häufigkeit der Telefonnutzung in den verschiedenen Ländern und Altersgruppen. Nahe liegender Weise nimmt diese mit dem Alter deutlich zu, wobei die höhere Telefonierhäufigkeit von Mädchen gegenüber Jungen erhalten bleibt bzw. eher noch steigt (siehe Tabelle 4b). Zwischen den Ländern zeigen sich beträchtliche Unterschiede; das Telefon scheint in verschiedenen Ländern auf unterschiedliche Art und Weise in den Alltag integriert zu sein. Im Hinblick auf die Telefonnutzung Jugendlicher scheinen diese Unterschiede, soweit dies auf der Basis dieser Studie erkennbar wird, insbesondere mit der unterschiedlichen Handy-Dichte zusammenzuhängen: Durch das Handy wird das Telefonieren für Kinder und Jugendliche weitaus interessanter, da sie es nicht – wie bisher das Festnetztelefon – nur im familiären Kontext, sondern individueller nutzen können.

	n	Gesamt	6-7 Jahre	9-10 Jahre	12-13 Jahre	15-16 Jahre
Schweden	*1.292*	4,7	2,5	4,1	5,0	5,5
Israel	*796*	4,6	3,2	4,8	5,3	5,1
Finnland	*722*	4,3	3,1	4,3	4,7	4,9
Italien	*820*	*4,2	k.A.	k.A.	4,0	4,3
Deutschland	*827*	3,3	1,6	3,1	3,8	4,2
Spanien	*919*	2,7	1,6	2,1	3,0	3,8
Belgien/Flandern	*598*	2,6	1,0	1,5	3,1	3,9
Niederlande	*882*	2,4	1,4	1,9	2,7	3,5
Großbritannien	*870*	1,8	0,5	1,0	2,3	3,3

Tabelle 4a: Häufigkeit der Telefonnutzung in verschiedenen Ländern nach Altersgruppen
(in Prozent der Befragten des jeweiligen Landes (Zeilenprozente); *: nur Altersgruppen 12-13 und 15-16 Jahre)

	n	Gesamt	6-7 Jahre	9-10 Jahre	12-13 Jahre	15-16 Jahre
Jungen	*3.822*	3,1	1,8	2,7	3,5	3,9
Mädchen	*3.899*	3,8	2,1	3,1	4,2	4,9

Tabelle 4b: Häufigkeit der Telefonnutzung von Jungen und Mädchen nach Altersgruppen
(Angegeben sind Mittelwerte auf der Basis folgender Antwortausprägungen auf die Frage
„Wie häufig telefonierst du mit jemandem?": 0 = niemals; 0,1 = seltener als einmal im Monat; 0,3 = ungefähr einmal im Monat; 1 = einmal pro Woche; 2,5 = 2-3mal pro Woche; 4,5
= 4-5mal pro Woche; 6,5 = 6-7mal pro Woche. Die Werte können also als die Häufigkeit
der Telefonnutzung pro Woche gelesen werden.)

Die bivariaten Zusammenhänge zwischen der Telefonnutzung und der Nutzung
verschiedener Massenmedien und anderer kommunikativer Aktivitäten zeigen, dass
sich lediglich im Hinblick auf Aktivitäten mit Freunden und Freundinnen in allen
Altersgruppen eine enge und plausible Verbindung zeigt (r=.33) – für diese ist die
meist telefonisch erfolgende Verabredung eine wichtige Voraussetzung. Mit den
Massenmedien zeigen sich durchweg geringe Korrelationen, die darauf schließen
lassen, dass die Telefonnutzung nicht systematisch mit bestimmten Merkmalen der
Massenmediennutzung verbunden ist. Dort, wo sich Korrelationen zeigen, gehen
sie in der Regel auf andere Faktoren zurück, so etwa der Zusammenhang zwischen
Telefonieren und Radiohören (r=.32), der dadurch zustande kommt, dass beide
Aktivitäten signifikant häufiger bei Mädchen als bei Jungen zu beobachten sind.
Insofern mag gefolgert werden, dass die bisher bestehende Trennung in der Betrachtung von Individual- und Massenkommunikation durchaus berechtigt ist, weil
es sich um voneinander unabhängige Funktionsbereiche handelt. Allerdings spricht
die derzeitige Konvergenz auf Technik- und Anbieterebene, im Zuge derer die
bisher getrennten Funktionsbereiche näher aneinander heranrücken, sehr wohl
dafür, die betroffenen Forschungsperspektiven zusammenzuführen, um so die
Konvergenz aus Nutzerperspektive analysieren zu können. Ausgangsüberlegungen
dazu sollen im Folgenden skizziert werden.

4. Kommunikationsmodi als Differenzierungskriterien in konvergierenden Medienumgebungen

Das Internet und mit ihm der gesamte Prozess der Konvergenz von zuvor technisch klar getrennten Mediendiensten stellt zahlreiche Konzepte der Medien- und
Kommunikationsforschung vor eine schwierige Herausforderung. Dies gilt insbesondere für diejenigen Konzepte, die sich auf einzelne Medien beziehen. Das
Kernargument der folgenden Überlegungen besteht darin, dass künftig eine

Differenzierung zwischen verschiedenen Mediendiensten in erster Linie die spezifischen Funktionen zu berücksichtigen hat, die die Nutzer dem betreffenden Dienst
tatsächlich zuweisen. Dies lässt sich am Beispiel des Fernsehens erläutern.

In einer Studie des Hans-Bredow-Instituts zur Zukunft der Fernsehnutzung[6]
lautete das paradox anmutende Ergebnis wie folgt: Fernsehen wird nicht mehr sein,
was es war; zugleich wird Fernsehen das bleiben, als das wir es kennen. Auf der
einen Seite ist es offensichtlich, dass das Medium einen radikalen Wandlungspro-
zess durchmacht. Zahlreiche neue Kanäle, viele von ihnen mit hoch spezialisierten
Inhalten, raffinierte Navigatoren, technisch ermöglichte fließende Übergänge zwischen Rezeption, Interaktion und Transaktion, neue Hybridformen traditioneller
Medienangebote, wachsende Mobilität der Mediennutzung – alle Akteure, die mit
der Fernsehindustrie zu tun haben, und alle Nutzerinnen und Nutzer haben sich
auf diese neuen Bedingungen einzustellen, die nicht mehr viel zu tun haben mit der
guten alten „Glotze" und dem in der Forschung oft beschriebenen „Couch-
potatoe-Verhalten" der Zuschauer. Wesentliches Merkmal der Veränderungen sind
die verschwindenden Grenzen zwischen verschiedenen Medien und Mediendiensten. Die Tätigkeit „fernsehen", die bisher eng an ein bestimmtes technisches
Equipment, eben an das Fernsehgerät, gebunden war, kann nun nicht mehr so
leicht von anderen kommunikativen Tätigkeiten unterschieden werden. Bisher gab
es einen kategorialen Unterschied zwischen dem Fernsehen als „Lean-back-
Medium", bei dem sich die Zuschauer und Zuschauerinnen gemütlich in ihrem
Sessel zurücklehnten und die angebotenen Programme rezipierten, und dem Computer als „Lean-forward-Medium", zu dem sich die auf Schreibtischstühlen sitzen-
den Nutzer und Nutzerinnen vorbeugen, um nach spezifischen Informationen zu
suchen. Noch heute wird in der Fernsehindustrie „fernsehen" als Anwesenheit in
einem Raum mit einem eingeschalteten Fernsehgerät verstanden. Künftig wird dies
nicht mehr so einfach möglich sein – und streng genommen, muss man dazu gar
nicht an die Zukunft und neueste technische Entwicklungen denken, denn schon
die „alten" Medien Videorekorder und Teletext haben das Fernsehgerät um wichtige Nutzungsmöglichkeiten erweitert, die durchaus nicht ohne weiteres als „fernsehen" bezeichnet werden können.

Auf der anderen Seite ist doch trotz all dieser Veränderungen davon auszugehen,
dass die Tätigkeit, die wir als „fernsehen" kennen gelernt haben und die einen
integralen Bestandteil des Alltagslebens und der Alltagskultur ausmacht, auch in
Zukunft eine wesentliche Rolle spielen wird.

---

6   Siehe zum Folgenden Hasebrink et al. (2001).

Wie passen diese beiden auf den ersten Blick widersprüchlichen Thesen zusammen? Im Zusammenhang mit der ersten These ist „fernsehen" im Wesentlichen als technisches System und als organisatorische Struktur angesprochen. Demgegenüber bezieht sich die zweite These auf „fernsehen" als einen spezifischen *Kommunikationsmodus*. Die Synthese ist also: Auch wenn die Forscher dies anhand der jeweils genutzten technischen Geräte nicht mehr so leicht erkennen können, wissen die Nutzer sehr wohl, ob sie fernsehen. Die gravierenden Änderungen auf der technisch-organisatorischen Seite machen es für die Forschung also erforderlich, das Konzept des Kommunikationsmodus auszuarbeiten und damit eine nutzerorientierte Perspektive auf Prozesse mediatisierter Kommunikation einzunehmen.

Das Konzept des Kommunikationsmodus bezieht sich auf den kontinuierlichen Prozess der Situationsdefinition. Während der Mediennutzung wissen die Nutzerinnen und Nutzer oder, allgemeiner ausgedrückt, die Kommunikationsbeteiligten, was sie tun. Damit ist nicht gemeint, dass sie sich dessen ununterbrochen bewusst sind; aber immer dann, wenn das Medienangebot oder andere Bedingungen nicht zu dem aktuellen Kommunikationsmodus passen, wird diese Diskrepanz registriert, und es besteht die Alternative, den Kommunikationsmodus oder aber das Medienangebot zu wechseln.

Kommunikationsmodi beinhalten frühere Erfahrungen mit den verschiedenen Medien und ihren sozialen und kulturellen Bedeutungen. Insofern ist dieses Konzept verwandt mit Medienschemata oder Mediendispositiven. Diese Konzepte betonen die konstruktivistische Sicht, dass ein bestimmtes Medium durch eine Menge von technischen, organisatorischen, sozialen und kulturellen Merkmalen definiert ist, die diesem Medium von den relevanten Akteuren – unter ihnen die Nutzer – zugeschrieben werden. Der Unterschied zwischen diesen Konzepten und dem Konzept des Kommunikationsmodus liegt darin, dass Kommunikationsmodi eindeutig auf die Perspektive der Nutzerinnen und Nutzer fokussieren und dass sie sich auf konkrete Rezeptions- oder Interaktionsprozesse beziehen. Dies scheint deshalb theoretisch angebracht, um auch solche Situationen erfassen zu können, die insbesondere die Nutzung von Online-Medien kennzeichnen: Zu jedem Zeitpunkt bedarf es nur weniger Mausklicks, um von einer Datenbankrecherche zu den Schlagzeilen der lokalen Tageszeitung oder von einem Chat-Forum zum aktuellen Trailer des nächsten „Herr der Ringe"-Films zu gelangen. Das Konzept des Kommunikationsmodus bezieht sich also darauf, wie die Nutzerinnen und Nutzer bestimmte kommunikative Situationen definieren und wie sie in einer Kommunikationssituation zwischen verschiedenen Modi wechseln.

Das Konzept der Kommunikationsmodi wird für die Forschung nur dann fruchtbar werden, wenn es möglich ist, eine aussagekräftige Klassifikation verschiedener Modi zu entwickeln, die a) relevante Unterschiede im Hinblick auf klassische Fragen der Nutzungs- und Wirkungsforschung erkennbar macht und b) in empirischen Untersuchungen empirisch erfassbar ist. An dieser Stelle können nur einige erste Vorschläge präsentiert werden. Tabelle 5 zeigt zunächst einige relevante Aspekte, anhand derer sich verschiedene Kommunikationsmodi differenzieren lassen. Wohlgemerkt: Diese Aspekte repräsentieren keine ‚objektiven' Medienmerkmale, sondern Eigenschaften, die die Nutzerinnen bzw. Nutzer ihnen in einer konkreten Situation zuschreiben.

Dimension	Kriterien
Kommunikationsstruktur	One to many/ many to many/ one to one
Verfügbarkeit	Push service/ pull service
Handlungstyp	Rezeption/ Interaktion/ Transaktion
Publikum	Massenpublikum/ Zielgruppen/ geschlossene Nutzergruppen/ Individuen
Nutzungszeit	Gebunden an Programmschemata/ individuell ausgewählt
Inhalt	Realitätsbezogen/ Fiktion
Soziale Relevanz des Inhalts	Hoch/ Niedrig
Zeitlicher Bezug zum Ereignis	Live/ zeitnah („Nachrichten des Tages")/ unbestimmter Bezug/ historischer Bezug (z.B. Archive)

Tabelle 5: Kriterien zur Unterscheidung von Kommunikationsmodi

Das erste Kriterium, anhand dessen bestimmte Kommunikationsstrukturen unterschieden werden, ist für die Differenzierung von Kommunikationsmodi entscheidend. Ob der betreffende Inhalt an ein disperses Publikum oder an einige wenige strukturell oder persönlich bekannte Personen verbreitet wird, macht einen wesentlichen Unterschied für die Haltung aus, die die Nutzerinnen und Nutzer dem Angebot gegenüber einnehmen. Diese vertraute Unterscheidung ist im Zusammenhang mit der nutzerorientierten Definition von Kommunikationsmodi durchaus nicht trivial: So ist es eine empirische Frage, welche Unterscheidungen die Nutzerinnen und Nutzer im Hinblick auf bestimmte Angebote im Internet tatsächlich machen – ob sie sich ‚auf der anderen Seite' eine einzelne Person oder zahlreiche andere Personen aus derselben Gruppe oder eine disperse Menge anonymer Beobachter vorstellen.

Auch die Verfügbarkeit des Medienangebots macht einen wesentlichen Unterschied. Ob die Nutzer es aus ihrer Sicht mit einem so genannten Push- oder Pull-Service zu tun haben, wird ihren Kommunikationsmodus beeinflussen. Weiter ist es offensichtlich, dass die Selbstdefinition als Rezipient, als Interaktionspartner oder als Akteur in einem Transaktionsprozess Konsequenzen für den Kommunikationsprozess hat. Auch hier handelt es sich nicht um ein Kriterium, das vollständig ‚objektiv', also vom Medium determiniert ist; denn es liegt letztlich bei den Nutzern und Nutzerinnen, inwieweit sie sich als Rezipienten oder Interaktionspartner definieren. Weiter haben sie Hypothesen darüber, wer an der Kommunikationssituation teilnimmt. Zu wissen, dass ein großes Massenpublikum gleichzeitig dasselbe Medienangebot rezipiert, gehört zu den entscheidenden Merkmalen öffentlicher Kommunikation. Insoweit die Nutzer am öffentlichen Diskurs teilhaben wollen, ist dieses Merkmal positiv; insoweit die Nutzer und Nutzerinnen individuelle Bedürfnisse und Vorlieben erfüllt sehen wollen, ist dieses Merkmal aus Nutzerperspektive negativ. Die anderen Kriterien in der Übersicht sollten selbsterklärend sein.

Zusammengenommen scheint dieser vorläufigen Sammlung von Kriterien zur Unterscheidung zwischen verschiedenen Kommunikationsmodi eine Grundunterscheidung zugrunde zu liegen – die der klassischen Unterscheidung zwischen Massenkommunikation und Individualkommunikation. Dies stimmt –, aber nur zum Teil. Man stelle sich zwei „ideale" Kommunikationsmodi vor, den der „öffentlichen" und den der „privaten" Kommunikation, die als solche die Extrempole des Spektrums darstellen. Der Modus „öffentlicher" Kommunikation bezieht sich auf Kommunikation als Instrument zur Teilnahme und Teilhabe am öffentlichen Leben, zur Orientierung über relevante Entwicklungen in Kultur und Gesellschaft, ein wichtiges Ziel dieses Modus ist es, ganz im Sinne des „Uses-and-Gratifications-Approach", Kontrolle („surveillance") zu erlangen. Auf der anderen Seite verweist der „private" Modus auf Kommunikation als Ressource für individuelle kulturelle Praktiken, für soziale und kulturelle Distinktionsprozesse, für das dem eigenen Geschmack entsprechende Vergnügen.

Dimension	„öffentlicher" Modus	„privater" Modus
Kommunikationsstruktur	One to many	One to one
Verfügbarkeit	Push-Service	Pull-Service
Handlungstyp	Rezeption	Interaktion/ Transaktion
Publikum	Massenpublikum	Individuen/ geschlossene Nutzergruppen
Nutzungszeit	Vorgegeben durch Programm-schemata	Individueller bestimmter Zeitpunkt
Inhalt	Realitätsbezogen	Fiktional
Soziale Relevanz des Inhalts	Hoch	Niedrig
Zeitlicher Bezug zum Ereignis	Live/ zeitnah („Nachrichten des Tages")	Unbestimmte/ historische Beziehung (z.B. Archive)

Tabelle 6: Kriterien für den „öffentlichen" und den „privaten" Kommunikationsmodus

Auf den ersten Blick ergibt sich der Eindruck, die Kriterien der mittleren Spalte in Tabelle 6 seien eindeutig verbunden mit dem so genannten öffentlichen Kommunikationsmodus, während die Kriterien der rechten Spalte den „privaten" Modus kennzeichnen. Allerdings gilt dies bei genauerem Hinsehen nur, solange die Modi in ihrer idealen Erscheinungsform zugrunde gelegt werden. In alltäglichen Nutzungssituationen lassen sich dagegen viele Situationen beobachten, in denen Merkmale der beiden Spalten kombiniert werden, wodurch sich ganz spezifische Mischungen bzw. Merkmalsmuster ergeben, die im Sinne der hier vorgestellten Überlegungen als spezifische Kommunikationsmodi aufzufassen sind. Künftige Klassifikationen von Medien und Mediennutzung sollten diese Kommunikationsmodi identifizieren, um zu verstehen, was Menschen mit den Medien anstellen, und um klar zwischen verschiedenen Arten des Mediengebrauchs unterscheiden zu können.

5. Resümee

Im Hinblick auf die Ausgangsfrage nach der Integration neuer Medien in die Mediennutzung von Kindern und Jugendlichen wurde hier argumentiert, dass die spezifischen Kombinationen aus alten und neuen Medien, die die Jugendlichen in ihren individuellen Medienmenüs zusammenstellen, den entscheidenden Gegenstand für die Forschung darstellen. Vorliegende empirische Untersuchungen verdeutlichen insbesondere Folgendes: Die heute so genannten neuen Medien, also die verschiedenen Formen computergestützter Kommunikation, sind mittlerweile in die Medienmenüs aller jugendlichen Nutzergruppen eingebunden und ergänzen dort die alten Medien; wie dies geschieht und welche konkreten Funktionen die einzelnen Medien dabei erfüllen, darin unterscheiden sich verschiedene Gruppen erheblich. Jugendliche finden also unterschiedliche Antworten auf die mit der Medienentwicklung verbundenen Herausforderungen und Möglichkeiten; sie folgen nicht einer von der Technik vorgegebenen Funktion, die sich dann in allen Kulturen und Milieus durchsetzt, sondern sie gebrauchen die neuen Optionen so, wie es vor dem Hintergrund bestehender Medienmenüs und Kommunikationsbedarfe sinnvoll erscheint.

Angesichts der absehbaren Schwierigkeit der Forschung (wie auch der Medienanbieter), in technisch weiter konvergierenden Medienumgebungen Tendenzen der Mediennutzung an der Nutzung der jeweiligen Einzelmedien festzumachen, wurde weiter das Konzept des Kommunikationsmodus vorgeschlagen. Dieses verdient deshalb besondere Aufmerksamkeit, weil es zunehmend schwerer wird, anhand der

Nutzung eines bestimmten technischen Geräts zu erkennen, was die Nutzerinnen und Nutzer tun. Beim Umgang mit Geräten, die – vereinfacht gesagt – ‚alles' können, wissen letztlich nur die Nutzer selbst, was sie konkret tun, d.h. in welchem Kommunikationsmodus sie sich aktuell befinden. Die These dabei ist, dass zwar die Grenzen zwischen technischen Mediendiensten verschwimmen, dass aber die Grenzen zwischen verschiedenen Kommunikationsmodi erhalten bleiben und ihre psychische, soziale und kulturelle Bedeutung behalten werden. Integration alter und neuer Medien bedeutet nicht, dass die mit verschiedenen Medien verbundenen spezifischen Gebrauchsweisen und Alltagsroutinen sich nivellieren und in einer unspezifischen allgemeinen kommunikativen Aktivität aufgehen. Im Gegenteil: Vorliegende empirische Befunde, insbesondere solche, die gezielt nach den medienübergreifenden Mustern individueller Mediennutzung suchen, verweisen auf die Herausbildung sehr spezifischer Arbeitsteilungen zwischen den verschiedenen Mediendiensten. Diese und die mit ihnen verbundenen Kommunikationsmodi stellen künftig einen wesentlichen Gegenstand für die Kommunikationswissenschaft dar.

Literatur

Hasebrink, Uwe (2001): Zur Zukunft der Mediennutzung. Muster der Integration alter und neuer Medien. In: Ursula Maier-Rabler/ Michael Latzer (Hrsg.): Kommunikationskulturen zwischen Kontinuität und Wandel. Universelle Netzwerke für die Zivilgesellschaft. Konstanz: UVK: 333-346

Hasebrink, Uwe/ Dreier, Hardy/ Krotz, Friedrich/ Weiß, Ralph (2001): Fernsehen in neuen Medienumgebungen. Befunde und Perspektiven zur Zukunft der Fernsehnutzung. Berlin: Vistas

Hasebrink, Uwe/ Krotz, Friedrich (1993): Wie nutzen Zuschauer das Fernsehen? Konzept zur Analyse individuellen Nutzungsverhaltens anhand telemetrischer Daten. In: Media Perspektiven, Heft 11/12: 515-527

Hasebrink, Uwe/ Krotz, Friedrich (1996): Individuelle Nutzungsmuster von Fernsehzuschauern. In: dies. (Hrsg.): Die Zuschauer als Fernsehregisseure? Zum Verständnis individueller Zuwendungs- und Rezeptionsmuster. Baden-Baden/ Hamburg: Nomos: 116-137

Höflich, Joachim/ Rössler, Patrick (2001): Mobile schriftliche Kommunikation – oder: E-Mail für das Handy. Die Bedeutung elektronischer Kurznachrichten (Short Message System) am Beispiel jugendlicher Handynutzer. In: Medien & Kommunikationswissenschaft 49, Heft 4: 437-461

Johnsson-Smaragdi, Ulla (2001): Media use styles among the young. In: Livingstone, Sonia/ Bovill, Moira (Hrsg.): Children and Their Changing Media Environments. A European Comparative Study. Mahawah, New Jersey/ London: Lawrence Erlbaum Associates: 113-139

Krotz, Friedrich (1999): Computervermittelte Medien im Medienalltag von Kindern und Jugendlichen in Europa. In: Roters, Gunnar/ Klingler, Walter/ Gerhards, Maria (Hrsg.): Mediensozialisation und Medienverantwortung. Baden-Baden: Nomos: 155-172

Krotz, Friedrich (2001): Die Mediatisierung kommunikativen Handelns. Wiesbaden: Westdeutscher Verlag

Krotz, Friedrich/ Hasebrink, Uwe (2001): Who are the new media users? In: Livingstone, Sonia/ Bovill, Moira (Hrsg.): Children and Their Changing Media Environments. A European Comparative Study. Mahawah, New Jersey/ London: Lawrence Erlbaum Associates: 245-262

Livingstone, Sonia/ Bovill, Moira (Hrsg.) (2001): Children and Their Changing Media Environments. A European Comparative Study. Mahawah, New Jersey/ London: Lawrence Erlbaum Associates

Die konvergente Re-Artikulation von Kinder- und Jugendkulturen zwischen spielerischen Taktiken und kommerziellen Strategien

Carsten Winter

1. Die neue technologische Komplexität der Kinder- und Jugendkulturen

Neue Medientechnologien und mediale Dienste wie das Internet und dort Chat, E-Mail oder Instant Messenger Services, das Handy – insbes. SMS – und seit längerem Spielkonsolen, die zunehmend internetfähig werden, verändern Spiel- und Lebensumgebungen von Kindern und Jugendlichen grundlegend. Dieser Wandel wird durch eine umfassende Integration neuer Medien und Technologien in das Leben von Kindern und Jugendlichen angekündigt. Egal ob wir[1] Kinder in Kärntner Schulen befragt oder Kinder und jüngere Jugendliche in öffentlichen Einrichtungen (in Vorarlberg) mit Zugang zum Internet beobachtet und mit einigen von ihnen Gruppendiskussionen geführt haben: die Bedeutung der neuen Telekommunikationsmedien für die kulturelle Orientierung, Selbstorganisation und Selbstfindung kann gar nicht überschätzt werden – gerade deshalb ist auch die Verantwortung, die hier der wissenschaftlichen Forschung in Kultur und Gesellschaft zukommt, nicht zu unterschätzen.

Was besagen Aussagen wie „Computern ist mein Leben", „Ohne Handy – unvorstellbar", „Chatten ist das coolste" usf. wirklich? Und was bedeuten solche Veränderungen, die von den Jugendlichen nicht mehr explizit thematisiert werden, die aber sehr wohl ein technologisch transformiertes mediales Handeln repräsentieren: SMS ist kaum mehr ein Thema – obwohl es praktisch in alle Handlungen integriert ist und in allen Umgebungen völlig selbstverständlich genutzt wird: zum Beispiel beim Chatten – „das ist cool und gehört dazu". Und auch in unseren Gesprächen und in der Gruppendiskussion blieb das Handy stets im Blick, wurde virtuos gehandhabt und nicht abgeschaltet. Unsere ethnographischen Eindrücke,

---

1 Das „wir" bezieht sich hier auf mich und Judith Bug, die ich sozusagen bei ihrer Feldforschung begleiten durfte, aber auch auf die Arbeiten aus dem Forschungskolleg (siehe Einleitung).

die sich für manche wie eine Karikatur der Informationsgesellschaft lesen dürften, sind freilich vielschichtig. Die Faktizität des „digital divide" in den Lebenswelten von Kindern zu erleben ist etwas anderes, als (nur) darüber zu schreiben. Zu erleben, wie Kinder sich mit erheblichem Aufwand Zugang zum Internet verschaffen, um dann (nur) eine halbe Stunde „surfen" zu können, weil der Andrang in dieser öffentlichen Einrichtung so groß ist, während andere zu Hause über „unlimited access" verfügen, und wie das zwischen Gleichaltrigen zu kaum überwindbaren Wissens- und Informationsklüften führt, erschüttert im konkreten Fall ebenso, wie die Internetnutzung – oder besser das „Chatten" – einer Gruppe von im Schnitt 12-jährigen türkischen Mädchen in Vorarlberg in türkischen Chats mit Türkinnen und Türken überall auf der Welt, in ebendieser öffentlichen Einrichtung – ohne dass ihre Eltern davon etwas ahnen! – faszinieren kann. Über alle Unterschiede hinweg kennzeichnet die von uns beobachteten und befragten Kinder[2] ein euphorischer und unkritischer Umgang mit den neuen Telekommunikationsmedien. Auch wenn zugegeben wurde, dass andere Dinge in den Hintergrund rücken und vor allem die Kosten für das Handy enorm sind: Es wurde kritiklos hingenommen – und das auch, wenn etwa ergänzt wurde, das Taschengeld – „mit dem, weißt eh, viel Unsinn gekauft wird" – knapper geworden und nun „vernünftigerweise" durch Prepaid-Karten ersetzt worden ist.

Diese und weitere telekommunikative Neuerungen in den Spiel- und Lebenswelten von Kindern und Jugendlichen werden empirisch und konzeptuell aber gerade erst entdeckt. Es ist dabei das Anliegen dieses Beitrags, eine Herausforderung näher zu bestimmen, die in der Überblendung der Beiträge überhaupt erst sichtbar wird: die Komplexität dieses Verhältnisses. Es kann große Unterschiede machen, wie und warum Telekommunikation verbindet: Durch SMS, durch Spiele im Internet, durch Chat, durch die gemeinsame Teilhabe an einer komplexen kommerziellen Spielkultur, wie etwa bei Pokémon, oder im Kontext der Organisation und Nutzung von MP3-Files. Was hat es wirklich für Kinder und Jugendliche und ihre Kultur zu bedeuten, wenn AOL-TimeWarner die Rechte an „Harry Potter" und „Der Herr der Ringe" kauft, um diese Inhalte über ihre Medienplattformen so erfolgreich wie möglich zu verkaufen? Kinder und Jugendliche sind über (Tele-) Kommunikation, vor allem auch über kommerzielle Angebote komplex verbunden: Aber wie genau und warum verbindet in diesen Fällen Telekommunikation? Ändern sich dadurch Bedingungen, unter denen Kinder und Jugendliche spielen und leben? Wie verändert Telekommunikation die Arbeit an der eigenen Kultur – die Kinder und Jugendliche immer häufiger durch Kommunikation selbst

---

2   Wir haben uns in unserer Forschung (vgl. dazu bereits die Einleitung) auf jüngere Jugendliche im Alter zwischen 10 und 14 Jahren konzentriert.

erschaffen, erhalten und verändern (müssen!)? Wer außer ihnen spielt dabei warum welche Rolle usf.? Diese Fragen nach den Strategien von Konzernen, dem tatsächlichen Umgang mit Angeboten und mit neuen Formen kultureller Verbundenheit sind im Rahmen der klassischen Forschung nicht zusammenhängend beantwortbar: Die neue technologische Komplexität der Kinder- und Jugendkulturen wird im Rahmen dieser Zugänge zu Kommunikation und Kultur nicht sichtbar. Um diese Komplexität zumindest im Hinblick auf einzelne Formen von Kommunikation und möglichst konkret auf der Handlungsebene näher verstehen zu können, wird es erforderlich, über die alten Fragen „Was machen Medien mit den Menschen?" und „Was machen die Menschen mit den Medien?" hinauszugehen. Was bestimmt die Komplexität und Ursachen der Konstitution und Organisation von Telekommunikation, nicht nur aus einer technischen, sondern auch aus einer ökonomischen, politischen und kulturellen Perspektive? Es wird deutlich, dass die Erforschung von Telekommunikation im Leben von Kindern und Jugendlichen auch eine konzeptuelle Herausforderung beinhaltet. Was ist der Forschungsgegenstand? Was gehört alles dazu und was müssen wir wissen, um ihn angemessen zu verstehen? Tatsächlich hängen ja Fortschritte im Verstehen und Erklären, das lehrt uns der Postempirismus, nicht allein von der Zunahme von Daten und Fakten ab, sondern vielmehr von der Verbesserung und Verfeinerung der theoretischen Bezugsrahmen (vgl. Winter 2002).

Insgesamt bietet es sich aber in einer so unübersichtlichen Situation an, so spezifisch und konkret wie möglich vorzugehen. Meine Überlegungen setzten daher an den komplexen Formen der Konstitution der Kulturen von Kindern und Jugendlichen durch ihr Telekommunikations-Handeln an, das auf der Handlungsebene zwar nicht umfassend verstanden werden kann, durch das diese aber bedeutsam mit Objekten, Werten, Stilen usf. artikuliert sind. Der Terminus „Artikulation" verweist dabei auf eine Theorie,[3] die Verbindungen von Handlungen und kulturellen Orientierungen immer historisch versteht, von denen also nicht angenommen wird, dass sie statisch-strukturalistisch für alle Zeit bestehen müssen, sondern die gelöst oder verändert werden können. Die Formulierung „konvergente Re-Artikulation" stellt in diesem Zusammenhang heraus, dass die Konstitution, Lösung oder Veränderung von kultureller Verbundenheit immer häufiger und grundsätzlicher von technischen Bedingungen wie von Telekommunikation abhängen wird. Der Beitrag will vor diesem Hintergrund klären, wie der Wandel bzw. die Transformation von Kinder- und Jugendkulturen durch die neuen

---

3   Vgl. zur Entfaltung der Artikulationstheorie im Anschluss an Stuart Hall (insbes. 1999/ 1981 und 2000/ 1985) für die Kommunikationswissenschaft ausf. Winter 2002; 2002b u. 2003.

Telekommunikationsmedien konzeptualisiert werden kann. Dabei wird folgendermaßen vorgegangen:
Zuerst wird in Kapitel 2 ein konkretes Verständnis von „Telekommunikation" entwickelt. Was ist neu? Welche Bedeutung hat das für Kommunikation? Was sind die charakteristischen Besonderheiten usf.? Nach diesem eher technischen Einstieg wird in Kapitel 3 thematisiert, wie Kinder und Jugendliche diese neuen Medien bereits nutzen und was diese Nutzungsformen von früheren, anderen unterscheidet. Kapitel 4 erörtert die Produktion und Allokation von Telekommunikationsmedien und ihren Angeboten als vor allem private Güter. In Kapitel 5 werden die Probleme, aber auch die Notwendigkeit dargelegt diese unterschiedlichen Perspektiven zusammenzufügen, um der komplexen Konnektivität von telekommunizierenden Kindern und Jugendlichen und kommerziellen Interessen im Kontext des Wandels ihrer Kultur einen Sinn zu geben und so zu einem angemessenen Verständnis dieses Wandels der Kulturen sowie der Spiel- und Lebensräume von Kindern und von Jugendlichen zu gelangen. Dabei wird auf konzeptuelle Vorarbeiten eingegangen. Abschließend werden in Kapitel 6 vor diesem neuen Hintergrund Perspektiven einer Erforschung der konvergenten kommunikativen Re-Artikulation der Medienkulturen von Kindern und Jugendlichen vorgestellt und diskutiert.

2. Die neuen Medientechnologien: Kommunikationswandel im Kontext von Konvergenz und Re-Artikulation

Technische Entwicklungen verändern Bedingungen und Voraussetzungen von Kommunikation nicht von allein. Ihre Entwicklung und Durchsetzung bleibt unverstanden, wenn etwa Satellitentechnik ohne die Liberalisierung des Rundfunks, die Diffusion des Internets ohne US-amerikanische kommerzielle Interessen, die Privatisierung und die dann erfolgte De- oder Reregulierung der Telekommunikation ohne ihre politischen Hintergründe und die aktuelle Konvergenz der hier angedeuteten Entwicklungen etwa ohne die Nutzerinnen und Nutzer betrachtet wird. Die Kommunikationswissenschaft steht vor der Herausforderung, in dieser Gemengelage komplexer Prozesse ihr Verständnis ihres Gegenstands und damit vor allem Definitionen wie jene des Medienbegriffs ständig zu überprüfen und ggf. zu modifizieren (ausf. Winter 2002a; 2002b). Angebote und Dienste der Telekommunikationsmedien und neu entstehende Inhalte-Klassen oder Content-Formate, die zwischen der klassischen Sprachtelefonie einerseits und bekannten print- oder elektronischen Medieninhalten andererseits und darüber hinaus in der Soft- und

Hardwarebranche entstehen, unterscheiden sich von uns bekannten Medien und ihren Angeboten erheblich. So beschrieb z.b. Latzer bereits ab Mitte der 90er-Jahre diese strukturell und technisch absehbaren Entwicklung als Übergang von der Telematik zur Mediamatik (Latzer 2002). Die konkrete Ausgestaltung in spezifischen Medien und Angeboten sowie der alltägliche Umgang mit ihnen und ihre Integration in unser Leben und unsere Kultur sind freilich noch weitgehend unerforscht.

Konvergente Telekommunikationsmedien und ihre medialen Mehrwertdienste (Karmasin/ Winter 2002; darin insbes. Winter 2002a) entstehen im Kontext der Konvergenz von Inhalten und Technologien aus bislang voneinander weitgehend getrennten Industrien.[4] Sie benötigen zusätzlich zur klassischen Medien-Technik Software zur Darstellung und Speicherung von Daten, Client-Server-Programme und entsprechende Übertragungstechnologien. Was sie von den Primär-, Sekundär- und Tertiärmedien unterscheidet ist, dass sie den uns bekannten Ablauf von Kommunikation erheblich verändern, ja sogar umkehren können: Dienste und Inhalte werden nicht mehr nur redaktionell aufbereitet und dann alloziiert, sondern können „on demand" oder auf der Basis spezifischer Profile übertragen werden. Push-und-Pull-Technologien schaffen neue Möglichkeiten, da etwa digitale Dokumente, Dateien, Bilder, Dienste, Services usf. nun eigenständig abgerufen werden können (pull) und sie andererseits auch einen hochselektiven Umgang mit Angeboten erlauben, die z.B. aufgrund vorheriger Personalisierung zugestellt werden (push).

Telekommunikationsmedien und mediale Dienste und Inhalte sind kategorial nicht mehr im Rahmen bestehender Definitionen von Medien zu fassen. Das gilt für die am Technikeinsatz ansetzende Unterscheidung von Primär-, Sekundär- und Tertiärmedien[5] ebenso wie für die bekannte Definition von Saxer.[6] Während aber Saxers systemtheoretische Konzeptualisierung von Medien als „komplexe institutionalisierte Systeme um organisierte Kommunikationskanäle von spezifischem Leistungsvermögen" aufgrund ihrer ursprünglichen Ausrichtung auf Medieninstitutionen und der damit einhergehenden Exklusion interpersonaler Kommunikation wohl ungeeignet ist, Telekommunikationsmedien und ihre zunehmend privatisierten und personalisierten medialen Dienste angemessen zu fassen, erscheint eine

---

4 Das zeigt auch das Akronym TIME-Konvergenz für die Konvergenz von Telecommunication, Information, Media und Entertainment.

5 Primärmedien kommen prinzipiell ohne Technik aus (z.B. Theater), Sekundärmedien erfordern Technik auf der Produktionsseite (z.B. Buch) und Tertiärmedien erfordern Technik bei der Produktion und der Reproduktion (z.B. Radio).

6 Zur Entstehung dieser Definition vgl. Saxer 1987; zu ihrer Weiterentwicklung und Verortung im Kontext von Mediendefinitionen etwa Saxer 1997 und zu ihrer Diskussion etwa Faulstich 1998.

kategoriale Erweiterung der zuerst genannten Definition möglich. Dazu wäre ihr Differenzkriterium „Technikeinsatz" um die hinzugekommenen Voraussetzungen von Telekommunikationsmedien und ihren medialen Diensten kategorial zu erweitern. Die dann vierte Kategorie „Quartärmedien" würden zusätzlich zu Technik auf Seite der „Sender" und „Empfänger" (die beide Produzenten und zugleich Rezipienten sein können) entsprechende Übertragungsprogramme zu ihrer Nutzung von den anderen Medien unterscheidbar machen. Hier steht die begriffliche Arbeit freilich erst am Anfang.[7] Es würde aber immerhin möglich sein, maßgebliche Unterschiede zu anderen Formen medialer Kommunikation konkreter zu bestimmen.

Das zusätzlich zu einer solchen ersten Bestimmung von Quartärmedien weitere terminologische Feinarbeit nötig wird, zeigt die zunehmende Penetration mobiler Telekommunikationsmedien, von denen angenommen wird, dass ihre Verbreitung absehbar die anderer Medien übertreffen wird. Die Zahl der Mobiltelefone übertrifft in manchen Ländern Skandinaviens oder Osteuropas bereits die der Anschlüsse ans Festnetz. Weiter ist neben der Differenzierung von stationären und mobilen Medien zwischen On- und Offline-Telekommunikationsmedien und den von ihnen verwendeten Software-Programmen zu unterscheiden. Differenzkriterien sollten nicht nur Endgeräte, sondern auch die Funktionen der Medien berücksichtigen können. Wobei nicht die Übertragungstechnologie das Medium ist – also z.B. das Internet, das als infrastrukturelle Voraussetzung eher Funkwellen vergleichbar ist –, sondern z.B. E-Mail oder der www-Browser bei Online-Medien, oder SMS, der Short-Message-Service (SMS) bei Offline-Telekommunikationsmedien, der längst auch als Online-Zusatzmedium zum Telefon angeboten wird.

Abschließend seien hier – insbesondere auch aufgrund der noch zu leistenden definitorischen Feinarbeiten – die Spezifika dieser Gruppe der Telekommunikationsmedien und ihrer medialen Dienste dargestellt. Freilich ohne Anspruch auf Vollständigkeit erheben zu können oder zu wollen.[8] Als Spezifika dieser Quartärmedien gelten insbesondere: Ortsunabhängigkeit (1), Zeitflexibilität (2), Konnektivität (3), Individualisierung/Personalisierung (4) und Kontextsensitivität (5).

---

7   Zur Diskussion um die Definition von medialen Mehrwertdiensten ausführlicher Winter 2002a und 2002b.

8   Ausführlicher dazu vgl. Winter 1998; 2002a und 2002b sowie aus stärker betriebswirtschaftlicher Sicht, insbes. im Hinblick mobile Kommunikation, Zobel 2001 und Reichwald/ Meier/ Fremuth 2002.

Mediale Spezifika von Telekommunikationsmedien im Überblick:

* *Ortsunabhängigkeit* benennt die Möglichkeit, sowohl mit On-, wie mit Offline-Medien Zugriff auf bestimmte Dienste und Inhalte zu haben, wie einen eigenen E-Mail-Account, einen eigenen Kalender usf., die freilich bei mobilen Offline-Medien größer ist.

* *Zeitflexibilität* steht für die Möglichkeit, prinzipiell zu jeder Zeit auch bei Abwesenheit erreichbar zu sein und weiter Dienste und Services selbst zeitflexibel nutzen zu können.

* *Konnektivität* steht für die Möglichkeit (oder den Fluch) der ständigen Erreichbarkeit, die etwa im Wissen darüber besteht, wer ebenfalls Online ist (Instant Messenger Services) oder der etwa hilfreich sein kann, wenn Erreichbarkeit von Vorteil ist – bei Ärzten usf.

* *Individualisierung/ Personalisierung* stehen zuerst sicherlich für die neuen Möglichkeiten, die sich durch die individuelle Zusammenstellung von Inhalten ergibt, aber auch auf Pull- oder Push-Services. Darüber hinaus ist aber auch die Vertrautheit mit diesen individuell personalisierten Telekommunikationsmedien in dieser Tiefe ein Spezifikum, das durch die Kontinuität der Nähe zum Körper noch verstärkt wird.

* *Kontextsensitivität* steht für die technologische Möglichkeit der Erfassung und Auswertung von Umfeldinformationen für und durch die Benutzerin/ den Benutzer. Unterschieden werden vier Kontext-Typen: ortsbezogene Kontexte (Geodaten werden von lokalen Anbietern zur Erstellung von Angeboten genutzt), aktionsbezogene Kontexte (z.B. kann ein spezifischer Standort wie eine Tankstelle oder ein Einkaufszentrum ein Anlass für spezifische Dienste sein), zeitspezifische Kontexte (zu bestimmten Tageszeiten können an bestimmten Orten bestimmte Angebote gemacht werden – Fahrt zur Arbeit, Heimweg usf.), interessenspezifische Kontexte (vor dem Hintergrund der Kenntnis von Interessen wird eine tiefere Differenzierung von Angeboten und Diensten vorgenommen).

Freilich ist eine solche Darstellung von technischen Möglichkeiten zu isoliert, um schon etwas über Kommunikationswandel im Kontext von Konvergenz oder gar im Hinblick auf konkrete Gruppen aussagen zu können. Wandel setzt erst ein, wenn mit und durch Konvergenz neue oder andere Formen von Kommunikation als spezifische Formen von Handlungen für Menschen möglich werden. Der konkrete Umgang von Menschen mit den neuen Technologien unter den besonderen und spezifischen Bedingungen ihres Lebens ist zumeist kein Gegenstand von technologieorientierten Debatten zu Konvergenz und technischer Medienentwicklung. Die gesellschaftlichen Konturen und kulturellen Folgen können erst durch zusätzliche Erforschung des konkreten Erlebens und Handelns von Menschen, wie hier z.b. von Kindern und Jugendlichen, mit konvergenten Technologien entdeckt werden. Was also machen Kinder und Jugendliche mit Telekommunikationsmedien und ihren Angeboten und Diensten? Was ändert sich für sie? Was sind die praktischen Probleme und Potenziale konvergenter Bedingungen einer Re-Artikulation von Kultur und Identität?

3. Welche Rolle spielt Telekommunikation im Wandel der Kulturen von Kindern und Jugendlichen?

Die Rede von „Kulturen" der Kinder und Jugendlichen betont die Eigenarten und Besonderheiten ihrer Lebenswelten, Praktiken und Orientierungen. Diese wurden früh in Studien vor allem in der Jugendkulturforschung der Cultural Studies[9] entdeckt, die ,gewöhnliche' Lebensweisen ganz spezifischer Gruppen von Jugendlichen so gründlich erforschte, dass Widersprüche, Konflikte und Besonderheiten dieser Gruppen als ebensolche ihrer Kulturen unterscheidbar wurden.[10] Gegen diese Betonung des „Eigenen" und exklusiv „Unterscheidbaren" der Kulturen von Kindern und Jugendlichen wurden zuletzt einige ihrer Bedingungen und Voraussetzungen, die übersehen oder stark ausgeblendet worden waren, wieder stärker beachtet: die zunehmend kulturindustrielle Basis ihrer Kultur und die Familie als unterschätzte Bezugs- und Selbstvergewisserungsinstanz im Kontext von Kultur. Aus dieser Perspektive wird die Kultur der Kinder und Jugendlichen als Common Culture bezeichnet.[11] Dieses Konzept erscheint auch im Hinblick auf die Berücksichtigung der Rolle von Telekommunikationsmedien plausibel, weil ja auch in davon ausgehen, dass diese Kulturen der Kinder und Jugendlichen von vielen Dingen abhängen, über die sie letztlich weder frei verfügen, noch frei entscheiden können, die aber Einfluss haben und Kulturwandel induzieren können. Es wird jedoch weiter von Kinder- und Jugendkulturen die Rede sein. Das hat den Vorteil,

---

9   Dazu ausführlich Baacke 1999, 148 ff. und Hepp 1999, 186 ff. Vgl. dazu auch die Einordnung der entsprechenden Rezeption im deutschsprachigen Raum bei Hepp/ Winter 2003.

10 Einen Überblick mit wichtigen Autorinnen und Autoren gibt hier der instruierende ReaderSPoKK (1997). Exemplarisch vgl. darin etwa die Beiträge von Trica Rose (1997) oder Angela McRobbie (1997).

11 Der Vorschlag stammt ebenfalls aus dem Cultural-Studies-Umfeld, und zwar von Paul Willis (1990). Zur Relevanz der Familie für die Kultur nicht nur von Kindern, sondern auch von Jugendlichen vgl. (Sander 2001).

die Rationalität dieser Kulturen hervorheben zu können: Die Rationalität oder
Logik von Spielen.[12]

Diese Konzeptualisierungsidee war im Kontext der Klärung der Rolle von Telekommunikationsmedien im Leben und im Handeln von Kindern und Jugendlichen
ungemein erhellend: Denn was machen Kinder und Jugendliche mit Telekommunikationsmedien und ihren Diensten? Sie spielen damit! Sie spielen ihre eigenen
Spiele, mit eigenen Regeln und Besonderheiten. Das, was die von uns beobachteten
älteren Kinder (10-14 Jahre) machen, erhält seinen (subjektiven) Sinn in ihren kulturellen Kontexten und Praktiken vor allem im Rahmen von Spielen. Aktiv und
gemeinsam vollzogene Handlungen zur kulturellen Differenzierung einerseits und
andererseits zur kulturellen Integration machen diese dabei attraktiv. Das mögen
neben den vielen Hinweisen in diese Richtung auch in den anderen Beiträgen im
Folgenden einige Beispiele aus unserer Forschung belegen:

* *Das Generationsspiel:* In einem Restaurant beobachteten wir zwei ca. 13- bis 14-
  jährige Töchter, die sich am Tisch gegenübersaßen – eine saß neben dem Va-
  ter, die andere neben der Mutter. Beide spielten mit den Handys der Eltern,
  die sie offenkundig besser zu bedienen wussten und mit denen sie sich im Restaurant – in dem sie sich gegenübersaßen! – anriefen und SMS schickten und
  in manchen Fällen so taten, als ob die SMS für die Eltern wären. Beide, die,
  wie sich herausstellen sollte, auch über eigene Handys verfügten, hatten un-
  glaublichen Spaß – ganz im Gegensatz zu ihren Eltern. Und das gehörte offensichtlich zum Spiel dazu – und war aus Sicht der Mädchen nicht böse gemeint, sondern nur unglaublich komisch.
* *Das Flirtspiel:* Zwei Mädchen (ca. 14 Jahre) waren im Chat und hatten dort viel
  Spaß mit einem Kerl, der ihnen schließlich im Chat seine Handy-Nummer ver-
  riet, worauf beide ihn unmittelbar anriefen und dann auf einmal völlig genervt
  waren. Auf Judiths Nachfrage erklärten sie, dass der „coole Typ aus dem
  Chat" ein „Weiberl" war. Und auch wenn sie kurz genervt waren, fanden sie es
  schließlich doch lustig, dass sie dem „Weiberl" auf den Leim gegangen waren.
* *Das Autonomiespiel:* In dem ganz anderen Kontext des Interviews erklärte eine
  Schülerin, dass sie es am coolsten findet, via E-Mail zu weit entfernten und für
  sie wichtigen Personen relativ autonom einen ständigen Kontakt halten und
  über viele Dinge kommunizieren zu können, über die sie – nach ihrer Aussage
  – mit anderen nicht kommunizieren kann oder möchte. Es ist eine besondere
  Form der Kommunikation, von der sie betont, dass sie in dieser Form und in
  dieser Intensität früher und mit dem Telefon oder dem Brief nicht möglich

---

12 Diese Konzeptualisierungsidee stammt nicht von mir, sondern von Judith Bug, die das Teilprojekt
zu Kindern und Jugendlichen bei uns im Projekt koordiniert.

gewesen wäre. E-Mail kommt hier bei der Konstitution kultureller Verbundenheit und einer Selbstwahrnehmung der befragten ca. 13-jährigen Schülerinnen und Schüler als autonom eine besondere Funktion zu.

* *Das Versteckspiel.* In unserer Nachbarschaft, einem gewöhnlichen Wohngebiet, haben viele Kinder bereits ein eigenes Handy. Lustig wird es immer dann, wenn mit diesen Handys etwas Ungewöhnliches angestellt wird. Das war etwa der Fall, als die Kinder in einer ziemlich großen Gruppe „Verstecken" spielten. Einige fingen dabei an, das Handy zu integrieren und so das Spiel um eine mediale „Früh- und Fernaufklärung" zu erweitern. Bis das alle mitbekommen hatten, war der zusätzliche Spaßfaktor enorm.

Die Beispiele zeigen, wie Telekommunikationsmedien das Leben der Kinder verändern. Mit manchen dieser Spiele können (wohl eher zufällig) Erwartungen, Muster, Codes und Differenzen sowie neue Formen der kulturellen Verbundenheit entstehen. Dann würden für zunächst kleine Gruppen bestimmte Muster, Codes und Differenzen verbindend werden, weil sie in diesen erwartet werden. Auf diese Weise werden neu durch Telekommunikation entstehende Möglichkeiten Ausgangspunkte einer Re-Artikulation der Kulturen von Kindern und Jugendlichen. Das wurde im Zusammenhang mit Telekommunikation – genauer: SMS – schon in Ansätzen erforscht (vgl. Höflich/ Gebhardt im Band). Als Ausgangs- und Bezugspunkt der Re-Artikulation von Praktiken, Werten und Objekten werden SMS und seine Nachfolger auch künftig noch Gegenstand von Kommunikations- und Kulturforschung sein – schon deshalb, weil das „SMSsen" für viele Praktiken, Stile und Objekte – ja für „Werte" wie Erreichbarkeit und Konnektivität konstitutiv geworden ist.

Aber wie ist dieser Wandel und allgemein die Einschätzung der Bedeutung von Telekommunikationsmedien im Kontext von Kulturwandel zu verstehen und zu bewerten? Sicherlich gelingt ein Verstehen in diesem komplexen Fall nicht allein additiv. Schließlich verwenden Kinder und Jugendliche Telekommunikationsmedien quasi im Konzert oder Menü mit anderen Medien. Einen Vorschlag, wie diese Qualität im Zusammenhang mit Medien- und Kommunikationsforschung – wie ich finde – plausibel gedacht werden kann, geht auf Joshua Meyrowitz zurück (1990/ 1985). Er konzeptualisiert die Relevanz neuer Medien ähnlich wie ein neues Element in einem Biotop. Er geht davon aus, dass sich im Biotop durch das Hinzukommen eines biologischen Lebewesens das Verhältnis aller Lebewesen zueinander ändert – egal, ob nun ein Tiger, ein Kaninchen oder eine Pflanze dazukommt. Entsprechend konzeptualisiert Meyrowitz die Umwelten von Verhalten, deren Ordnung sich i.S. der Bedeutung, Leistung, Funktion usf. der einzelnen Medien ändert, wenn ein Neues dazukommt.[13] Es wird sich also wohl das gesamte Gefüge der Mediennutzung und Kommunikationsformen und damit die maßgeblichen Artikulationen der Kultur von Gruppen über längere Sicht gesehen durch die neuen Medien der Telekommunikation neu formieren. Bei dieser trivialen Einsicht, die gut deutlich macht, warum die Erforschung des Medien-Kulturwandels alle Medien berücksichtigen muss (dazu ausf. Uwe Hasebrink im Band), hat die Forschung nun anzusetzen. Dennoch sagt diese Einsicht noch nichts über die „Richtung" – wie Meyrowitz es nennt – des Wandels aus. Gerade deshalb ist eine mediendifferenzierende Erforschung der Bedeutung von Telekommunikationsmedien so wichtig – und zwar im Rahmen ihrer konkreten Nutzung durch unterscheidbare Menschen in unterscheidbaren Kontexten. In diesem Fall also von Kindern und Jugendlichen unterschiedlichen Alters, Geschlechts, Wissens usf. in ihren jeweiligen Gruppen mit deren kulturellen Orientierungen.

Unabhängig von der Eigenlogik oder -rationalität der Kulturen von Kindern und Jugendlichen erfolgt jede Neuformierung der Kultur von Kindern und Jugendlichen, wie auch die Diskussion der Common Culture zeigt, nicht voraussetzungslos. Vielmehr unterliegen auch das spielerische Handeln sowie die Zu- und Einfälle, die dieses Spielen prägen, Bedingungen und Voraussetzungen – die freilich nicht stabil, sondern im Wandel befindlich sind. Wenn also Kinder und Jugendliche Medien zur Kommunikation nutzen, um Kultur zu „konstituieren" und sich kulturell zuordnen oder (von anderen) unterscheiden wollen, ist ihr Handlungsspielraum immer bereits auch eingeengt. Auch Kinder und Jugendliche machen ihre Kultur „nicht aus freien Stücken, nicht unter selbst gewählten, sondern unter unmittelbar vorgefundenen, gegebenen und überlieferten Umständen"[14] – auch wenn sie kreativ mit diesen Umständen umgehen. Dabei machen nicht nur alte, sondern auch die neuen Beiträge aus dem Umfeld der Cultural Studies darauf aufmerksam, dass in dem spielerischen, taktischen Umgang mit den vorgefundenen „Produkten der Kulturindustrie" Perspektiven für neue und dem Leben unter den neuen technologischen Bedingungen angemessenere Formen kultureller Verbundenheit entwickelt werden (vgl. etwa Keller 1997 und 1997a oder neuerdings Mercer 2003).

Ohne beurteilen zu wollen, ob die Freiheitsgrade von Kindern und Jugendlichen bei der taktischen – also nicht auf größere Ressourcen verfügenden, sondern auf

---

13 Meyrowitz macht diesen Konzeptualisierungsvorschlag in seiner berühmten Studie zum Fernsehen (1990/ 1985). Wie plausibel diese Idee auch auf das System der Medien übertragen werden kann, habe ich etwa am Beispiel einer eigenen historischen Studie gezeigt (Winter 1996) und zuletzt theoretisch ausführlich weiter differenziert (Winter 2002b).

14 „Die Menschen machen ihre eigene Geschichte, aber sie machen sie nicht aus freien Stücken, nicht unter selbst gewählten, sondern unter unmittelbar vorgefundenen, gegebenen und überlieferten Umständen." Karl Marx, Der 18. Brumaire des Louis Bonaparte. MEW

vorgefundenes angewiesenen – „Arbeit" an ihrer Kultur größer oder kleiner werden oder geworden sind, lassen sich einige grundlegende Veränderungen anführen. So genießen Telekommunikationsmedien nicht mehr wie noch das Buch, Fernsehen oder andere „Kulturgüter" einen besonderen Status als kulturelle oder gar öffentliche – also allen frei zugängliche – Güter. Generell können/ müssen (?) Kinder und Jugendliche bei der Arbeit an ihrer Kultur immer ausschließlicher „private" Güter verwenden, die nicht durch eine Buchpreisbindung oder etwa einen Staatsvertrag als kulturbedeutsam ausgewiesen sind (vgl. zur Gütertheorie und ihren ethischen Implikationen Karmasin/ Winter 2002). Sie agieren mit Medien, die nicht als für okzidentale Kulturideale wie Freiheit, Gleichheit und Toleranz konstitutive Kulturgüter angesehen werden – im Gegensatz etwa zum Lesen und zum Zugang zu Rundfunk.

Für ein tieferes Verständnis des Wandels der Kulturen von Kindern und Jugendlichen sind also umfassendere Bedingungen zu berücksichtigen, die z.B. auch mit Konzepten wie denen einer post- oder spätmodernen Gesellschaft angesprochen werden. Auch der Wandel ihrer Kulturen hängt mit Entwicklungen wie der Herauslösung von Individuen aus traditionalen Strukturen, deren Erosion und damit der von lokalen Ressourcen von und für Identität zusammen. Die post- oder spätmodernen Bedingungen kultureller Verbundenheit auch der Kulturen der Kinder und Jugendlichen sind immer weniger durch entsprechende Strukturen wie Gemeinde, Verein oder etwa gewachsene Nachbarschaften orientiert und konstituiert,[15] sondern werden fragiler, temporärer und immer stärker von eigener aktiver Arbeit an der eigenen Kultur und Identität abhängig – ohne dadurch unwichtiger zu werden. Es ist anzunehmen, dass Freundeskreise und Cliquen immer häufiger vor allem über interpersonale Kommunikation in Gang gebracht und gehalten werden, die Telekommunikationsmedien bereits voraussetzen. Das hat weiter reichende Konsequenzen, als dies zumeist in der kommunikationswissenschaftlichen Forschung gesehen wird: Wenn „individuelle Identität" im Kontext fragilerer Formen von Vergesellschaftung als Summe kulturell-kommunikativer Optionen „zur wichtigsten und manchmal zur einzigen Quelle von Sinn" wird (Castells 2001: 3), wird die Erforschung von Identität und ihren Bedingungen zu einer kulturwissenschaftlichen Aufgabe der Kommunikationswissenschaft in der Kommunikationsgesellschaft.

---

15 Als Ressource für Identität und kulturelle Orientierung kommen z.B. lokale Vergemeinschaftunginstitutionen wie der Verein, die Gemeinde, der Stadtteil, die Großfamilie usf. und in gewisser Weise auch die Schule auch deshalb kaum mehr in Frage, weil sie immer effektiver funktionalisiert werden.

Ein so umfassendes Verständnis der veränderten kommunikativen Bedingungen und Voraussetzungen der Identitäten und Kulturen von Kindern und Jugendlichen ist noch nicht absehbar. Zunächst wird es wichtig, die Aspekte zu benennen und zu verstehen, die für die komplexe kulturelle Verbundenheit von Kindern und Jugendlichen maßgeblich sind. Dazu dürfte neben der Kenntnis der technischen Voraussetzungen und der spezifisch spielerischen Rationalität der Kinder und Jugendlichen ein Verständnis der kommerziellen „Basis" der Telekommunikationsmedien und ihrer Dienste gehören. Das gilt vor allem insofern, als noch kaum wahrgenommen wurde, dass sie – anders als etwa der Rundfunk oder das Buch (s.o.) „private Güter" sind und damit auf der Ebene von Waschmitteln und Schuhputzzeug stehen. Von daher sind auch die Bedingungen und Voraussetzungen zu verstehen, unter denen Telekommunikation und entsprechende Dienste und Angebote produziert, angeboten und verkauft werden: im Kontext der kommerziellen Strategien der Unternehmen, die die „Basis" für die beschriebenen Spiele, Kulturen und Identitäten herstellen, vermarkten und verkaufen.[16]

4. Die kommerzielle Basis der konvergenten Re-Artikulation der Kulturen von Kindern und Jugendlichen durch Telekommunikation

Seit Mitte der 90er-Jahre haben die rasche Diffusion des Internets und die Entwicklung von Multimedia eine zunehmende technologische Konvergenz auf der Ebene der Endgeräte zur Folge. An sie schließt derzeit eine Konvergenz der Märkte an, von der erwartet wird, dass ihr eine Konvergenz der Branchen folgt. Diese als TIME-Konvergenz bezeichnete Entwicklung[17] integriert inzwischen Globalisierung als maßgeblichen Treiber der Kommunikations- und Medienbranche. Das kehrt aber nur die Vorzeichen der inneren Logik der historischen Entwicklung der Produktion von Medien und ihren Angeboten um. Nachdem ursprünglich transnational engagierte Markenartikler sowie dann deren Werbeunternehmen die Globalisierung von Medienmärkten forderten und Maßnahmen zur Deregulierung und Liberalisierung des Rundfunks anregten, begannen die damalige britische Premierministerin Margaret Thatcher und US-Präsident Ronald Reagan seit Mitte der 80er-Jahre auch die globale Liberalisierung, Deregulierung und Privatisierung der Telekommunikation zu fordern. Trotz erheblicher Kritik setzte sich ihre Politik

---

16   Ob nicht vielleicht auch Telekommunikationsunternehmen öffentliche Güter produzieren sollten, diskutiert Karmasin (1999).

17   Zur TIME-Konvergenz vgl. ausführlicher Karmasin/ Winter 2000, S. 26 ff., Sjurts 2000 sowie zuletzt Winter 2002a.

durch, und entsprechende Verträge und Maßnahmen wurden weltweit relativ zügig umgesetzt (vgl. ausf. Herman/ McChesney 1997 sowie Karmasin/ Winter 2000, 26-29 und Winter/ Karmasin 2001).

Den entscheidenden Impuls zur Globalisierung ihrer Aktivitäten erhielten die Unternehmen 1983 durch Theodore Levitts inzwischen berühmten Artikel über die Globalisierung der Märkte (dt. (Levitt 1986). Levitt postuliert darin, dass Märkte für „weltweit standardisierte Produkte – gigantische ,Weltmärkte' von bisher ungeahntem Ausmaß" entstehen (ebd.: 38) und dass jedes Unternehmen, um wettbewerbsfähig zu bleiben, global konkurrenzfähig werden muss. Nach dieser These war der Weg frei für eine Globalisierung aller Wertaktivitäten (ausf. dazu Winter 2001) und eine immer stärkere Reformierung von Märkten zu Teilmärkten eines globalen Marktes. Die Logik dieser Entwicklung, auf die wir im Zusammenhang mit der kommerziellen Verwertung von „Harry Potter" und „Der Herr der Ringe" derzeit erleben, wird in einem Schreiben des TimeWarner-Vorstands an Aktionäre unmissverständlich bereits im Jahr 1989 angekündigt: „Jeder Spieler im Medienbusiness wird versuchen, vertikal integrierte Unternehmen zu schaffen, die mit den neuen Realitäten des globalen Marktes konkurrieren können. Um diese Herausforderungen finanziell zu bewältigen, werden die Unternehmen dramatisch wachsen müssen. Folglich verfolgen wir zwei Ziele: erstens den Aufbau eines vertikalen Medienkonglomerats und zweitens eine aggressive Expansion außerhalb unseres Landes." (zit. n. Dadelsen 1994: 11)

Was zunächst trivial und höchstens historisch bedeutsam klingt, ist im Hinblick auf Telekommunikation revolutionär. Denn vor nicht allzu langer Zeit verwalteten Telekommunikationsunternehmen die öffentlich-rechtlich organisierte Bereitstellung von Telefonen und Telefondiensten (Endgeräte- und Telefondienstemonopol) – heute sind sie meist börsennotierte Unternehmen. Konvergenz bedeutet für sie nicht nur Wettbewerb, sondern auch neue Geschäftsfelder und Wettbewerb mit ursprünglich branchenfremden Unternehmen, die in der Zukunft ebenfalls an Inhalten und Premiumdiensten verdienen wollen.[18] Hierzu zählen vor allem Medienunternehmen, die Inhalte als ihr Geschäft ansehen und mit diesen auch auf den neuen Märkten für konvergente Angebote und Dienste verdienen wollen. Deutlich wird die so genannte TIME-Wettbewerbssituation, in der noch andere Unternehmen zu berücksichtigen sind, bei den Konvergenztrends Personalisierung und Privatisierung. Das bringt Thomas Middelhoff, ehemaliger CEO von Bertelsmann, auf den Punkt: „Die offene Flanke der Medienunternehmen liegt bei den

---

18 Diese neue Erlösquelle wird für Telekommunikationsunternehmen immer wichtiger, weil die Bereitstellung von Leitungen ein immer marginaleres und weniger profitables Geschäftsfeld wird – ausf. Freienstein 2000.

Potenzialen der Technologie im Hinblick auf die Personalisierung und Privatisierung von Inhalten und Services." (Middelhoff 2000: 10) Knut Föckler, ehemaliger Multimedia-Vorstand der Deutschen Telekom, bestätigt die Prognose pointiert, wenn er „das abgelaufene 20. Jahrhundert als Blütezeit der Massenmedien" bezeichnet und folgende Begründung anführt: „Weil der Prozess der Konvergenz unaufhaltsam voranschreitet, werden sich bald auch die Mediennutzer anders als bisher gewohnt mit ihren Medien befassen. Auf den Punkt gebracht heißt das: Das Nutzungsverhalten ändert sich, weil es in erster Linie mehr personalisierte Kommunikation geben wird." (Föckler 2000)

Die Entwicklungen der letzten zwei Jahre bestätigen diese Einschätzungen. Alle größeren Unternehmen engagieren sich über die Grenzen ihrer Branchen hinaus und versuchen sich mehr oder weniger als TIME-Unternehmen zu repositionieren. So ging z.B. der Axel Springer-Verlag, der größte europäische Zeitungsverlag, eine Werbe- und Inhalte-Kooperation mit der Deutschen Telekom ein. Ein anderes Beispiel ist die umfangreiche strategische Kooperation etwa der TomorrowFocus AG mit Microsoft MNS. Hier entsteht ein ganz neues Netz von strategischen Partnerschaften, die über die bekannten und lange üblichen Verflechtungen und Beteiligungen hinausgehen. Aber was ist neu? Handys und SMS sind wahrlich nicht die ersten kommerziellen Erfolge bei Kindern und Jugendlichen. Die Jukebox, das Format-Radio, MTV, die Jugendzeitschrift „Bravo", der Walkman, GZSZ u.v.a. – fast alle wichtigen jugendkulturellen Trends der Nachkriegszeit waren kommerzielle Angebote! Was sich geändert hat, ist die Qualität des Wettbewerbs und des Marketings. Es geht künftig nicht mehr – wie früher – nur um die richtigen Inhalte oder Kanäle, sondern zunehmend um die Qualität der Beziehungen zu den Kunden, die vor allem durch Personalisierungs- und Privatisierungstechnologien erheblich verbessert werden kann. Dann geht es nicht mehr nur um Rechnungsbeziehungen, also den Kontakt über die monatlich verschickte Rechnung, sondern um den Einsatz von Push-und-Pull-Technologien zur Partizipation an der auch 2002 erneut gestiegenen Kaufkraft von Kindern und Jugendlichen, die in Deutschland bei den 6- bis 13-Jährigen einen neuen Spitzenwert von 5,12 Millarden Euro erreicht (KidsVerbraucherAnalyse 2002). Aber wie hängen nun kommerzielle Angebote von Unternehmen mit Spielen von Kindern und Jugendlichen über Telekommunikation zusammen?

5. Komplexe Konnektivitäten: Technologieentwicklung, Kinder- & Jugendkulturen und kommerzielle Interessen

Die vorhergehenden Kapitel haben den komplexen Zusammenhang von Telekommunikation und Jugendkultur nur andeuten, aber noch nicht konzeptualisieren können. Telekommunikation wurde als eine neue Form der Kommunikation sichtbar, die im Rahmen der herkömmlichen kategorialen Bezugsrahmen nicht mehr zu fassen ist und deren Differenzierung erst begonnen hat. Wir wissen noch zu wenig darüber, welche Rolle Telekommunikation und ihre Dienste in Spielen und Kulturen der Jugendlichen tatsächlich spielen und spielen werden. Das liegt unter anderem auch daran, dass wir die Folgen einer Privatisierung kultureller Güter nicht abwägen können. Obwohl wir gelernt haben, dass nicht von Produkten oder der Art ihrer Produktion auf ihre Nutzung geschlossen werden sollte, dürften aber durch diese Privatisierung einer vormals in ihren Grundzügen öffentlichen materialen Basis von Kultur durchaus neue Zwänge entstehen. Bleiben diese Aspekte unverstanden, dürfte das Verhältnis von Jugendkultur und Telekommunikation unverstanden bleiben.[19]

Diese Vorarbeit sollte zweierlei zeigen: Die Erforschung neuer Medien ist immer auch eine Chance, sich bestehender Möglichkeiten der Erforschung von Kommunikation kritisch zu vergewissern und diese Möglichkeit als Chance zu nehmen, traditionelle und bewährte Perspektiven ggf. zu modifizieren und zu erweitern. Hier haben wir eine solche Chance. Wir erkennen, dass ein Wissen um die vor allem technischen Spezifika der neuen Telekommunikationsmedien und ihrer Dienste noch keine Medien konstituiert. Diese entstehen erst im Handeln von Menschen und verändern sich dann mit diesem Handeln und auch dem Wandel der Medienumwelt. Das gilt für den Wandel der Kulturen von Kindern und Jugendlichen genauso. Er bleibt ohne eine Kenntnis der Telekommunikationsmedien und ihrer Dienste, mit denen Kinder kulturelle Zugehörigkeit und Differenz konstituieren, wohl unverstanden. Eine umfassende Kenntnis der Medienkultur der Kinder ist notwendig – es reicht nicht aus zu wissen, dass das Handy der wichtigste Wunsch von Kindern zwischen 10 und 13 Jahren ist (47%) oder wodurch sich die Topten Kinder-/ Jugendtitel der 6- bis 9-Jährigen von denen der 10- bis 13-Jährigen unterscheiden. Weil es aber mit Telekommunikation und Jugendkultur verwoben ist, gehört es dazu: Denn während in den Topten der 6- bis 9-Jährigen

---

19 Das soll noch in keiner Weise bedeuten, dass ein solches Verständnis bereits alle relevanten Aspekte dieses komplexen Verhältnisses abzudecken in der Lage wäre – man denke an politische, ehtische oder familiäre Aspekte, die möglicherweise einen ganz erheblichen Einfluss haben.

keine Titel vorkommen, die auf Telekommunikation verweisen,[20] sieht das bei 10- bis 13-jährigen Jungen (!) ganz anders aus: die zweitgrößte Reichweite hat nach „Micky Maus" (22,3%) „Computerbild Spiele", die beachtliche 13,9% der 10- bis 13-jährigen Jungen erreicht. Es folgt nach „Junior" und „Disneys Lustiges Taschenbuch" dann „Computerbild" mit einer Reichweite von 10,2%. Die Plätze neun und zehn belegen „MausKlick" mit 3,9% und „Geolino" mit 3,6%. Damit sind vier der Topten-Titel bei den 10- bis 13-jährigen Jungen Magazine, die sich im weitesten Sinne mit Konvergenz auseinander setzen – denn das „Geo"-Magazin ist eng mit einem zugehörigen Netzauftritt verknüpft.

Was der Exkurs zu den Zeitschriften, die vor allem Begleiter in Lebensphasen sind, nur andeutet, verdichtet sich, je tiefer unser Verständnis des Lebens und Handelns dieser Altersgruppe wird. Wir entdecken auf einmal überall konvergente Kommunikationsangebote: in Überraschungseiern, Milchschnitten usf. Längst bestehen für diese Gruppe jüngerer männlicher Jugendlicher eigene kulturelle Repräsentationen. Ein Beispiel ist das NBC Format „GIGA" – nach eigenen Angaben das Format der „Generation@". Es verallgemeinert neue Handlungsmuster und materialisiert spezifische Gegenstände und Stile, die als „typisch" für diese Generation@ erkannt werden sollen. Das Studio ist wie ein großer Keller aufgemacht, hat eine hippe Inneneinrichtung und eine coole Atmosphäre. Wichtig sind vor allem die themenspezifischen Accessoires in den Formatfenstern, so etwa die Stapel von Computerspielen im Fenster „Games", die Haufen von Kuscheltieren bei „Stars" und die Fanschals bei „Sport&Fun". Darüber hinaus etabliert das Format kulturelle Repräsentationen durch eigene Codes, die zusammenhängen etwa mit dem GIGA-Quiz, das die Semantik der technologisch-konvergenten Kultur abfragt, mit dem die jungen (vorwiegend) männlichen Zuschauer ihr Vokabular um vor allem englische Fachbegriffe erweitern (und sich von anderen auch kulturell differenzieren) können. GIGA interessiert hier als Fernsehformat aber vor allem wegen seiner durch neue Technologien erst möglich gewordenen Interaktionsformen: die Votes, eine dem TED ähnliche Vorgehensweise, bei der Fragen aus Themen isoliert und dann durch Zuschauer beantwortet werden, das chatten parallel zur Fernsehsendung und die auf die Inhalte abgestimmten Gewinnspiele. Sie sind das Besondere und tragen dazu bei, dass GIGA Bestandteil des kommunikativen Handelns seiner jungen Nutzerinnen und Nutzer werden kann und so – über diese Interaktionen –

---

20 Reichweite der jeweiligen Topten-Titel bei den 6- bis 9-Jährigen: „Micky Maus" (23,6%), „Junior" (16,5%), „Donald Duck Sonderheft" (10,5%), „Benjamin Blümchen" (10,4%), „Disneys Lustige Taschenbücher" (9,4%), „Die Maus" (8,4%), „Pumuckl" (7,0%), „Löwenzahn" (5,8%), „Tabaluga" (6,0%), „Simpsons" (4,2%) (Quelle: KidsVerbraucherAnalyse 2002).

vielleicht auch ein Gefühl der Zugehörigkeit zur Generation@ entsteht, zumindest aber eine kulturelle Differenz zu denen, die nicht drin oder dabei sind.

GIGA weist viele neue formale Eigenschaften auf. Meyrowitz hat genau diese in seiner berühmten Studie über das Fernsehen, „No Sense of Place", thematisiert, die mit „Die Fernsehgesellschaft" unglücklich übersetzt worden ist. Er zeigt darin, wie Fernsehen neue Verbindungen zwischen Menschen und Orten schafft und dadurch Optionen für neue Orientierungen und Verhaltensweisen entstehen (Meyrowitz 1990/ 1985). Neu und produktiv an seiner Studie war, dass sie nicht primär auf die Inhalte, sondern vielmehr auf die medienspezifischen Charakteristika des Fernsehens konzentriert war. Meyrowitz machte darauf aufmerksam, dass traditionelle Fragen wie die nach der Kontrolle der verbreiteten Information, der Struktur des Mediensystems und ideologischen, ökonomischen und politischen Funktionen von Medien zwar wichtig sind, aber dazu führen können, dass die „besonderen Eigenschaften einzelner Medien" übersehen werden (ebd.: 44). Er dagegen zeigt, wie Fernsehen Orientierungen und Informationen auf ganz eigene Art und Weise aufbereitet und anbietet und dadurch andere Orientierungen ermöglicht als andere Medien. Eine Stärke der formalen Analyse von Meyrowitz ist dabei, dass er ein neues Medium zunächst schlicht als Veränderung eines „Biotops" betrachtet (s.o.): „Wenn ein neuer Faktor [i.S. eines neuen Mediums; C.W.] in eine alte Umgebung [i.S. einer Umgebung, die durch bestehende Medien und deren Angebote strukturiert ist oder auch nicht; C.W.] eingebracht wird, dann – so lernen wir aus der Systemtheorie und der Ökologie – ist das Ergebnis nicht die alte Umwelt plus der neue Faktor, sondern eine neue Umwelt." (ebd.: 53).

Die faktische Bedeutung der durch das Fernsehen entstandenen neuen Orientierungsumwelt beschreibt Meyrowitz an vielfältigen Beispielen. So zeigt er, wie durch Orientierungen, die durch das Fernsehen vermittelt werden, neue Gruppen-Identitäten entstehen und neue Formen von Persönlichkeit entwickelt und wie Autoritäten auf eine neue und andere Art und Weise in Frage gestellt werden können. Dabei kommt er auch darauf zu sprechen, wie das Fernsehen die Orientierungsumwelt der Kinder ändert, weil diese nun den „Hintergrundbereich" der Erwachsenen kennen lernen; etwa wenn im Fernsehen zu sehen ist, „wie Erwachsene sich für Elternrollen vorbereiten und sich von ihnen erholen. Sie [die Fernsehfilme und -serien; C.W.] zeigen den Kindern, wie sich Eltern verhalten, wenn sie nicht mit ihren Kindern zusammen sind" (ebd.: 297). Meyrowitz' Analyse der Form Fernsehen differenziert viele fernsehspezifische Informations- und Orientierungsangebote und hat uns gelehrt, dass Analysen unvollständig bleiben, wenn sie Orientierungssituationen allein als räumliche Verhaltensumwelten konzipieren und dadurch Orientierungsleistungen von Medien ausblenden. Seine Darstellung der formalen Eigenschaften von Medien, die auf unterschiedliche Weise orientieren, informieren und unterhalten, hat die Erforschung von Orientierungskontexten modifiziert. Seitdem werden soziale Situationen umfassend als „Informationssysteme" konzeptualisiert und berücksichtigen medial zugängliche Orientierungen. Dennoch erlaubt es seine Konzeptualisierung nur zu untersuchen, wie Medien und ihre sonst räumlich und zeitlich unzugänglichen Informationen Einfluss auf Verhalten haben können. Wann aber genau Medien auf welche Weise an Kulturwandel beteiligt sind, klärt seine Analyse, in der „Medien, Situationen und soziale Rollen isoliert" (ebd., 251) behandelt werden, nicht. Das räumt er auch ein: „Ich skizziere die Richtung von Veränderungen, die durch die breite Nutzung der elektronischen Medien hervorgerufen werden – wenn alle anderen Bedingungen konstant sind. Doch andere Bedingungen sind niemals konstant, und ich leugne nicht, dass viele Faktoren die Situation, die ich beschreibe, beeinflusst haben. Ich weiß, dass andere Faktoren viele der Auswirkungen elektronischer Medien rückgängig machen oder abändern" (ebd., 251). Meyrowitz' Analyse der formalen Eigenschaften des Fernsehens bleibt – wie er zu Recht schreibt – isoliert.

Das Problem bei Meyrowitz sehe ich darin, dass er die Menschen, in deren Verhalten sich Wandel manifestiert, völlig unangemessen berücksichtigt. Meyrowitz betrachtet Medien als ein „fehlendes Bindeglied" zwischen Orten – nicht zwischen Menschen. Medien sind bei ihm kein Bestandteil von Praktiken, Lebensstilen und Handlungen selbst, in denen diese aber ihre kulturverändernde und damit den Wandel von Kultur auslösende Bedeutung erfahren. Das ist auch der Grund dafür, warum etwa Nutzerinnen und Nutzer oder Managerinnen und Manager, also Leute, die aktiv mit Medien umgehen, überhaupt nicht vorkommen. Obwohl Meyrowitz mit seiner formalen Analyse von Medien einen wichtigen Beitrag zu ihrer Rolle in Orientierungs- und Verhaltensumwelten leistet, kommt er nicht bei den Menschen an – und damit bei den beiden klassischen Fragen der Kommunikations- und Medienwissenschaft: „Was machen Medien mit den Menschen?" und „Was machen die Menschen mit den Medien?". Dabei wäre diese Lücke durch Rückgriff sowohl auf das methodische wie auch theoretische Rüstzeug der klassischen und gerade im Bezug auf die Erforschung von Wandel erprobten Soziologie leicht zu schließen gewesen. Denn bekanntlich hat Max Weber, der bekannteste und auch am häufigsten zitierte Soziologe weltweit, die Erforschung von sozialem Handeln und damit auch von Wandel am Handelnden selbst, dessen Intentionen und Situation sowie seiner Handlungen und deren Folgen festgemacht (vgl. Abb. 1).[21]

---

21 Webers Definition von Soziologie und sozialem Handeln, die bekanntlich zusammenhängen, richtet sich explizit gegen eine naturwissenschaftliche Orientierung der Soziologie, die bei Meyro-

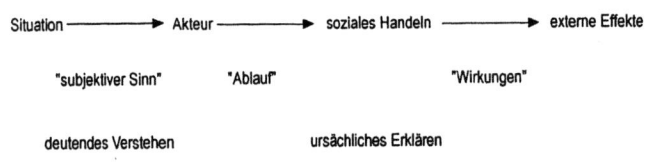

Abb. 1: Die drei Analyseschritte der verstehend-erklärenden Soziologie nach Weber

Wie kann nun aber die Analyse formaler Eigenschaften von Medien mit der Analyse der Nutzung dieser Medien durch unterschiedliche Menschen in unterschiedlichen Kontexten von Kommunikation so zusammengeführt werden, das gleichermaßen eine Berücksichtigung von Nutzerinnen und Nutzern wie auch von Managern und Managerinnen und ihren Strategien möglich wird? Ein Vorschlag, wie so etwas aussehen könnte, wurde zuerst im Umfeld der Cultural Studies entwickelt. Dort sind zwei Modelle entwickelt worden, die explizit versuchen, auf diese Frage eine Antwort zu geben: Das Encoding/ Decoding-Modell von Stuart Hall (1999/ 1980; 1973) und das Modell eines Kreislaufs der Kultur von Richard Johnson (1999/ 1986), in denen der Umgang mit Medien in unterschiedlichen Kontexten differenziert und aufeinander bezogen wird (vgl. dazu ausführlich Winter 2003). Diese Entwicklungsarbeit ging zuletzt in konzeptuellen und empirischen Beiträgen zur Erforschung von Kultur auf und wurde auch in der Medien- und Kommunikationswissenschaft nicht konzeptuell weitergeführt. Die Pointe der Weiterentwicklung dieser Modelle besteht darin, dass Kultur nun nicht mehr als Werte und Normen, als Artefakte, als „whole way of life" oder als „Die Produktion und Zirkulation von Bedeutung" angesehen wird, sondern als ein viel komplexerer Zusammenhang, der deshalb auch besser als ein solcher konzeptualisiert wird: als ein komplexer und durchaus widersprüchlicher Zusammenhang von fünf für die Konstitution von Kultur maßgeblichen Prozessen (vgl. Abb. 2 sowie du Gay 1997).

---

witz durchschimmert. Weber definiert Soziologie als „eine Wissenschaft, welche soziales Handeln deutend verstehen und dadurch in seinem Ablauf und seinen Wirkungen ursächlich erklären will" (Weber 1980: 1) und grenzt sie deutlich von den Naturwissenschaften ab. Ihnen gegenüber sah Weber die besondere Leistung darin, dass die Soziologie in der Lage sei, etwas „über die bloße Feststellung von funktionellen Zusammenhängen und Regeln („Gesetzen") hinaus etwas aller „Naturwissenschaft" (im Sinn der Aufstellung von Kausalregeln für Geschehnisse und Gebilde und der „Erklärung" der Einzelgeschehnisse daraus) ewig Unzugängliches zu leisten: eben das „Verstehen" des Verhaltens der beteiligten Einzelnen, während wir das Verhalten z.B. von Zellen nicht „verstehen", sondern nur funktionell erfassen und dann nach Regeln seines Ablaufs feststellen können. Diese Mehrleistung (...) ist gerade das dem soziologischen Erkennen Spezifische." (ebd.: 7) Vgl. zur theoretischen Logik von Handlungstheorie im Kontext von Wandel, Kommunikation und Medien ausf. Winter (2002b) und Winter (2003).

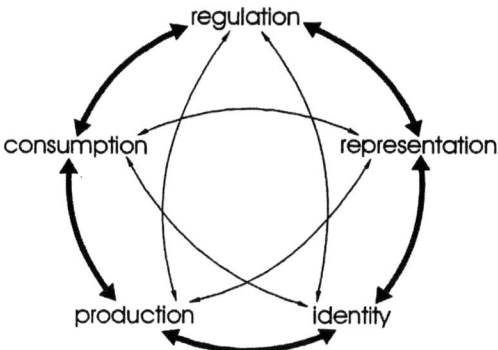

Abb. 2: The Circuit of Culture (Quelle: Du Gay et al. 1997, S. 3)

Mit der Sony-Walkman-Studie, mit der dieses Modell vorgestellt wurde, konnte gezeigt werden, dass die Heuristik dieses Modells ein umfassenderes Verständnis der komplexen Verbundenheit und Konstitutionsvoraussetzungen von Kultur zulässt. Das Modell dürfte das derzeit wohl ambitionierteste Projekt zur Erforschung von Kultur angeregt haben, das es im Umfeld von Kulturwissenschaft und vor allem der Soziologie gibt, in deren Rahmen es von Cultural-Studies-Vertretern entwickelt worden ist. Es ermöglicht mehr Perspektiven auf Kultur und Kulturwandel als jeder herkömmliche auf den Prozess oder Gegenstand Kultur orientierte Bezugsrahmen.

Die theoretische Logik und Multiperspektivität dieses Modells kann auch für die Erforschung von Kommunikation genutzt werden, um ihrer Komplexität und der ihrer Teilprozesse konzeptuell besser gerecht zu werden. Entwickelt habe ich diesen Vorschlag im Anschluss an eine Kritik an der Abstraktionshöhe dieses Modells. Der Circuit of Culture hat als Modell von Kultur das Problem, dass er sowohl übergreifende Strukturen wie auch konkretes Handeln in den Prozessen, die er betrachtet, aus dem Blick verlieren kann (Winter 2001). Ich behaupte, dass die theoretische Logik dieses Modells plausibler auf Kommunikation als auf Kultur angewendet werden kann. Erstens können die für Kommunikation konstitutiven Teilprozesse eher empirisch plausibel differenziert werden, und zweitens sind diese Teilprozesse über Medien und Kommunikation zusätzlich auch material miteinander verbunden. Diese konzeptuellen Überlegungen regten die Konstruktion eines Basis-Modells von Kommunikation an: ein Medien-Kulturen-Modell (vgl. Abb. 3 sowie Winter 2003).

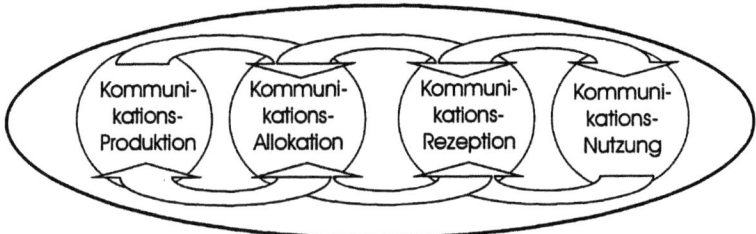

Abb. 3: Das Medien-Kulturen-Modell von Kommunikation

Das Medien-Kulturen-Modell konzeptualisiert Kommunikation als Prozess der
komplexen Verbindung der Produktion, Allokation, Rezeption und Nutzung von
Kommunikation in Kommunikation über ein Medium. Das in einem artikulations-
theoretischen Bezugsrahmen entwickelte Modell greift auf Webers Logik der
Handlungsanalyse zurück und wendet diese auf alle Momente von Kommunikation
an. Es wird so möglich, das Handeln im Kontext der unterschiedlichen materialen
Bedingungen der Momente von Kommunikation konzeptuell zu unterscheiden.
Die Intentionen beim Umgang mit Medien während der Produktion von Kommunikation sind andere als bei ihrer Allokation, Rezeption oder Nutzung. Aber auch
die materialen Bedingungen und die kulturelle Logik dieser Kontexte unterscheiden
sich erheblich. Mal dominieren eher Kreative und Künstler (Produktion), mal eher
Vertriebsmenschen (oder Verwalter, die über die Zuteilung von Telefonanschlüs-
sen einmal entschieden haben), oder die kognitiven und emotionalen Einzigartig-
keiten von Nutzerinnen und Nutzern, die zu beachten uns der Konstruktivismus
gelehrt hat (Rezeption), und ähnlich differenziert sind freilich auch die Kontexte
und Logiken der Nutzung, die von den Menschen und den Regeln ihrer sozialen
und kulturellen Umfelder abhängen. Zwischen diesen verschiedenen Handelnden
und Kontexten besteht über Medien und Kommunikation eine komplexe Konnektivität, die im Modell durch Pfeile angezeigt wird, die die Kontexte medial
miteinander verbinden. Diese werden in der Artikulationstheorie als lösbar und
veränderbar verstanden, ohne dass damit eine Beliebigkeit oder völlige Freiheit
angenommen wird. Vielmehr steht der Terminus Artikulation gerade für eine Verbindung, über die aber zunächst nicht mehr ausgesagt wird, als dass sie besteht und
unter Bedingungen und Voraussetzungen von den Beteiligten eingegangen worden
ist. Wobei auch hier wieder mit Marx formuliert werden kann, dass diese nicht aus
freien Stücken, nicht unter selbst gewählten, sondern unter schon vorgefundenen,
gegebenen und überlieferten Umständen zustande gekommen ist.

Über diese Marx-Paraphrase gelangen wir zu den Kindern und Jugendlichen und ihren Kulturen zurück, deren Wandel im Kontext von Telekommunikation hier zu konzeptualisieren war. Abschließend wollen uns fragen, ob wir das Ziel, einen konzeptuellen Rahmen für ein angemessenes Verständnis der Bedingungen und Voraussetzungen des Wandels von Jugendkulturen im Kontext von Telekommunikation zu entwickeln, erreichen konnten, und wenn ja, welche Perspektiven und Aufgaben sich möglicherweise ergeben.

6. Für eine multiperspektivische Erforschung der konvergenten Re-Artikulation der Kulturen von Kindern und Jugendlichen

Ausgehend von einigen Fragen wurde eingangs zuerst die Komplexität des Verhältnisses von Telekommunikation aufgezeigt: „Warum verbindet Telekommunikation?", „Wie verändert diese die Bedingungen, unter denen Kinder spielen und leben?", „Welchen Einfluss hat sie auf die Arbeit an der eigenen Kultur – die immer häufiger durch Kommunikation eigenständig erschaffen, erhalten und verändert wird/werden muss?", „Wer außer ihnen spielt bei dieser Arbeit im Kontext von Telekommunikation – warum – welche Rolle?". Dann wurde quasi die ‚Eigenkomplexität' einiger Beteiligter an diesem Verhältnis rekonstruiert, bevor über die alten Fragen „Was machen Medien mit den Menschen?" und „Was machen die Menschen mit den Medien?" hinausgehend ein Modell vorgestellt wurde, dass diese Fragen in Richtung einer komplexeren Frage überwindet: Was machen Menschen warum an welchen Momenten von Kommunikation, und wie und warum sind sie dabei über Medien verbunden?

Das angeführte Medien-Kulturen-Modell von Kommunikation sowie diese Frage zielen darauf, sowohl die Eigenkomplexität der im Prozess von Kommunikation differenzierbaren Momente als auch die Komplexität der medialen Verbundenheit dieser Momente in Kommunikation angemessener abzubilden. Die vorgenommene Differenzierung erlaubt eine differenziertere Analyse technischer, ökonomischer, politischer und kultureller Aspekte nicht nur des „Wie", sondern auch des „Warum" von Kommunikation. Durch diese Verfeinerung des theoretischen Bezugsrahmens sollten Fortschritte im Verstehen und Erklären möglich werden.

Welche Fortschritte wurden tatsächlich erzielt? Können die eingangs angeführten Aussagen „Computern ist mein Leben", „Ohne Handy – unvorstellbar" sowie „Chatten ist das coolste" nun besser verstanden werden? In den ersten drei Kapiteln wurden zentrale Charakteristika von Telekommunikationsmedien vorgestellt, bevor gezeigt wurde, wie bereits SMS oder Chats das Leben von Kindern verändern können, wenn in sie in ihren Spielen (eher zufällig) Erwartungen, Codes und Differenzen und damit neue Formen der kulturellen Verbundenheit konstituieren. Telekommunikation ist in diesen Fällen Ausgangspunkt einer Re-Artikulation der Kulturen von Kindern und Jugendlichen geworden. Wie dann gezeigt wurde, ist das noch nicht unbedingt etwas Neues. Die meisten medienkulturellen Trends der Nachkriegszeit basieren auf kommerziellen Produkten. Es stellt sich dann die Frage, was im Kontext von neuen Technologien und dem anderen Güterstatus von Telekommunikation und ihren Medien einen Unterschied macht?

Dadurch, dass das Modell Kommunikation im Kontext von Wandel differenziert und in den Kontexten des Umgangs mit den Medien und ihren Angeboten zu bestimmen versucht, können Fragen neu gestellt werden: Unterscheidet sich die Produktion der Telekommunikationsmedien und ihrer Angebote von jenen, denen wir den Status oder Rang von Kulturgütern zuerkennen – von denen wir annehmen, dass sie bei der Verwirklichung von kulturellen Idealen wie Freiheit, Toleranz und Gleichheit eine konstitutive Rolle spielen? Wir können also viel genauer fragen, in welchem dieser Kontexte vielleicht Bedingungen und Voraussetzungen im Umgang mit Telekommunikationsmedien der Verwirklichung dieser Ideale entgegenstehen. Dass das Modell ganz konkret am Handeln von Menschen ansetzt und deren Intentionen und Situation erforscht und dann die verschiedenen strategischen und taktischen Intentionen zueinander in Beziehung setzen kann, wird gegenüber der im Kontext von Kulturwandel und Neuen Medien sonst sehr allgemein über Freiheit, Gleichheit und Toleranz geführten Diskussion als Vorteil gesehen. Dieses Handeln der Manager, Produzenten, Vermarkter und Techniker sowie der jugendlichen Nutzer differenzierter erforschen zu können war erstes Ziel. Das Verhältnis von Telekommunikation und Jugendkultur wäre demnach durch eine ethnographisch-empirische Erforschung der wie auch immer beteiligten Handelnden in Kontexten des Telekommunikationsprozesses näherungsweise aufzuklären. Vor allem soll das Modell Fragen zum Umgang mit Telekommunikation anregen, die zu einer immer besseren Beantwortung der Frage, was Menschen warum in welchen der Kontexte von Kommunikation warum machen und wie das verbunden ist, beitragen können. Dazu gehört es auch, neue Fragen aufwerfen zu können: Wollen wir nicht wissen, warum und wie Menschen in Unternehmen die Spiele von Kindern und Jugendlichen nutzen, um Produkte zu entwickeln und verkaufen zu können? Wollen wir nicht wissen, wie Kinder und Jugendliche mit diesen Spielen ihre Kultur erschaffen und wie darin Perspektiven für Freiheit, Gleichheit und Toleranz enthalten sind? Wäre es nicht eine Aufgabe der Kommunikationswissenschaft, die in Kommunikation verbundenen Kontexte auch daraufhin zu erforschen, ob die Bedingungen und Voraussetzungen in den Kontexten zur

Verwirklichung von Freiheit, Gleichheit und Toleranz beitragen können? Wollen wir nicht, das Kinder und Jugendliche bei der Erschaffung ihrer Orientierungen und ihrer kulturellen Verbundenheiten kulturelle Ideale wie die genannten kennen und erleben lernen? Wollen wir nicht wissen, was die an diesen Formen von Kommunikation beteiligten Menschen dazu beitragen? Wenn die neuen Telekommunikationsmedien eine so große Bedeutung für Kinder und Jugendliche haben, dann müssen wir eine Vorstellung davon entwickeln, was es heißt, im Umgang mit ihnen Toleranz, Gleichheit und Freiheit zu erfahren – nicht nur als Abwesenheit von Zwang, auch als positive Freiheit, als Chance z.B. zur Teilhabe an Gesellschaft oder zur Entwicklung von Qualifikationen und auch Persönlichkeit.

Das Medien-Kulturen-Modell erlaubt es, die konvergenten Re-Artikulationen von Kinder- und Jugendkulturen aus verschiedenen Perspektiven wahrzunehmen, als verspielte Taktiken einerseits und auch als aus kommerziellen Gründen interessierende Handlungen. Es trägt damit dazu bei, den Wandel von Kinder- und Jugendkulturen in ihrer kommunikativen Komplexität als Chance, als Gefahr und als Herausforderung zu verstehen. Die Perspektiven der Handelnden und deren Grenzen, Rationalitäten und Widersprüche werden ebenso wie ihre Kontexte und deren mediale Verbundenheit zum Thema. So wird die Erforschung von Jugendkultur und von Telekommunikation notwendig multiperspektivisch: sie rekonstruiert Differenzen in den Perspektiven und Handlungen, die in Telekommunikation komplex zusammenhängen. Damit trägt das Medien-Kulturen-Modell dazu bei, die spezifisch-historischen und konkret-materialen Bedingungen und Voraussetzungen von Telekommunikation bei der Re-Artikulation der Kulturen von Kindern und Jugendlichen besser zu verstehen.

Literatur

Baacke, Dieter (1999): Jugend und Jugendkulturen. Darstellung und Deutung. 3. überarbeitete Auflage. Weinheim/ München: Juventa

Castells, Manuel (2001): Der Aufstieg der Netzwerkgesellschaft. Teil 1 der Trilogie. Das Informationszeitalter. Wirtschaft - Gesellschaft - Kultur. Opladen: Leske + Budrich

Dadelsen, Bernhard von (1994): „More is Not an Illusion". Time-Warner. Expansionsstrategien eines Medienkonzerns. In: Brinkemper, Peter V./ Dadelsen, Bernhard von/ Seng, Thomas (Hrsg.): World Media Park. Globale Kulturvermarktung heute. Berlin: Aufbau Taschenbuch Verlag: 11-23

du Gay, Paul (1997): Introduction. In: Gay, Paul du (Hrsg.): Production of Cultu-
re/ Cultures of Production. London: Sage Publications: 1-10

Faulstich, Werner (1998): Medientheorie. In: Faulstich, Werner (Hrsg.): Grundwissen Medien. München: Fink Verlag: 21-28

Föckler, Knut (2000): Medienkonvergenz und Markenbildung im Internet. Wie das
neue Medium die kommerzielle Kommunikation verändert. In: Institut, Adolf
Grimme (Hrsg.): Jahrburch Fernsehen 2000. Marl: 48-58

Freienstein, Jörg (2002): Von Connectivity zu Content. Mehrwertdienste für die
Telekommunikation: Kritische Erfolgsfaktoren und Rahmenbedingungen unter
besonderer Berücksichtigung der Endnutzer. In: Karmasin, Matthias/ Winter,
Carsten (Hrsg.): Mediale Mehrwertdienste und die Zukunft der Kommunikation. Wiesbaden: Westdeutscher Verlag: 121-136

Hall, Stuart (1999/1980(1973)): Kodieren/Dekodieren. In: Bromley, Roger/ Göttlich, Udo/ Winter, Carsten (Hrsg.): Cultural Studies: Grundlagentexte zur Einführung. Lüneburg: zu Klampen: 92-110

Hall, Stuart (1999/1981): Cultural Studies. Zwei Paradigmen. In: Bromley, Roger/
Göttlich, Udo/ Winter, Carsten (Hrsg.): Cultural Studies: Grundlagentexte zur
Einführung. Lüneburg: zu Klampen: 113-138

Hall, Stuart (2000/1985): Postmoderne und Artikulation. Ein Interview mit Stuart
Hall. Zusammengestellt von Lawrence Grossberg. In: Räthzel, Nora (Hrsg.):
Stuart Hall. Cultural Studies. Ein politisches Theorieprojekt. Ausgewählte
Schriften 3. Hamburg: Argument Verlag: 52-77

Hepp, Andreas (1999): Cultural Studies und Medienanalyse. Eine Einführung.
Opladen/Wiesbaden: Westdeutscher Verlag.

Hepp, Andreas/ Winter, Carsten (2003): Cultural Studies als Projekt: Kontroversen
und Diskussionsfelder. In: Diess. (Hrsg.): Die Cultural Studies Kontroverse.
Lüneburg: Zu Klampen (im Druck)

Herman, Edward S./ McChesney, Robert W. (1997): The Global Media: The New
Missionaries of Corporate Capitalism. London, Washington: Cassell

Johnson, Richard (1999/1986): Was sind eigentlich Cultural Studies? In: Bromley,
Roger/ Göttlich, Udo/ Winter, Carsten (Hrsg.): Cultural Studies: Grundlagentexte zur Einführung. Lüneburg: zu Klampen: 139-188

Kellner, Douglas (1997): Jugend im Abenteuer Postmoderne. In: SPoKK (Hrsg.):
Kursbuch Jugendkultur. Stile, Szenen und Identitäten vor der Jahrtausendwende. Mannheim: Bollmann Verlag: 70-78

Kellner, Douglas (1997a): Die erste Cybergeneration. In: SPoKK (Hrsg.): Kursbuch Jugendkultur. Stile, Szenen und Identitäten vor der Jahrtausendwende.
Mannheim: Bollmann Verlag: 310-316

Karmasin, Matthias (1999): Produktionsfaktor Telekommunikation. Was produziert Telekommunikation und was soll sie produzieren? In: Kaspar, Achim/ Rübig, Paul (Hrsg.): Telekommunikation II. Ausblicke nach der Liberalisierung. Wien: Signum Verlag: 119-128

Karmasin, Matthias/ Winter, Carsten (2000): Kontexte und Aufgabenfelder von Medienmanagement. In: Karmasin, Matthias/ Winter, Carsten (Hrsg.): Grundlagen des Medienmanagements. München: Fink (UTB): 15-39

Karmasin, Matthias/ Winter, Carsten (Hrsg.) (2002): Mediale Mehrwertdienste und die Zukunft der Kommunikation. Wiesbaden: Westdeutscher Verlag

Karmasin, Matthias/ Winter, Carsten (2002): Medienethik vor der Herausforderung der globalen Kommerzialisierung von Medienkultur: Probleme und Perspektiven. In: Karmasin, Matthias (Hrsg.): Medien und Ethik. Stuttgart: Philipp Reclam jun.: 9-36

Latzer, Michael (2002): Die veränderte Rolle des Staates in der Mediamatik. In: Karmasin, Matthias/ Winter, Carsten (Hrsg.): Mediale Mehrwertdienste und die Zukunft der Kommunikation. Wiesbaden: Westdeutscher Verlag: 33-43.

Levitt, Theodor (1986): Die Globalisierung der Märkte. In: Levitt, Theodor (Hrsg.): Die Macht des kreativen Marketing. Düsseldorf: ECON Taschenbuch Verlag: 37-67

McRobbie, Angela (1997): Shut up and dance. Jugendkultur und Weiblichkeit im Wandel. In: SPoKK (Hrsg.): Kursbuch Jugendkultur. Stile, Szenen und Identitäten vor der Jahrtausendwende. Mannheim: Bollmann Verlag: 192-206

Mercer, Colin (2003): Konvergenz, Kreative Industrien und Zivilgesellschaft. Auf dem Weg zu einer neuen Agenda. In: Hepp, Andreas/ Winter, Carsten (Hrsg.): Die Cultural Studies Kontroverse. Lüneburg: Zu Klampen: (im Druck)

Meyrowitz, Joshua (1990/1985): Die Fernsehgesellschaft I & II. Weinheim und Basel: Belz

Middelhoff, Thomas (2000): Technologie als Voraussetzung für Medien im 21. Jahrhundert. Boston: MIT/Bertelsmann University: 16

Reichwald, Ralf/ Meier, Roland/ Fremuth, Natalie (2002): Die mobile Ökonomie - Definition und Spezifika. In: Reichwald, Ralf (Hrsg.): Mobile Kommunikation. Wertschöpfung, Technologien, neue Dienste. Wiesbaden: Gabler Verlag: 3-16

Rose, Tricia (1997): Ein Stil, mit dem der keiner klar kommt. HipHop in der postindustriellen Stadt. In: SPoKK (Hrsg.): Kursbuch Jugendkultur. Stile, Szenen und Identitäten vor der Jahrtausendwende. Mannheim: Bollmann Verlag: 142-156

Sander, Ekkehard (2001): Common Culture und neues Generationenverhältnis. Die Medienerfahrungen jüngerer Jugendlicher und ihrer Eltern im empirischen Vergleich. München: Verlag Deutsches Jugendinstitut

Saxer, Ulrich (1987): Kommunikationsinstitutionen als Gegenstand von Kommunikationsgeschichte. In: Bolvowsky, Manfred/ Langenbucher, Wolfgang R.
(Hrsg.): Wege zur Kommunikationsgeschichte. München: 71-78
Saxer, Ulrich (1997): Konstituenten einer Medienwissenschaft. In: Schanze, Hel-
mut/ Ludes, Peter (Hrsg.): Qualitative Perspektiven des Medienwandels: Positionen der Medienwissenschaft im Kontext „Neuer Medien". Opladen: Westdeutscher Verlag: 15-26
Sjurts, Insa (2000): Chancen und Risiken im globalen Medienmarkt. Die Strategien
der größten Medien-, Telekommunikations- und Informationstechnologiekon-
zerne. In: Hans-Bredow-Institut für Rundfunk und Fernsehen (Hrsg.): Interna-
tionales Handbuch für Hörfunk und Fernsehen. Hamburg: Nomos: 31-45
SPoKK (Hrsg.) (1997): Kursbuch Jugendkultur. Stile, Szenen und Identitäten vor
der Jahrtausendwende. Mannheim: Bollmann Verlag
Winter, Carsten (1996): Predigen unter freiem Himmel. Die medienkulturellen
Funktionen der Bettelmönche und ihr geschichtlicher Hintergrund. Bardowick:
Wissenschaftlicher-Verlag
Winter, Carsten (1998): Internet/ Online-Medien. In: Faulstich, Werner (Hrsg.):
Grundwissen Medien. München: Fink Verlag: 274-295
Winter, Carsten (2001): Globale Kommerzialisierung von Öffentlichkeit? Perspek-
tiven für eine mediensoziologische Erforschung der Rolle von Medienunter-
nehmen und Medienproduktion im Kontext von Gesellschafts- und Kultur-
wandel. In: Karmasin, Matthias/ Knoche, Manfred/ Winter, Carsten (Hrsg.):
Medienwirtschaft und Gesellschaft 1 - Medienunternehmen und die Kommer-
zialisierung von Öffentlichkeit. Münster: Lit-Verlag: 41-68
Winter, Carsten (2001a): Kulturimperialismus und Kulturindustrie ade? Zur Not-
wendigkeit einer Neuorientierung der Erforschung und Kritik von Medienkul-
tur in den Cultural Studies. In: Göttlich, Udo/ Mikos, Lothar/ Winter, Rainer
(Hrsg.): Die Werkzeugkiste der Cultural Studies. Perspektiven, Anschlüsse und
Interventionen im deutschsprachigen Raum. Bielefeld: Transcript: 283-322
Winter, Carsten (2002): Die konfliktäre komunikative Artikulation von Identität im
Kontext der Globalisierung von Medienkulturen. In: Winter, Carsten/ Thomas,
Tanja/ Hepp, Andreas (Hrsg.): Medienidentitäten - Identität im Kontext von
Globalisierung und Medienkultur. Köln: Herbert von Halem Verlag: 49-70
Winter, Carsten (2002a): Die Zukunft medialer Mehrwertdienste. Eine kommuni-
kationswissenschaftliche fächerübergreifende Einführung. In: Karmasin, Mat-
thias/ Winter, Carsten (Hrsg.): Mediale Mehrwertdienste und die Zukunft der
Kommunikation. Wiesbaden: Westdeutscher Verlag: 9-32

Winter, Carsten (2002b): Medienentwicklung und Wandel als theoretische Herausforderung. Perspektiven für eine artikulationstheoretische Ergänzung systemfunktionaler Analysen. In: Behmer, Markus/ Krotz, Friedrich/ Stöber, Rudolf, et al. (Hrsg.): Medienentwicklung und Gesellschaftswandel. Wiesbaden: Westdeutscher Verlag: 51-87

Winter, Carsten (2002c): Von Broadcasting zu Narrowcasting? Fakten und Fiktionen von Konvergenz als Herausforderung für eine Theorie der Medienentwicklung. In: Baum, Achim/ Schmidt, Siegfried J. (Hrsg.): Fakten und Fiktionen. Über den Umgang mit Medienwirklichkeiten. Konstanz: UVK: 514-526

Winter, Carsten (2003): Die Komplexität medialer Kommunikation und ihre kulturtheoretische Konzeptualisierung - das Medien-Kulturen Modell. In: Karmasin, Matthias/ Thomas, Tanja/ Winter, Carsten (Hrsg.): Kulturwissenschaft als Kommunikationswissenschaft. Probleme, Projekte und Perspektiven. Wiesbaden: Opladen (im Druck)

Winter, Carsten/ Karmasin, Matthias (2001): Ökonomisierung aus unternehmensstrategischer Perspektive. Ursachen, Formen und Folgen der globalen Kommerzialisierung medialer Wertschöpfungsprozesse. In: Medien & Kommunikationswissenschaft, 49 Jg. 2/2001: 206-217

Zobel, Jörg (2001): Mobile Business und M-Commerce. Die Märkte der Zukunft erobern. München/ Wien: Hanser

Let's play the games. Angebot und Nutzung von Bildschirm-spielen

Hardy Dreier und Susanne Kubisch

Computer- und Videospiele sind ein vergleichsweise junges Segment der Medien- und Unterhaltungsbranche. Die Entwicklung der digitalen Spiele begann in den sechziger Jahren an verschiedenen Orten. Dies waren zum einen die Universitäten und Großforschungseinrichtungen, die über eine entsprechende Ausstattung mit Computern verfügten, zum anderen spielten für die weitere Entwicklung der Bild-schirmspiele Automaten, die z.b. in Gaststätten und Spielhallen aufgestellt waren, eine große Rolle. Seit Anfang der sechziger Jahre die ersten Computerspiele meist von Studenten entwickelt wurden, hat sich sowohl aus technischer als auch aus wirtschaftlicher Sicht vieles verändert.[1] Mittlerweile ist die wirtschaftliche Bedeu-tung der Computer- und Videospieleindustrie mit der Filmbranche vergleichbar: Bildschirmspiele sind fester Bestandteil der Kindheit in den meisten Industrielän-dern.[2]

Die aktuelle Entwicklung des Marktes für Bildschirmspiele wird von einer Viel-zahl von Faktoren auf unterschiedlichen Ebenen beeinflusst. Im Folgenden werden einige wesentliche Trends dargestellt und ihre Auswirkungen auf die Entwicklung der Verbreitung von digitalen Spielen verdeutlicht. Dabei wird auf die Hardware, die Software und die Distribution eingegangen, abschließend wird in Bezug auf Käufer und Käuferinnen, Nutzer und Nutzerinnen sowie auf die Nutzung der Spiele ein Ausblick für die künftige Entwicklung gegeben.

---

1   Zur Geschichte vgl. Lischka (2002) und o.V. (2002i).
2   Zum Umsatz vgl. o.V. (2002j), zur Bedeutung in der Kindheit vgl. o.V. (2002k).

1. Hardware

PC-CD-ROM	62,8 Mio.
Sony Playstation/ PSone	4,7 Mio.
Sony Playstation 2	850.000
Nintendo Game Cube	50.000
Nintendo Game Boy (incl. Pocket)	8,3 Mio.
Nintendo Game Boy Color	3,2 Mio.
Nintendo Game Boy Advance	600.000
Sega Dreamcast	180.000
Microsoft XBox	70.000

Tabelle 1: Installierte Hardwarebasis in Deutschland (nach: o.V. 2002a: 104)

Die technische Ausstattung, die für die Nutzung von Bildschirmspielen benötigt wird, setzt sich im Wesentlichen aus einem Speichermedium, einem Prozessor, einem Eingabegerät und einem Bildschirm oder Display zusammen. Nachdem am Anfang der Entwicklung einige Anbieter versuchten, kompakte Geräte mit allen diesen Bestandteilen zu produzieren, ging man schnell dazu über, im Haushalt vorhandene Geräte als Bestandteil dieses ‚Hardware-Ensembles' zu nutzen. So wurde zuerst der Fernsehbildschirm Schauplatz von heimischen „Pong-Turnieren", später kam der Home-PC mit seinem Monitor als Universalplattform zur Nutzung digitaler Angebote hinzu. Allein im Bereich der Handhelds war bislang mit dem Game Boy von Nintendo eine Hardware-Paketlösung erfolgreich, die aber mittlerweile in der aktuellsten Bauart als „Game Boy Advance" ebenfalls mit anderen Geräten wie dem Fernseher oder der Spielkonsole „Game Cube" verbunden werden kann.

Neben der Durchsetzung eines modularen Konzepts zur Nutzung von verschiedenen Hardwarekomponenten vollzog sich in den achtziger Jahren noch ein weiterer Wechsel: Die Software löste sich von der Hardware. In der Vergangenheit waren Plattform und Spiel häufig eine Einheit, für ein neues Spiel musste auch die Plattform ausgetauscht werden. Dieses Szenario war für Anbieter reizvoll, da es die Möglichkeit bot, immer neue Hardware in Verbindung mit Software zu verkaufen. Allerdings kann diese Strategie zum entscheidenden Wettbewerbsnachteil werden, wenn ein Anbieter sich anders entscheidet. Im Bereich der Handhelds gelang   es Nintendo mit dem Game Boy praktisch ein Monopol zu erreichen, indem mit der Plattform über auswechselbare Datenträger verschiedene Spiele genutzt werden können. Bei der Pflege der Plattform geht Nintendo so weit, dass in den verbesserten neuen Game Boys alte Spiele weiterhin genutzt werden können, einzig die Abwärtskompatibilität neuer Spiele für den aktuellen „Game Boy Advanced" zu den alten Versionen der Plattform ist nicht gegeben.

Bei einer Trennung von Hard- und Software spielt für den Verkauf von Software natürlich der Hardware-Bestand in den Haushalten eine entscheidende Rolle. Der wirtschaftliche Erfolg einer Plattform entscheidet sich mit der Kombination von Hard- und Software. In diesem Zusammenhang spielt der Begriff der kritischen Masse eine zentrale Rolle. Nur wenn eine große Zahl von Haushalten über die entsprechende Plattform verfügt, werden auch die Spiele für diese Plattform ein wirtschaftlicher Erfolg. Als offene multifunktionale Plattform hat der PC die kritische Masse längst überschritten, für Soft- und Hardwareanbieter lohnt es sich, Produkte für diese Plattform auf den Markt zu bringen. Die Vorgaben für die Gestaltung der entsprechenden Produkte ergeben sich aus den allgemeinen Vorgaben, die generell für die Gestaltung von Programmen und Peripherie gelten. Dies bedeutet unter anderem, dass die meisten Spiele für den PC auf das Betriebssystem Windows ausgelegt sind und das Spielezubehör wie Lenkräder, Joysticks u.a. ebenfalls diesem Standard entspricht.

Im Gegensatz dazu präsentieren sich die Konsolen als geschlossene Plattformen, die vor allem auf den als „Lock-In" bezeichneten Mechanismus setzen, der bedeutet, dass der Besitzer der Plattform auf einen bestimmten Typ von Software angewiesen ist (vgl. Zerdick et al. 2001: 155 ff.). Wenn der Nutzer sich für eine bestimmte Plattform entschieden hat, so kann er nur eine eingeschränkte Zahl von Titeln nutzen, die für die jeweilige Plattform zur Verfügung stehen.

1.1. Der PC als Spielkonsole

Bislang hat der PC seine Spitzenstellung als Spieleplattform verteidigen können. Sein Charakter als universal einsetzbares modular zusammengesetztes Multimedia-Gerät sorgt dafür, dass immer mehr Haushalte über PCs verfügen, um sich eine Vielzahl von Nutzungsoptionen zu eröffnen. Digitale Technik ist mittlerweile nicht nur am Arbeitsplatz selbstverständlich geworden, viele Mediennutzer und Mediennnutzerinnen haben beruflich seit Jahren Erfahrungen im Umgang mit digitaler Hard- und Software gesammelt. Häufig bewirkte der Zugang zum PC am Arbeitsplatz großes Interesse und trug dazu bei, auch zu Hause ein Gerät anzuschaffen. Damit löste der Home Computer die ersten Rechner ab, die zu Hause ebenfalls schon für Spiele genutzt wurden, z.B. C64 und Amiga. Der Einsatz des Computers spielt aber auch in Bildungs- und Ausbildungskonzepten eine wichtige Rolle. Das

Programm „Schulen ans Netz" und die intensive Debatte über die Bedeutung der Medienkompetenz in der Informationsgesellschaft tragen dazu bei, die Verbreitung von Computern vor allem in Familien zu fördern, da viele Eltern ihren Kindern mit der Anschaffung eines PCs Perspektiven eröffnen wollen.

Der Vorsprung des Personal Computers gegenüber den neuen Spielkonsolen ergibt sich aus unterschiedlichen Faktoren. Neben den vielfältigen Einsatzmöglichkeiten, zu denen auch – aber eben nicht ausschließlich – Spiele zählen, ist der PC immer noch die wichtigste Plattform für den Internet-Zugang. Hinzu kommt, dass er als Plattform bei den bisherigen Spielerinnen und Spielern fest etabliert ist, viele Computerbesitzerinnen bzw. -besitzer haben sich an bestimmte Nutzugsroutinen und auch an unterschiedliche Eingabegeräte gewöhnt. So wird für die Steuerung bei einer Vielzahl von Spielen nach wie vor eine Tastatur und eine Maus benötigt, wie sie am PC ohnehin vorhanden sind. Im privaten Kontext wandelt die Workstation von einst immer mehr ihre Funktion und schließlich auch ihr Gesicht. Neben klassischen Büroarbeiten werden Heim-PCs mittlerweile für eine Vielzahl von Funktionen eingesetzt. Sie werden genutzt, um DVDs und Musik-CDs abzuspielen und dienen in Verbindung mit vielen Hobbies, wie z.B. Filmen oder Fotografieren, als Hilfsmittel zur Bearbeitung und Speicherung von Daten. Der Nutzungskontext verschiebt sich immer stärker von der Nutzung für Arbeit und Ausbildung zur Nutzung in der Freizeit. Unterhaltung und – dank des Internet-Zugangs – Kommunikation werden zu zentralen Nutzungsformen des PCs.

Auf diese Funktionserweiterung folgt möglicherweise ein Ortswechsel des PCs aus dem Arbeits- ins Wohnzimmer, dem einige Computerhersteller wie z.B. Apple mit dem iMac mit neuen Design-Ideen erfolgreich entsprechen (vgl. o.V. 2002b: 55). Als Plattform für die Nutzung von Unterhaltungsangeboten steht der PC dann verstärkt im Wettbewerb mit Geräten der Unterhaltungselektronik, entsprechend ausgerüstet kann er sowohl als Empfänger für Fernseh- und Hörfunkprogramme, Internetdienste, Telephonie, die Wiedergabe digitaler Datenträger, Aufzeichnungs- und Kopiergerät etc. genutzt werden. Diese Multifunktionalität als Arbeits- und Kommunikationsgerät, mit dem man auch spielen kann, verschafft dem PC eine komfortable Position als Spieleplattform.

Die Nachteile des Home Computers für Gamerinnen und Gamer liegen in seiner evolutionären Entwicklung. Die verschiedenen Komponenten eines Computers werden ständig weiterentwickelt und verbessert. Dies wird von den Spieleentwicklern berücksichtigt, so dass aktuelle Spiele normalerweise hohe Anforderungen an die Hardware stellen. Viele Publisher haben sich mit ihrer Veröffentlichungspolitik auf die dynamische technische Entwicklung eingestellt und orientieren sich bei der Gestaltung des Preises der Spiele daran, ob sie dem neuesten technischen

Standard entsprechen. Mit steigendem Alter des Spiels sinkt sein Verkaufspreis, bis es schließlich am Ende der Preisspirale möglicherweise als Bonusgabe auf einer Spielezeitschrift endet.

Insbesondere die Leistungsanforderungen an Grafikkarten liegen bei Spielen weit über denen, die normale Büroanwendungen benötigen. Dies löst einen kontinuierlichen Bedarf nach besseren, leistungsfähigeren Komponenten für den PC aus. In diesem Zusammenhang bemühen sich eine Reihe von Anbietern, speziell konfigurierte Systeme für Gamerinnen und Gamer anzubieten, die den technischen Anforderungen, die aktuelle Spiele stellen, entsprechen. Außerdem ist ein weiterer Nebeneffekt der Entwicklung digitaler Technik in vielen anderen Bereichen zu beobachten. Aufgrund der wachsenden Leistungsfähigkeit digitaler Bausteine werden neue Geräte zu Spielplattformen für Spiele, die in der Vergangenheit nur mit dem Computer gespielt werden konnten. Eine Vielzahl von Klassikern der Video- und Computerspiele der Vergangenheit hat auf diese Art den Weg auf die Bildschirme von PDAs und Mobiltelefonen gefunden; in der Zukunft werden möglicherweise weitere digitale Plattformen für die Nutzung von Spielen dazu kommen. Dabei zeigt sich, dass eine Reihe von Spielen mit einfachen Spielprinzipien nichts von ihrer Attraktivität verloren haben, „Pong" und „Pac-Man" können im alten Gewand auf neuen Endgeräten wieder begeistern.

Neben der Modifikation von klassischen Computerbausteinen gibt es mittlerweile eine Reihe von Firmen, die verschiedene Peripherie-Geräte vom Joystick über die Tanzmatte bis zum Lenkrad als Erweiterungen des PCs zur optimalen Spieleplattform anbieten.

1.2. Von der Spielkonsole zur Entertainment-Station

Neben dem PC gibt es heute mit den drei Spielkonsolen von Microsoft, Nintendo und Sony drei dominierende Plattformen, die den Fernseher als Bildschirm nutzen. Die erste Generation der Spielkonsolen dieser Unternehmen, die in den achtziger Jahren auf den Markt kam, fand vor allem ein junges Publikum. In vielen Haushalten verfügen Kinder und Jugendliche sowohl über einen PC als auch über eine Spielkonsole (vgl. Feierabend/ Klingler 2002: 12). In der Vergangenheit präsentierten Sega, Sony und Nintendo Geräte, die allein für Videospiele geeignet waren. Die Entwickler bei Sony konzipierten ihre „Playstation" programmatisch als Gegenpol zum damaligen PC, der „Workstation", die ihren festen Platz auf dem Schreibtisch im Arbeitszimmer hatte (Vgl. Asakura 2000: 30). Heute wie damals gilt, dass es für jede dieser Konsolen spezielle Software gibt, die sich durch das Format oder die

Art des Datenträgers von herkömmlicher Software unterscheidet. Die Anbieter waren darum bemüht, sich auf diesem Wege zum einen von ihren Konkurrenten abzugrenzen und zum anderen das Raubkopieren von Software zu erschweren. Aufgrund der spezifischen Hardware-Umgebung haben die Konsolenanbieter die Möglichkeit, die Entwicklung von Soft- und Hardware durch andere Anbieter über Lizenzen zu kontrollieren.

Da die Hardware-Plattform im Fall der Konsolen die Voraussetzung für den erfolgreichen Verkauf der Software ist, liefern sich die Wettbewerber einen harten Preiskampf bei der Hardware. Seit ihrem Verkaufsstart erlebten die Konsolen einen kontinuierlichen Preisverfall, wobei der Preis, der von den Käuferinnen und Käufern für die Hardware bezahlt wird, in der Regel nicht kostendeckend ist. Dies war sicher einer der Gründe, die das Unternehmen Sega dazu veranlassten, sich vom Hardwaregeschäft zurückzuziehen: Die finanziellen Reserven, die nötig sind, um im Wettrennen um die kritischen Masse bei der installierten Hardware als Basis des Geschäftsmodells zu erreichen, sind beträchtlich. Die drei aktuellen Wettbewerber verfolgen ähnliche Strategien bei der Durchsetzung ihrer Plattformen, die die Basis für die später über die Software-Verkäufe zu erzielenden Einnahmen sind. Im Wesentlichen versuchen sie, die neuen Möglichkeiten der Geräte in den Vordergrund zu stellen und über den niedrigen Verkaufspreis möglichst viele Käuferinnen und Käufer zu finden. Im Gegensatz zum PC-Markt verläuft die technische Entwicklung bei den Konsolen sprunghaft. So müssen sich die Spieleentwickler, die die Software für diese Plattformen anbieten, mit einer neuen Generation von Konsolen häufig auf stark veränderte Anforderungen einstellen (vgl. Gieselmann/ Zota 2002). Wesentliche Bestandteile der Konsolen sind modifizierte und aufeinander abgestimmte Computerbausteine, dabei ähnelt z.B die „Xbox" in ihrer technischen Architektur stärker einem PC als dies bei der „Playstation 2" oder dem „Game Cube" von Nintendo der Fall ist (vgl. Gieselmann/ Zota 2002).

Während Nintendo und Sony bereits über viel Erfahrung im Videospielebereich verfügen, ist Microsoft als neuer Wettbewerber erst seit 2001 als Konkurrent auf dem Markt. Dabei zeichnet sich ab, dass aufgrund der Ausstattung als kompakte Multimediakonsole mit DVD-Player und Online-Zugang vor allem Sony und Microsoft um eine ähnliche Zielgruppe im Wettbewerb stehen. Mittlerweile ist es Microsoft mit hohen Marketing-Kosten und einem subventionierten Hardware-Preis gelungen, sich zumindest auf dem amerikanischen Markt zu positionieren (vgl. Janson 2002: 15). Im Weihnachtsgeschäft zeichnet sich eine weitere Runde im Preiskampf ab, die diesmal nicht nur durch die direkte Senkung des Preises für die Konsole gekennzeichnet ist, sondern bei der vor allem Bundling-Strategien, also das Angebot von Paketen, die mit ihrem Gesamtpreis wesentlich unter der Summe der Einzelpreise liegen, eine zentrale Rolle spielen (vgl. Wiesner 2002). Da sowohl „Xbox" als auch „Playstation 2" über ähnliche technische Möglichkeiten, wie die Nutzung von DVDs, verfügen, bemühen sich die beiden Konkurrenten, die Anwendungsmöglichkeiten der Konsolen über die Verknüpfung mit Inhalten in den Vordergrund zu stellen. Während Sony auf seine Tradition und Kompetenz im Spielebereich verweisen kann, bemüht sich Microsoft darum, die „Xbox" stärker im Unterhaltungs-Kontext zu präsentieren. So wurde in den letzten Wochen mit dem Pop-Star Robbie Williams eine Kooperation vereinbart.

Der dritte Konkurrent im Markt der Videospielkonsolen ist die Firma Nintendo, die in der Vergangenheit nicht zuletzt wegen der großen Popularität des Game Boys vor allem beim jungen Publikum viele Fans gewonnen hat. Die neue Konsole „Game Cube" ist in erster Linie eine Spielkonsole, aufgrund der geringen Abmessungen und der kompakten Bauweise ist sie vergleichsweise mobil. Auch Nintendo versucht, mit dieser Konsole neue Publikumssegmente zu erschließen, setzt dabei aber auf die wachsende Popularität von Videospielen und den „Game Boy Advance". Die neueste Version des Game Boys, der vielen mittlerweile erwachsenen Spielern und Spielerinnen aus ihrer Kindheit bekannt ist, kann in Verbindung mit dem „Game Cube" genutzt werden. So könnte für Nintendo der Zusatznutzen, den der Handheld in Verbindung mit dem „Game Cube" erhält, eine Chance zur Etablierung auch bei älteren Spielerinnen und Spielern sein.

Mit dem Start der neuen Konsolen-Generation schien sich abzuzeichnen, dass die ‚Home-Entertainment-Station' mit DVD-Player, digitalem Videorecorder und Online-Zugang greifbar nahe war. Mittlerweile scheint es jedoch eher so, dass diese Bezeichnung erst für die nächste Generation der Konsolen gelten wird, da sowohl Microsoft als auch Sony bereits in Pressemitteilungen erkennen lassen, dass die nächste Revolution mit der nächsten Generation von Endgeräten komme.

1.3. Mobile Spielplattformen. Das Ende des Game Boy-Monopols?

In den siebziger und achtziger Jahren gab es eine Vielzahl unterschiedlicher mobiler Spiele. Diese erste Generation von Handhelds hatte das bereits beschriebene Problem: Sie waren häufig nur für ein einziges Spiel nutzbar. Die Strategie Nintendos, auswechselbare Datenträger, die Cartridges, einzusetzen, erwies sich als Katastrophe für die anderen Anbieter. Innerhalb kurzer Zeit erreichte Nintendo mit dem Game Boy eine dominierende Marktposition. Mittlerweile sind mehr als 130 Mio. Exemplare des Game Boys verkauft worden, damit ist er die erfolgreichste

Spieleplattform überhaupt: der Marktanteil des Game Boys liegt bei den Handhelds bei über 95 Prozent (vgl. Janson 2002: 14). Der einzige erkennbare Konkurrent von Nintendo in diesem Marktsegment ist die Firma Bandai mit dem „Wonder-Swan". Der „WonderSwanColour" steht im direkten Wettbewerb mit dem „Game Boy Advance". Mit dem technisch vergleichbaren und etwa ein Drittel billigeren Gerät konnte Bandai in Japan zwischen Januar und August beinahe genau so viele Exemplare verkaufen, wie Nintendo dies mit dem „Game Boy Advance" gelang. Neben 86.000 Game Boys fanden auch 82.000 „Wonder Swan Colour" Käufer und Käuferinnen (vgl. O'Brian 2002: 5). Bislang ist diese Minikonsole jedoch nur in Asien verbreitet, eine Markteinführung in Europa und den USA erfolgt möglicherweise 2003.

Der Erfolg des Game Boy hing immer mit erfolgreicher Software zusammen. Die Verkaufszahlen steigen sprunghaft, wenn erfolgreiche Software zur Verfügung steht. Die technische Entwicklung des Game Boy verlief nicht so rasant, wie dies in anderen Bereichen der Computerentwicklung der Fall war. Das kleine Display begrenzte die Möglichkeiten für die Entwicklung von Spielen, so dass vor allem ein gut funktionierendes Spielprinzip für den Erfolg des Game Boys verantwortlich ist. Beispiele aus der Vergangenheit sind die Spiele um die Figur des Klempners „Super-Mario", der im Spiel „Donkey Kong" als Widersacher eines digitalen King Kongs zum ersten Mal erschien. Aktuelles Beispiel für einen Megaerfolg ist Pokémon, das als Videospiel in verschiedenen Varianten im Jahr 2000 sechs der zehn meistverkauften Videospieltitel lieferte (vgl. hierzu den Beitrag von Paus-Hasebrink in diesem Band). Daneben waren Pokémon-Lizenzprodukte auch als Fernsehserie, Kinofilme, Kartenspiele etc. ein großer Erfolg. Nachdem der Markterfolg des „Game Boy Advanced" vor allem im Softwarebereich nicht den optimistischen Erwartungen der Analysten entsprach, erwarten einige Beobachter eine Belebung des Geschäfts mit der neuen Konsole, sobald es Versionen der erfolgreichen Pokémon-Serie für die neue Plattform gibt.

Mit dem Aufkommen neuer digitaler Endgeräte, vor allem den PDAs und den Mobiltelefonen, scheint sich eine neue Konkurrenz für die Minikonsole abzuzeichnen. Diese Konkurrenten spielen allerdings im Kernmarkt des Game Boy bei den jüngeren Kindern eine geringere Rolle, als dies bei den älteren der Fall ist. So verfügen 17 Prozent der 6- bis 13-jährigen Kinder über ein Mobiltelefon (vgl. Kinderwelten 2002 nach o.V. 2002d: 9), während von den 12- bis 19-jährigen 74 Prozent über ein solches Gerät verfügen (vgl. Feierabend/ Klingler 2002: 12)

Von den Besitzerinnen und Besitzern von Mobiltelefonen, die auch elektronische Spiele nutzen, geben weniger als ein Drittel an, dass sie die Spieleangebote auf ihrem Handy nutzen, auch wenn doppelt so viele über eine entsprechende

Funktion verfügen (vgl. Computec Media 2002). Wenn solche Angebote genutzt werden, stehen die bereits auf dem Handy verfügbaren Spiele im Vordergrund, Downloads spielen nur eine untergeordnete Rolle. Besonders begeisterte mobile Spielerinnen und Spieler sind Zielgruppen, die denen ähneln, die zuvor den Game Boy intensiv genutzt haben, nämlich die Altersgruppe der 10- bis 19-jährigen. Wie beim Game Boy ist das mobile Spielen mit dem Handy bei Frauen beliebter als bei Männern. Entscheidend für den Erfolg der Spiele ist das Konzept und der technische Standard von Display und Sound. Bei den Themen, deren Umsetzung sich besonders für Handys eignen, halten die E-Gamer und –Gamerinnen vor allem solche aus dem Bereich der Computerspiele und des Kinos für attraktiv, Frauen zusätzlich Kids-Themen wie Pokémon und TV-Themen wie „Wer wird Millionär?". Von denen, die nicht spielen, wird vor allem die fehlende technische Qualität als Grund genannt, die sie vom Spielen abhält. Vor diesem Hintergrund scheinen Erwartungen, dass der Umsatz mit mobilen Entertainment-Angeboten bis 2008 auf 12,8 Mrd. $ ansteigen soll, sehr optimistisch (vgl. Janson 2002: 45).

1.4. Die Marktentwicklung in Deutschland und den USA

Die Entwicklung des Marktes für Bildschirmspiele in Deutschland stand im Jahr 2001 unter dem Einfluss der allgemeinen Entwicklung der Wirtschaft. Im Vergleich zum Vorjahr stieg zwar die Stückzahl der verkauften Spiele von 34,6 auf 34,8 Millionen leicht, der Umsatz sank jedoch um rund 5 Prozent auf 1,437 Mrd. DM (vgl. o.V. 2002l). Die Gründe für diesen Umsatzrückgang liegen vor allem in der Entwicklung des Marktes für Konsolen. Dort war ein Umsatzrückgang von mehr als 13 Prozent zu verzeichnen. Diese Kaufzurückhaltung der Konsumenten und Konsumentinnen ist zum einen durch den späten Start der Playstation2 von Sony und die Ankündigung der neuen Konsolen von Nintendo und Microsoft bedingt, die die Konsumentinnen und Konsumenten offenbar zum Abwarten veranlasst haben. Zum anderen wurden durch den intensiven Wettbewerb der drei Konkurrenten auch die Durchschnittspreise für Software gesenkt, so dass im Vergleich zur Zahl der verkauften Spiele die Umsatzzahlen überproportional sanken. In Deutschland wurde im Jahr 2001 zum ersten Mal mit Konsolenprodukten ein größerer Umsatz erzielt, als dies mit PC-Spielen der Fall war, allerdings wurden in diesem Jahr doppelt so viele Spiele für den PC verkauft wie für die Konsolen.

Anders als in Deutschland verzeichnete der amerikanische Markt ein kontinuierliches Wachstum, besonders stark bei den Konsolen, hier wuchs der Umsatz von 2000 bis 2001 um rund 10 Prozent auf 4,6 Mrd. $ (vgl. NPD FunWorld nach

Janson 2002: 20). Der Computer hat in den USA bereits seine Stellung als führende Spieleplattform verloren. Im Jahr 2001 wurden 83,6 Mio. Computerspiele bei einem Umsatz von 1,75 Mrd. $ verkauft, dem stand ein Umsatz von 4,6 Mrd. $ bei 141,5 Mio. verkauften Konsolenspielen gegenüber. Die unterschiedlichen Durchschnittspreise für Video- und Computerspiele sind vor allem auf das Geschäftsmodell der Konsolenanbieter, bei denen die Plattform zum Teil über die Software mitfinanziert wird, zurückzuführen.

2. Content. Von Königen und Königsmachern

Content ist ein teures Gut. Mittlerweile sind die Entwicklungszeiten und -kosten für Computer- und Videospiele auf einem Niveau angekommen, das sich der Filmindustrie annähert. Aufgrund des beträchtlichen technischen und finanziellen Aufwandes, der mittlerweile mit der Entwicklung eines Spiels verbunden ist, gibt es eine Konzentrationsentwicklung in diesem Bereich. Nur Unternehmen, die über genügend erfolgreiche Titel verfügen, können sich einen Misserfolg leisten.

Bei der Entwicklung und Veröffentlichung von Content lassen sich zwei unterschiedliche Strategien beobachten: Entweder orientiert sich die Strategie der Veröffentlichung an der Plattform oder es handelt sich um eine Strategie, die vor allem am Content orientiert ist.

2.1. *Content-Strategien*

Betrachtet man die Entwicklung der Videospielebranche, so hat der über Jahrzehnte gewachsene Spielebereich einige erfolgreiche eigene „Stars" hervorgebracht, die sowohl auf der Ebene der Figuren als auch auf der der Entwickler zu finden sind. So haben in jüngerer Zeit sowohl „Lara Croft" aus dem Spiel „Tomb Raider" als auch „Sid Meier", der Entwickler des Hits „Civilization" mittlerweile Kult- und Markencharakter. „Lara Croft" ist als Kinoheldin erfolgreich gewesen und „Sid Meier" erzielt Rekordgagen, wenn er an der Entwicklung eines Spiels beteiligt ist. Erfolgreiche Spiele und Spielprinzipien werden als endlose Serien veröffentlicht, die vor allem für die neuen technischen Möglichkeiten der Hardware optimiert werden und in der Regel eine Fangemeinde haben, die jeden neuen Teil intensiv begutachtet. Bei der Erschließung neuer Zielgruppen bemühen sich die Anbieter mittlerweile, das inhaltliche Repertoire der Spiele um populäre Figuren zu erweitern.

Neben den „Erfolgsgaranten" aus der eigenen Branche begünstigt der Einsatz digitaler Technik vor allem im Film- und Fernsehbereich Crossmedia-Produktionen, bei denen das Spiel zum Film oder der Film zum Spiel wichtige Elemente der Vermarktungsstrategie sind. Die Vorteile einer solchen Strategie liegen in der Möglichkeit, sich neue Zielgruppen zu erschließen und Marketingkosten für unterschiedliche Produkte, in deren Mittelpunkt ähnliche Inhalte stehen, zu teilen. Allerdings besteht bei einer solchen Entwicklung die Gefahr, dass in einigen Bereichen die Inhaber der Rechte für populäre Inhalte eine dominante Stellung einnehmen und die Akteure aus dem Spielebereich abhängig werden.

Eine wichtige Rolle für die wachsende Bedeutung von Content-Strategien ist die Möglichkeit, frühzeitig Einnahmen für die Produktion von Inhalten zu erzielen, indem Lizenzen für andere Anbieter zu bestimmten Kernprodukten verkauft werden. So werden mittlerweile Beträge in Millionenhöhe für die Lizenz erzielt, ein Spiel zu einem möglichen Kinohit wie „Herr der Ringe" oder „Star Wars" entwickeln zu können. Auf diesem Wege beginnt die Auswertung des Contents bereits weit vor dem Veröffentlichungstermin des Kernproduktes und trägt so dazu bei, die Kapitalkosten zu senken.

2.2. Plattform-Strategien

Im Gegensatz zu Entwicklern, die vor allem für den PC Spiele produzieren, müssen die Entwickler von Konsolenspielen den Anforderungen der Hardwareanbieter entsprechen. Die Konsolenanbieter bemühen sich, exklusive Referenztitel für ihre jeweilige Plattform anzubieten, bei Crossmedia-Produktionen sind sie auch für einen zeitlichen Vorsprung bei der Veröffentlichung eines Titels zahlungsbereit. Aufgrund der Kontrolle über die Entwicklung der Hardware-Plattform und der Möglichkeit der Lizenzierung von Spielen für diese Plattform haben die Konsolenanbieter die Möglichkeit, das Angebot für ihre jeweilige Plattform zu steuern. Diese Möglichkeit ist von geringerer Bedeutung, wenn aufgrund der Neuveröffentlichung neuer Plattformversionen zunächst ein Sockelbestand an Titeln aufgebaut werden muss, um die Plattform attraktiv zu machen; wenn dieser jedoch existiert, werden die Konsolenanbieter ihre starke Stellung möglicherweise nutzen, um die Ausrichtung und Qualität des Angebotes zu steuern und sich damit gegebenenfalls voneinander abgrenzen.

2.3. Neue Plattform. Altes Spiel

Ein Nebeneffekt der Entwicklung digitaler Technik in vielen anderen Bereichen ist die Erweiterung des Portfolios möglicher Spieleplattformen. Aufgrund der wachsenden Leistungsfähigkeit digitaler Bausteine werden neue Geräte für Spiele nutzbar, die in der Vergangenheit nur mit dem Computer gespielt werden konnten. Eine Vielzahl von Klassikern der Video- und Computerspiele der Vergangenheit hat auf diese Art den Weg auf die Bildschirme von PDAs und Mobiltelefonen gefunden, in der Zukunft werden möglicherweise weitere digitale Plattformen für die Nutzung von Spielen dazu kommen. Dabei zeigt sich, dass eine Reihe von Spielen mit einfachen Spielprinzipien nichts von ihrer Attraktivität verloren haben, „Pong" und „Pac-Man" können – wie bereits erwähnt – im alten Gewand auf neuen Endgeräten wieder begeistern. Aufgrund der – aus heutiger Sicht – geringen Leistungsanforderungen dieser Spieleveteranen an die Hardware eignen sie sich unter anderem für den Einsatz auf mobilen Endgeräten oder im Internet, wo sie auch bei geringen Bandbreiten komfortabel online spielbar sind.

3. Distribution und Vernetzung

Der traditionelle Vertriebsweg für Computer- und Videospiele ist der Handel. Etwa drei Viertel des Umsatzes werden von Fachmärkten, dem Softwarehandel und dem Versandhandel erzielt. In der Regel werden Computer- und Videospiele auf Datenträgern verkauft, deren Kopierschutzmechanismen häufig von den Nutzern und Nutzerinnen umgangen werden, um Kopien von den Spielen anzulegen. Die Möglichkeit, Spiele online zu verbreiten, wird von der Industrie bislang kaum genutzt, zu den Marketingmaßnahmen der Firmen zählt jedoch die Pflege von Websites zu aktuellen Spielen mit aktualisierten Treibern und Programmupdates. Außerdem werden von den meisten Spielen Demoversionen zum kostenlosen Download im Internet bereitgestellt. Solche Demoversionen werden auch in großer Zahl als Beigabe zu aktuellen Spielezeitschriften auf CD oder DVD verbreitet.

Analysten erwarten, dass sich dies in der Zukunft stark verändern wird. Bei einer Befragung von Breitband-Nutzerinnen und -Nutzern in Europa zeigte sich, dass für 38 Prozent der komfortable und schnelle Download von Spielen, Musik und Videos ein zentrales Argument für die Anschaffung eines Breitbandzugangs war (vgl. o.V. 2002c: 1). Derzeit bemühen sich mehrere Anbieter, Plattformen für den Download von Spielen aufzubauen. So bietet Real Networks eine Reihe von Low-Budget-Spielen zum Download, T-Online ‚verleiht' Computerspiele für einen begrenzten Zeitraum gegen Gebühren (vgl. Janson 2002: 23). Auch Yahoo plant, Computerspiele zu vermieten. Voraussetzung für die Vermietung von Computerspielen ist die Möglichkeit, das Spiel zu „streamen", um zu verhindern, dass der Kunde über eine vollständige Version des Spiels auf seiner Festplatte verfügt und damit nicht mehr auf den Anbieter angewiesen ist. Dieses Vorgehen ist auch die Grundlage der Pläne der Konsolenanbieter, die in der Zukunft ebenfalls diesen Vertriebsweg für ihre Produkte nutzen möchten. In den nächsten Jahren wird in diesem Bereich ein erhebliches Wachstum erwartet, im Jahr 2006 soll mit Abonnements für Spiele ein Umsatz von mehr als 1 Mrd. $ erreicht werden (vgl. Janson 2002: 35).

Im Gegensatz zur Verbreitung von Bildschirmspielen über Telekommunikationsnetze ist die gemeinsame Nutzung von Spielen durch die Vernetzung von Computern fest etabliert. Dabei wird sowohl das Internet als Plattform genutzt, um gegen- oder miteinander zu spielen als auch die Möglichkeit der Installation von Local Area Networks (LANs). Praktisch alle populären Spiele verfügen über die Möglichkeit, im Netzwerk zu spielen. Mittlerweile erreichen große LAN-Parties Teilnehmerzahlen von mehreren tausend jugendlichen Spielern und Spielerinnen, die in Turnierform gegeneinander z.T. um Preisgelder antreten. Langfristig ist eine wachsende Popularität des kollaborativen Spielens in Netzwerken erkennbar, die sich auch bei den Onlinespielen erkennen lässt. Auch in diesem Bereich wird ein großes Entwicklungspotenzial vermutet, so wurden im Jahr 2001 von ca. drei Millionen Abonnenten von Onlinespielen 259 Mio. $ an Gebühren eingenommen (vgl. Janson 2002: 36). Bei einer Verbesserung der Übertragungsstandards und der Entwicklung neuer attraktiver Spiele, die leichter zu installieren und zu spielen sind, wird es nach Erwartung der Analysten auch in diesem Marktsegment ein deutliches Wachstum geben.

4. Angebot und Nutzung

Jedes Jahr erscheinen mehr als 1.000 Titel für die unterschiedlichen Spieleplattformen. Um dieses schwer überschaubare Angebot zu kategorisieren, wird im Folgenden eine allgemeine Einteilung verwendet, die aufgrund ihres allgemeinen, sich an traditionellen Spielen orientierenden Charakters geeignet ist, die wesentlichen Elemente herauszustellen, die die inhaltliche Faszination von Spielen erzeugen. In einem zweiten Teil werden einige Charakteristika der Gamer-Gemeinde beschrieben, die nach wie vor männlich dominiert ist. Der auf der Grundlage der verwendeten Untersuchung entstehende Eindruck, dass Frauen nur in geringem Maße spielen, täuscht möglicherweise, da die Leserschaft der Zeitschriftentitel, aus denen sich die Grundgesamtheit der Untersuchung zusammensetzt ebenfalls hauptsächlich männlich ist und eher zur Gruppe der intensiven Spielenutzer zu rechnen ist.

4.1. Angebotskategorien

Die Dynamik der Entwicklung des Angebots von Computer- und Videospielen hat dazu geführt, dass es eine ganze Reihe von Klassifikationsversuchen gibt, die sich an unterschiedlichen Aspekten der Software orientieren (vgl. z.B. Klimmt 2001). In den sechziger Jahren legte Roger Callois eine Kategorisierung von Spielen vor, die sich an vier Ordnungsprinzipien orientiert und auch für Bildschirmspiele nutzbar ist (vgl. Callois 1961). Allerdings bringt es die Komplexität der Spiele mit sich, das sie Passagen enthalten, die unterschiedlichen Kategorien zuzuordnen sind. Spiele, die ausschließlich einer der beschriebenen Kategorien entsprechen, sind selten. Allerdings haben die meisten Spiele einen Schwerpunkt in einer der Kategorien, was eine Zuordnung ermöglicht.

Das erste Ordnungsprinzip ist „Agon". Es entspricht dem Wettbewerb, in dessen Mittelpunkt der Vergleich mit anderen steht und das Ergebnis des Wettbewerbes offen ist. Am stärksten entsprechen Spiele aus den Genres Strategie, Action, Sport, Jump and Run und Rennspiele dieser Kategorie, bei der die Selbstbehauptung in einer Konkurrenzsituation im Vordergrund steht. Das Grundprinzip der zweiten Kategorie „Alea" ist der Zufall, der Spieler bzw. die Spielerin muss hier seinem bzw. ihrem Schicksal vertrauen. Elektronische Karten- oder Würfelspiele entsprechen diesem Prinzip ebenso, wie dies bei Wissens- und Quizspielen der Fall ist, bei denen der Zufall entscheidet, ob eine beantwortbare Frage gestellt wird. In die dritte Kategorie „Mimikry", Nachahmung, fallen am ehesten Spiele aus den Genres Strategie, Adventure und Rollenspiel. Hier steht die Verwandlung im Vordergrund. Die letzte der Kategorien von Callois ist „Ilinx", Rausch. Hier steht das Ausleben von Emotionen und das Erleben von Grenzerfahrungen im Mittelpunkt, wie es bei Rennspielen, Shootern und Flugsimulationen vorkommt.

4.2. Die Nutzerinnen und Nutzer von Bildschirmspielen

Die meisten vorliegenden Statistiken zum Markt der Computer- und Videospiele orientieren sich an Verkaufszahlen, die für die tatsächliche Nutzung digitaler Spiele allerdings nur geringe Aussagekraft haben. Auch in übergreifenden Untersuchungen zur Mediennutzung wird die Nutzung von Bildschirmspielen nur sehr grob erfasst. Eine der wenigen Quellen, die etwas über die E-Gamerinnen und - Gamer verrät, ist die vom Unternehmen Computec vorgelegte Kick-Studie 3.0, die auf der Grundlage einer Datenerhebung bei 2.500 Lesern und Leserinnen von Spielezeitschriften aus diesem Verlag entstanden ist (Computec Media 2002). Bei einem Blick auf die Ergebnisse der Studie zeigt sich, dass die E-Gamer nach wie vor zu mehr als 90 Prozent männlich sind, und dass seit der Etablierung der Spiele als Freizeitbeschäftigung in den achtziger Jahren das durchschnittliche Alter der Nutzer (und wenigen Nutzerinnen) steigt. Betrachtet man die von den Spielern genutzte Plattform, so zeigt sich, dass Konsolen indes etwas häufiger von Frauen genutzt werden als von Männern. Betrachtet man die genutzten Plattformen nach Altersgruppen, so ist der PC die wichtigste Plattform, darauf folgt der Game Boy in seinen verschiedenen Ausgaben noch vor den Playstation-Varianten. Mehr als die Hälfte der bis neun Jahre alten E-Gamer nutzt diese Plattform, bei den 20- bis 29-jährigen hat sich dieser Wert halbiert, allerdings erlebt der Game Boy später eine Wiederbelebung als Plattform: In der Gruppe der 40- bis 49-Jährigen nutzt sie ein knappes Viertel.

Beim Genreinteresse zeigen sich deutliche Unterschiede, so haben Frauen ein wesentlich höheres Interesse an Adventurespielen als Männer, auch Jump-and-Run-Spiele sind bei Frauen wesentlich beliebter als bei Männern. Wenig überraschend sind Shooter und Sportspiele männliche Domänen, auch Strategie- und Actionspielen sind bei Männern beliebter. Die Beliebtheit der Genres unterscheidet sich auch in den verschiedenen Altersgruppen stark. Junge Zielgruppen begeistern sich für Action-, Renn- und Jump-and-Run-Spiele, bei älteren Gamern stehen Strategie, Action und Simulation im Vordergrund, am Genre der Shooter verlieren die Gamer ab 40 das Interesse.

Insgesamt lässt sich festhalten, dass junge und männliche Zielgruppen eher Spiele, die agonale Strukturen enthalten, spielen, während Frauen Nachahmungsspiele bevorzugen. Jugendliche beginnen im Alter von etwa 10 Jahren, intensiver digitale Spiele zu nutzen, mit steigendem Lebensalter nimmt die Nutzung zunächst zu. Wenn sich elektronische Spiele als Freizeitbeschäftigung etabliert haben, werden sie auch später weiter genutzt, wobei sich differenzierte Genrevorlieben entwickeln.

5. Zusammenfassung

Der Markt für Computer- und Videospiele wird in den nächsten Jahren weiter an Bedeutung gewinnen. Die entscheidenden Faktoren, die dazu beitragen, sind die feste Etablierung der Spiele im Medienensemble der Bevölkerung und die steigende Haushaltsausstattung mit Endgeräten, die zum Spielen genutzt werden können. Aufgrund des finanzstarken Engagements der Akteure aus dem Bereich der Videokonsolen scheint es nur noch eine Frage der Zeit zu sein, wann der Computer als wichtigste Spieleplattform in Deutschland von der Konsole verdrängt wird. Einzelne Genres werden zwar auch in Zukunft möglicherweise fest mit dem PC verbunden bleiben, allerdings werden die Konsolen für eine Neuausrichtung des Marktes an Entertainmenttiteln sorgen und dazu beitragen, dass die Zahl der crossmedialen Produkte weiter steigt. Neben den bereits etablierten Plattformen für digitale Spiele wird sich vor allem im Bereich der mobilen Spiele eine neue Konkurrenz für den Game Boy etablieren, die allerdings vor allem auf ein älteres Publikum ausgerichtet sein wird. Die entscheidenden Faktoren für den Durchbruch des Mobile Entertainment werden die Verbesserung des technischen Standards der Geräte und die Etablierung vertrauenswürdiger Abrechnungssysteme sein. Außerdem müssen die Spiele dem mobilen Nutzungskontext angepasst sein.

Bei den Inhalten zeichnet sich ab, dass die Akteure aus dem traditionellen Bildschirmspielebereich an Einfluss verlieren. Zum einen wächst die Bedeutung der Unternehmen, die mit den Konsolen die Kontrolle über Hardwareplattformen haben, zum anderen steigt aufgrund der wachsenden Zahl crossmedialer Titel der Einfluss traditioneller Medienunternehmen auf die Entwicklung von Inhalten. Ein wahrscheinliches Ergebnis dieser Entwicklung ist einerseits Unternehmenskonzentration, andererseits ergeben sich Spezialisierungsmöglichkeiten für kleinere Unternehmen, die diesen ermöglichen, selbständig zu bleiben. Im Bereich der Distribution wird zukünftig die Verbreitung von Spielen über digitale Netze an Bedeutung gewinnen, insbesondere in Verbindung mit dem Ausbau der Kabelinfrastruktur. Derzeit hat diese Entwicklung an Dynamik verloren, allerdings wird in der Zukunft das große Interesse der Industrie an einer Kontrolle der Verbreitung zur Sicherung ihrer Urheberrechte dazu beitragen, die Entwicklung wieder zu beleben.

Der entscheidende Faktor für das Wachstum der Branche ist die Bereitschaft der Bevölkerung, für digitale Spiele Geld auszugeben. Damit hängt auch die wirtschaftliche Entwicklung dieser Branche von der generellen konjunkturellen Entwicklung ab. Trotzdem sind digitale Spiele in den Industrieländern aus dem Medienensemble schon heute fest etabliert und werden auch in Zukunft an Bedeutung gewinnen.

Literatur

Asakura, Reiji (2000): Revolutionaries at SONY. The Making of the Sony Play-Station and the Visionaries Who Conquered the World of Video Games., New York et al.: McGraw-Hill

Caillois, Roger (1961): Men, Play, and Games. Englisch von Meyer Burasch. New York: University of Illinois Press

Computec Media (Hrsg.)(2001): Kick 2.0. Fürth

Computec Media (Hrsg.)(2002): Kick 3.0. im WWW abrufbar unter http://kick.computec.de, zuletzt aufgerufen am 16.10.2002

Feierabend, Susanne/ Klingler, Walter (2002): Medien- und Themeninteressen Jugendlicher. Ergebnisse der JIM-Studie 2001 zum Medienumgang Zwölf- bis 19-Jähriger. In: Media Perspektiven 1/2002: 9-21

Gielens, Jaro (Hrsg.) (2000): Electronic Plastic. Berlin: Die Gestalten Verlag

Gieselmann, Hartmut/ Zota, Volker. (2002): Die dunkle Bedrohung. Microsoft will mit der Xbox den Spielemarkt überrollen. Im WWW abrufbar unter http://www.heise.de/ct/02/05/106/, zuletzt aufgerufen am 16.11.2002

Janson, André (2002): Digital Entertainment. Zukunftstrends der Computer-Entertainment-Industrie. Stuttgart: Fraunhofer IRB Verlag

Klimmt, Christoph (2001): Ego-Shooter, Prügelspiel, Sportsimulation? Zur Typologisierung von Computer- und Videospielen. In: Medien & Kommunikation 4/2001: 480-497

Lischka, Konrad (2002): Spielplatz Computer. Kultur, Geschichte und Ästhetik des Computerspiels. Heidelberg: Heise

O'Brian, Stuart (2002): Game Boy remains handheld champ in face of weak rivals. In: Games Analyst 12/2002: 5-8

o. V. (2002a): Installierte Hardwarebasen. In: MCV – Markt für Computer- und Videospiele 9/2002: 104

o. V. (2002b) Neuer iMac boomt. Chip 04/2002: 55

o. V. (2002c): Games drive broadband take-up. In: Games Analyst 14/2002: 1

o. V. (2002d): Medienausstattung der Kids. In: Werben & Verkaufen Compact 11/2002: 9

o. V. (2002e): Eine kurze Geschichte der Computerspiele. www.t0.or.at/capricorn/expositur/spiele.htm, zuletzt aufgerufen am 16.10.2002.

o. V. (2002f): Big Business mit den Cyber-Games. http://www.3sat.de/nano/bstuecke/26566/, zuletzt aufgerufen am 12.8.2002.

o.V. (2002g): US-Markt: Videospielebranche erneut mit Rekordumsätzen. www.mediabiz.de/newsvoll.afp?Nnr=124532&Biz=gamesbiz&Premium=Mpr emiumN&Navi=00000000, zuletzt aufgerufen am 16.10.2002.

o.V. (2002h): Der Markt der Unterhaltungssoftware. www.vud.de/markt-forschung/Internet%20Q2%202002.pdf, zuletzt aufgerufen am 16.10.2002.

o.V. (2002i): Eine kurze Geschichte der Computerspiele. http://www.t0.or.at /capricorn/expositur/spiele.htm, zuletzt aufgerufen am 16.10.2002

o.V. (2002j): US-Markt: Videospielebranche erneut mit Rekordumsätzen. http://www.mediabiz.de/newsvoll.afp?Nnr=124532&Biz=gamesbiz&Premiu m=MpremiumN&Navi=00000000, zuletzt aufgerufen am 16.10.2002

o.V. (2002k): Big Business mit den Cyber-Games, http://www.3sat.de/nano/ bstuecke/26566/, zuletzt aufgerufen am 16.10.2002

o.V. (2002l): Der Markt der Unterhaltungssoftware, http://www.vud.de/markt-forschung/Internet%20Q2%202002.pdf, zuletzt aufgerufen am 16.10.2002

Wiesner, Thorsten (2002): Bundle-Krieg bei Spielekonsolen. http://www.golem.de /0211/22868.html, zuletzt aufgerufen am 26.11.2002.

Zerdick, Axel et al. (2001): Die Internet-Ökonomie. Strategien für die digitale Wirtschaft. Berlin: Springer

Neue Formen der Kinder(medien)kultur. Das Zusammenspiel von Fernsehserie und Computerspielangeboten am Beispiel Pokémon

Ingrid Paus-Hasebrink

1. Pokémon. Eine eigene (Figuren-)Welt

Im Zentrum der Pokémon-Welt stehen die Figuren, die kleinen Pocket Monster. Diese insgesamt mehr als 150 Pokémon, die in der Lage sind, sich durch entsprechendes Training zu entwickeln und Höchstleistungen vor allem im Kämpfen zu erbringen, geben dem multimedialen Phänomen Pokémon seinen Namen. Sie prägen die aus zahlreichen aufeinander verweisenden und geschickt miteinander kombinierten Produkten vom Film über die Fernsehserie bis hin zu den Videospielen für den Gameboy und für die Videospielkonsole, die Videos und DVDs, die Sammelbilder, Kartenspiele, Plüschtiere und noch viele andere Merchandisingartikel mehr.

Der eigentliche Held der Geschichte aber ist Ash, ein zehnjähriger Junge, der mit seiner Mutter in einer Stadt namens Alabastia wohnt, wo die Kinder an ihrem zehnten Geburtstag eine Lizenz zum Halten von Pokémon bekommen. Professor Eich vom lokalen Pokémon-Forschungscenter schenkt jedem Kind ein Pokémon für Anfänger und den „Pokédex", eine Art Index, der alle Informationen zu den Arten, Eigenschaften und Entwicklungsstadien der Pokémon enthält. Als erstes Pokémon erhält Ash „Pikachu", einen temperamentvollen und zuweilen recht schwierigen Begleiter. Der Kern der Pokémon-Story, die Welt zu retten, rankt um diese große Aufgabe des Winning-Teams, zu dem neben Ash noch seine Freundin Misty und sein Freund Rocco sowie zahlreiche Pokémon zählen. Diese abenteuerliche Mission stellt Ash und seine Freunde vor viele Gefahren, denen sie gemeinsam Stand halten. Damit ihnen dies im Kampf mit den Gegnern, dem „Team Rocket", bestehend aus einem älteren Jungen namens James und seiner dominanten Begleiterin, Jessi, sowie dem katzenähnlichen Pokémon „Mauzi", gelingt, ist es Ashs großes Ziel – ebenso wie das seiner Begleiter –, der beste Pokémon-Trainer der Welt zu werden. So verweisen die Freunde das „Team Rocket" immer wieder auf die Plätze: Ash's Cleverness und Stärke, sein Geschick, die richtigen Pokémon zu fangen, sie zu trainieren und im Kampf einzusetzen, düpiert die Gegenspieler, das ‚Looser-Team', immer wieder aufs Neue.

Wer die Pokémon-Welt verstehen will, muss wissen, dass die Lieblingsfiguren der Kinder, die Pokémon, in deren Zentrum „Pikachu", ein Elektropokémon steht, unterschiedlichen Kategorien zuzuordnen sind, die in einem ebenfalls unterschiedlichen Kräfteverhältnis zueinander stehen. Dies macht den Reiz vor allem der Computerspiele aus, bei denen es darauf ankommt, möglichst das jeweils geeignete Pokémon zum Gewinn eines Kampfes einzusetzen. So finden sich neben den Elektropokémon, die ihre Gegner mit blitzschnellen Angriffen verbrennen können, noch Psychopokémon wie etwa „Mewtu" und „Mew". „Mewtu" ist ein aus der DNS Mews künstlich geschaffenes Pokémon, das kämpferisch in allen Kategorien (Angriff, Energie, Schnelligkeit und Verteidigung) auf der höchsten Stufe steht, dicht gefolgt von „Mew", das nur um wenig schwächer ist als sein „großer geklonter Bruder" und zu den seltensten aller Pokémon zählt. Andere Pokémon wie „Schiggy" und „Turtok" gehören zu einer der häufigsten Arten in der Welt der Pokémon, den Wasserpokémon, die sich besonders stark in der Verteidigung erweisen. Alle weiteren besonders bekannten Figuren zählen zur Gruppe der Feuerpokémon. Die dieser Spezies zugehörigen Pokémon „Glumanda", „Glutexo" und „Glurak" etwa zeichnen sich vor allem durch Angriffsstärke und Schnelligkeit aus.

2. Das Medien-Menü zu Pokémon und wie Kinder damit umgehen

Pokémon hält ein breites mediales Repertoire für seine jungen Nutzer bereit, das diese, wie eine Studie in Österreich zum Umgang von Kindern mit diesem Phänomen zeigt,[1] dankbar annehmen. Schließlich können Kinder ihre Wünsche noch

---

1   Nach einer eingehenden Produktanalyse der Fernsehserie auf RTL2 fand eine Rezeptionsstudie auf zwei Ebenen in Kärnten und Salzburg statt: Im ersten Schritt wurden 206 Kinder im Alter von 6 bis 12 Jahren mittels einer standardisierten Fragebogenerhebung nach ihren Wahrnehmungs- und Umgangsweisen mit den unterschiedlichen Pokémon-Angeboten befragt. Um tiefer in die Umgangsweisen und Bedeutungszuschreibungen der Kinder mit Pokémon vordringen zu können, wurden auf der zweiten Ebene, einer qualitativen Leitfadenbefragung, 20 ausgewählte Kinder im Alter zwischen 6 und 12 Jahren (8 Mädchen und 12 Jungen) nach ihren Umgangsweisen mit Pokémon in ihrem Alltag und zu ihren Einstellungen zu diesem Phänomen befragt. Zusätzlich zu dieser Population wurden zwei kleinere Stichproben jüngerer Kinder (acht 3-6-Jährige) sowie fünf 14-15-Jährige ebenfalls mit Hilfe eines Leitfadens interviewt; auf diese Weise sollten eventuelle altersbedingte Veränderungen der Nutzungsweisen von Pokémon, sozusagen zu den Rändern der Hauptnutzergruppe hin, identifiziert werden. Zusätzlich zu den Kinderinterviews wurden Leitfadenbefragungen mit Eltern, Erzieherinnen und Lehrern durchgeführt. Siehe dazu ausführlich: Pokémon in Österreich. MedienJournal 26. Jg., Nr. 1, 2002 sowie Paus-Haase, Ingrid/ Wagner, Ulrike (2002):

nicht ausreichend verbalisieren. Sie benötigen in besonderer Weise Symbolmaterial, das ihnen hilft, sich mit anderen – ohne große Worte – etwa über die gemeinsame Vorliebe für eine Fernsehserie oder ein Computerspiel zu verständigen und sich darüber auszutauschen. Die Fülle von Begleitartikeln zu Pokémon bietet zudem ein unmittelbares Forum für Kommunikation, Austausch und Spiel; es befriedigt außerdem eine Leidenschaft, nicht nur von Kindern: die Freude am Sammeln. Die unterschiedlichen Angebote von der Fernsehserie über die Kinofilme, Computerspiele bis hin zu den Internetsites werden jedoch, je nach Alter und Geschlecht der Kinder, unterschiedlich rezipiert. Fast allen befragten Kindern ist Pokémon ein Begriff, ihre Kenntnis beziehen sie jedoch vor allem aus dem Fernsehen und von Freunden oder Geschwistern. Insbesondere die Fernsehsendung auf RTL 2 und die Computerspieleditionen sind zu täglichen Begleitern im Kinderalltag avanciert.

2.1. Die Fernsehserie als Einstieg in die Pokémon-Welt. Jungen schätzen sie mehr als Mädchen

Betrachtet man zunächst einmal die Fernsehserie, so zeigt sich, dass sich inhaltliche und formale Aspekte zu einem Gesamtkonglomerat vermischen, das den Interessen, Bedürfnissen und Fähigkeiten der jungen Rezipienten in hohem Maß entspricht. Als wichtigster Faktor ist die Identifikationsmöglichkeit mit den unterschiedlichen Pokémon selbst und ihren außergewöhnlich starken, erfolgreichen und sympathischen Trainern zu nennen. Das Action-Angebot in Pokémon entspricht jedoch nicht nur inhaltlich den Wünschen und Bedürfnissen der Kinder, sondern orientiert sich auch formal eng an ihren kognitiven Voraussetzungen. Zahlreiche Rezeptionshilfen ermöglichen es bereits den Jüngsten, die Pokémon-Welt zu erfassen und sich mit Hilfe einer linearen Erzählweise in die fiktive Welt der Pokémon entführen zu lassen.[2]

Vor allem die Fernsehserie, die für die Kinder das Tor zur Pokémon-Welt darstellt – bereits die Kindergartenkinder kennen und rezipieren das Fernsehangebot –, hält für die jungen Rezipienten und Rezipientinnen ein Erlebnisangebot bereit, das ihnen in seiner Alltagsferne nicht nur gestattet, der Wirklichkeit zu entfliehen, sondern das einen Themenfundus enthält, der sie mit seinen Ingredienzien Magie,

---

Das Phänomen Pokémon. Wie gehen Kinder, Eltern, Erzieherinnen und Lehrer damit im Alltag um?. In: Baum, Achim/ Schmidt, Siegfried, J. (Hrsg.) (2002): Fakten und Fiktionen. Über den Umgang mit Medienwirklichkeiten. Schriftenreihe der Deutschen Gesellschaft für Publizistik- und Kommunikationswissenschaft (DGPuK). Bd. 29. Konstanz: UVK-Medien: 351-366.

2   Siehe dazu den Beitrag Paus-Haase, Ingrid/ Hammerer, Eva/ Rotter, Gabriele (2002): Zur Faszination der Fernsehserie Pokémon. Ergebnisse einer Produktanalyse. In: Pokémon in Österreich. MedienJournal 26. Jg. Nr. 1: 13-19.

Stärke, Freundschaft, Kampf, Entwicklung und Lernen fasziniert und ihnen eine Symbolik darbietet, die es ihnen erlaubt, Alltagsanliegen wie „Groß-Werden-Wollen" und „Autonomie-Gewinnen" zu bearbeiten. Pokémon offeriert Kindern darin eine eigens für sie konstruierte Symbolwelt, die auf unbewusste Prozesse, etwa die Angst vor dem Bösen oder den Kampf zwischen Gut und Böse, verweist und die ihnen in einer mehr und mehr als rational erlebten Welt märchenähnliche Heldenbilder liefert, mit denen sie sich para-sozial auseinandersetzen können und die sie virtuell durch den komplexen Kinderalltag führen können.

Die Pokémon-Welt fasziniert jedoch nicht alle Kinder gleichermaßen: Betrachtet man die Häufigkeit der Nutzung der Fernsehserie, zeigen sich deutliche geschlechtstypische Unterschiede (Abbildung 1): Während 58,8 Prozent der Jungen die Fernsehserie mehrmals pro Woche oder täglich[3] sehen, ist dies nur bei 28,3 Prozent der Mädchen der Fall. Fast zwei Drittel der Mädchen (64,1 Prozent) geben an, Pokémon selten oder nie zu sehen, bei den Jungen sind dies nur 35,1 Prozent. Insgesamt nutzen 16,5 Prozent der Befragten die Fernsehserie Pokémon nie.

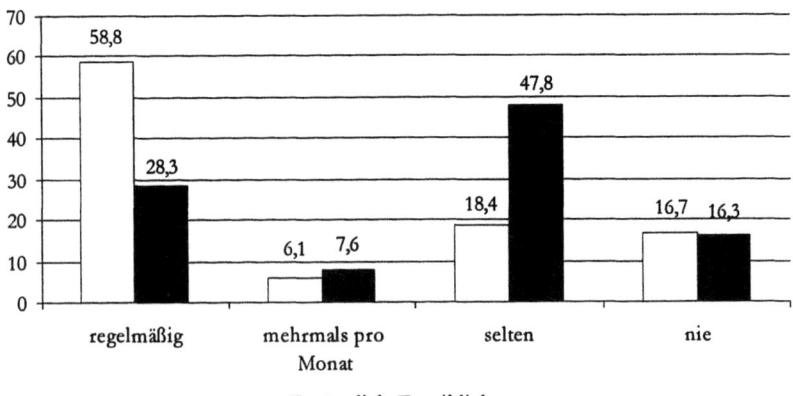

Abbildung 1: Häufigkeit der Nutzung der Fernsehserie in Prozent (n=206)

Wirft man einen Blick auf das Alter, so zeigt sich, dass die Nutzung der Fernsehserie Pokémon bei Jungen wie bei Mädchen einen deutlichen Nutzungshöhepunkt erkennen lässt; er liegt bei beiden Geschlechtern bei zehn Jahren: Über die Hälfte der zehnjährigen Jungen (55,2 Prozent) und knapp 43 Prozent der zehnjährigen Mädchen geben an, die Fernsehserie mehrmals wöchentlich bzw. täglich zu nutzen.

---

3   Täglich bedeutet in diesem Zusammenhang von Montag bis Freitag.

Mit zunehmendem Alter nimmt dann das Interesse an der Fernsehserie Pokémon kontinuierlich ab. Auffällig ist, dass fast ein Viertel der Elfjährigen und über 40 Prozent der zwölfjährigen Jungen angeben, nie Pokémon zu sehen. Bei den Mädchen steigt die Anzahl der gelegentlichen Nutzerinnen kontinuierlich an (von 38,5 Prozent bei den Sechs- bis Achtjährigen bis 64,7 Prozent bei den Zwölfjährigen). Im Hinblick auf die formale Bildung der befragten Kinder lassen sich keine Unterschiede in der Nutzung der Fernsehserie feststellen. Auf die Frage, mit wem die TV-Serie angeschaut wird, geben die Jungen signifikant häufiger als die Mädchen ihre Freunde an; diese bevorzugen die gemeinsame Rezeption mit den Geschwistern.

2.2. Fernsehserie und Computerspiele. Deutliche Zusammenhänge in der Nutzung beider Angebote

Pokémon geht ursprünglich auf ein Computerspiel zurück und ist inzwischen in fünf Versionen erhältlich. Genutzt wird vor allem die „blaue", „gelbe" und „rote" Version des Computerspiels, die „silberne" und „goldene Edition" ist hingegen kaum unter den befragten Kindern verbreitet. Bei der Nutzung der Pokémon-Computerspiele lassen sich wiederum geschlechtstypische Unterschiede erkennen: Jungen kennen diese Spiele signifikant häufiger und nutzen sie auch in größerem Ausmaß als die Mädchen. Unter den befragten Kindern, die diese Spiele regelmäßig spielen, sind immerhin 85 Prozent Jungen.

Insgesamt zeigt sich, dass über ein Drittel der Jungen (38,2 Prozent), aber nur 14,7 Prozent der Mädchen die Pokémon-Computerspiele regelmäßig nutzen. Ein Viertel der Mädchen nutzt diese Spiele ab und zu, 60 Prozent von ihnen geben an, nie mit diesen Angeboten zu spielen. Bei den Jungen sind dies nur 21,6 Prozent (Abbildung 2). Es fällt auf, dass die Jungen mit der Nutzung der Computerspiele insgesamt eher beginnen und ihr Nutzungshöhepunkt bei zehn Jahren liegt; Mädchen zeigen sich insgesamt weniger von den Computerspielen fasziniert, ihr Nutzungshöhepunkt liegt bei elf Jahren.

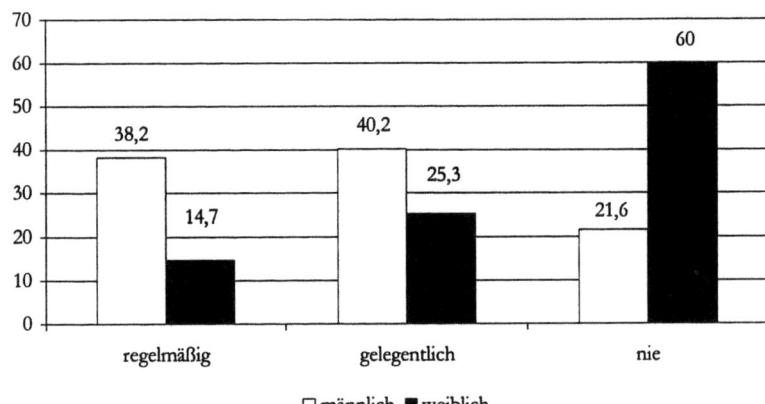

Abbildung 2: Häufigkeit der Nutzung des Computerspiels in Prozent (n=206)

Betrachtet man hingegen die Gruppe derer, die die Fernsehserie Pokémon zu ihren regelmäßig genutzten Angeboten zählen, zeigt sich eine enge Verbindung in der Nutzung der beiden medialen Angebote (Abbildung 3). So spielen 66,2 Prozent der befragten Jungen, die fast täglich die Fernsehserie sehen, auch regelmäßig das Computerspiel-Angebot zu Pokémon. Dies ist nur bei 40 Prozent der Mädchen der Fall. Genau ein Viertel der Mädchen, die Pokémon regelmäßig im Fernsehen rezipieren, spielt nie das Computerspiel; dieser Wert liegt bei den Jungen bei nur 4,6 Prozent. Jungen, die häufiger die Fernsehserie Pokémon sehen, nutzen auch häufiger Computerspiele. Im Vergleich zu den Computerspielen liegt die Nutzung der Internetsites weit zurück; lediglich ein Viertel der Kinder kennt überhaupt das Netz-Angebot, wobei dies vor allem die Kinder zwischen zehn und 13 Jahren angeben.

Auffällig ist auch, dass – ähnlich wie bei der Nutzung der Fernsehserie – die Mädchen vor allem mit ihren Geschwistern die Pokémon-Computerspiele nutzen, bei den Jungen steht beim Pokémon-Computerspielen wie beim Fernsehen der Freundeskreis im Vordergrund.

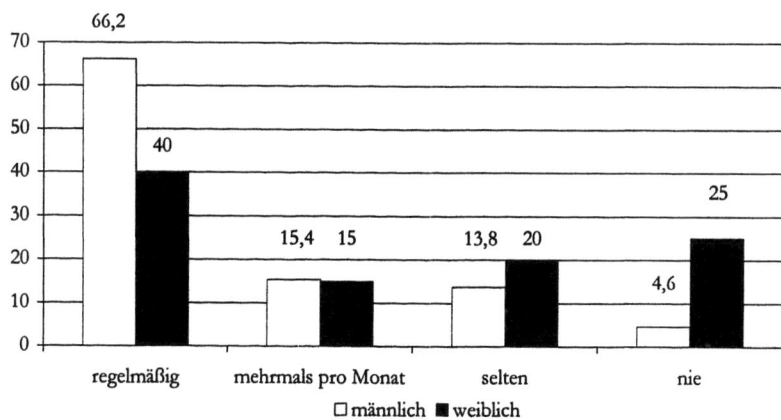

Abb. 3: Häufigkeit der Nutzung des Computerspiels der regelmäßigen Nutzer und Nutzerinnen der Fernsehserie in Prozent (n=95)

3. Ob Fernsehserie oder Computerspiele. Die Figuren beherrschen die Phantasie der Kinder

Als zentral für die Faszination der Kinder erweisen sich die Pokémon. So sind die Kinder denn auch in der Lage, eine ganze Reihe ihrer Lieblings-Pokémon aufzuzählen. Wirft man einen Blick auf das Pokémon-Ranking der Kinder (Tabelle 1), werden deutliche geschlechtstypische Unterschiede sichtbar: Während die Mädchen klare und eindeutige Präferenzen erkennen lassen, deklarieren die Jungen ihrerseits ein breiteres Spektrum der Figuren als ihre Lieblinge. Bei beiden Geschlechtern aber erweist sich die Figur „Pikachu" als eindeutiger Favorit der Kinder, wobei die Mädchen sich noch klarer für dieses Pokémon entscheiden. Die meisten Mädchen sind sich darin mit der siebenjährigen Tamara einig, wenn sie dieses Pokémon beschreibt: „Der Pikachu ist so lieb, der schaut aus wie eine Maus." Selbst die 15-jährige Eva ist dieser Meinung: „Der ist so lieb und hat so eine nette Stimme."[4] Die Mädchen favorisieren neben „Pikachu" an zweiter Stelle „Glumanda" mit über einem Viertel der Nennungen, und an dritter Stelle steht

---

4 Siehe dazu die Ergebnisse der qualitativen Rezeptionsstudie zu Pokémon: Paus-Haase, Ingrid/ Wagner Ulrike (2002): Pokémon – Gefährten zum Spielen und Kämpfen. Eine qualitative Befragung von Kindern und Jugendlichen. In: Pokémon in Österreich. MedienJournal 26. Jg. Nr. 1: 34-42.

„Schiggy", ebenfalls ein Pokémon der ersten Entwicklungsstufe. Die Jungen hingegen reihen an die zweite Stelle „Mewtu", gefolgt von „Turtok".
Vor allem an „Mew" und „Mewtu" scheiden sich die Geister. Die Jungen betonen die Kampfkraft von „Mew" und seiner weiteren Entwicklungsstufe, „Mewtu". So sind Michael (sieben Jahre), der neunjährige Raphael, der zehnjährige Georg, der zehnjährige Fabian und der elfjährige Sebastian der Meinung: „Mewtu ist das stärkste Pokémon." Beide Pokémon werden hingegen von den Mädchen eher selten erwähnt und dann zumeist negativ eingeschätzt.

Männlich			Weiblich		
1. Pikachu	43	45,7%	1. Pikachu	52	66,7%
2. Mewtu	28	29,8%	2. Glumanda	21	26,9%
3. Turtok	25	26,6%	3. Schiggy	20	25,6%
4. Glurak	23	24,5%	4. Raichu	9	11,5%
5. Mew	21	22,3%	5. Glurak/ Mew	8	10,3%
6. Schiggy	18	19,1%	6. Ponita/ Galoppa	7	9,0%

Tabelle 1: Lieblingsfiguren in Prozent der befragten Kinder (n=172, Mehrfachnennungen zu den beliebtesten Figuren)

Die Mädchen favorisieren eher niedliche Figuren mit kindlichen, rundlichen Formen (z.B. „Glumanda" und „Schiggy"). Des Weiteren wählen sie pferdeähnliche Figuren aus (z.B. die Feuerpokémon „Ponita" und „Galoppa"). Auffallend ist auch, dass sich die Lieblingsfiguren der Mädchen zum überwiegenden Teil auf der ersten Entwicklungsstufe befinden. Jungen bevorzugen hingegen Figuren auf der dritten Entwicklungsstufe (z.B. „Turtok" oder „Glurak"), die oftmals gepanzert und wehrhaft erscheinen. Für die Jungen spielen sowohl in der Fernsehserie als auch in den Computerspielen die Attacken und Angriffstechniken, die die verschiedenen Pokémon-Spezies beherrschen, die zentrale Rolle. Sie betonen denn auch weitaus häufiger als die Mädchen die Kampffähigkeit der Pocket Monster. Der fünfjährige Klaus ist begeistert vom Kämpfen der Figuren gegeneinander, ganz besonders beeindruckt ist er, wenn die Trainerin zu einem Pokémon sagt: „Gibt nicht auf und kämpfe weiter."

4. Zum Medienmenü. „Pokémon-Kinder" bevorzugen Computer, Gameboy und Videokonsole[5]

	Regelmäßige Nutzung der Fernsehserie Pokémon	Gelegentliche Nutzung der Fernsehserie Pokémon	Keine Nutzung der Fernsehserie Pokémon	Gesamt
Fernsehen insgesamt (n=204)				
Regelmäßig	96,7%	88,6%	84,8%	91,7%
Gelegentlich	3,3%	11,4%	12,1%	7,8%
Nie	-	-	3,1%	0,5%
	100%	100%	100%	100%

Tabelle 2: Nutzung verschiedener Medien nach Häufigkeit der Nutzung der Fernsehserie Pokémon

Kinder, die die TV-Serie Pokémon regelmäßig rezipieren, weisen insgesamt eine höhere Fernsehnutzung auf als die gelegentlichen Nutzer bzw. die Nichtnutzer der Serie. Dieser Trend bestätigt sich auch für andere Medien. Unterschiede zwischen regelmäßigen Nutzern und jenen, welche die Fernsehserie Pokémon gelegentlich oder gar nicht ansehen, zeigen sich auch bei der Nutzung von Computerspielen, des Gameboys und der Videokonsole (Tabelle 3). Weit über die Hälfte jener Kinder, die die Fernsehserie regelmäßig sehen, nutzen auch regelmäßig Computerspiele (60 Prozent), während dieser Anteil bei jenen, die Pokémon kaum oder gar nicht sehen, bei jeweils circa 40 Prozent liegt. 61,1 Prozent der gelegentlichen Nutzer und 59,4 Prozent der gelegentlichen Nutzer und Nutzerinnen der Fernsehserie geben an, selten oder nie ein Computerspiel zu nutzen, von den regelmäßigen Pokémon-Nutzern sind dies hingegen 40 Prozent.

Bei der Nutzung des Gameboys lässt sich ein ähnliches Bild zeichnen: Die Hälfte der Befragten, die regelmäßig die Fernsehserie rezipieren, nutzen auch den Gameboy regelmäßig, während dieser Anteil bei jenen, die Pokémon nicht oder kaum rezipieren, bei rund 30 Prozent liegt. Fast ein Viertel dieser Befragten nutzt den Gameboy nie.

---

5   Die Daten zur Nutzung des Fernsehens, des Computers, des Gameboys und der Videokonsole allgemein beziehen sich auf die Kinder, die regelmäßig die TV-Fernsehserie rezipieren; siehe zu diesem Kapitel vor allem: Wagner, Ulrike/ Bollig, Sebastian (2002): Pokémon im Medienmenü von Kindern. Ergebnisse einer standardisierten Befragung von Kindern in Österreich. In: Pokémon in Österreich. MedienJournal 26. Jg. Nr. 1: 20-33.

Am deutlichsten werden die Unterschiede zwischen den regelmäßigen Rezipienten der Fernsehserie Pokémon und jenen, die kaum oder nur gelegentlich auf dieses Angebot zurückgreifen, bei der Nutzung der Videokonsole. Hier fällt vor allem auf, dass über 40 Prozent jener Kinder, die kaum oder nur gelegentlich Pokémon im Fernsehen sehen, nie zu einer Videokonsole greifen. Der Anteil derer, die täglich oder mehrmals in der Woche eine Videokonsole benutzen, beträgt bei den regelmäßigen Nutzern und Nutzerinnen der Fernsehserie 51,3 Prozent, während dieser Wert bei der Gruppe der gelegentlichen Nutzer und Nutzerinnen nur 25 Prozent und bei jenen, die Pokémon gar nicht im Fernsehen sehen, nur 14,2 Prozent beträgt.

	Regelmäßige Nutzung der Fernsehserie Pokémon	Gelegentliche Nutzung der Fernsehserie Pokémon	Keine Nutzung der Fernsehserie Pokémon	Gesamt
Computerspiele insgesamt (n=189)				
Regelmäßig	60,0%	38,9%	40,6%	48,7%
Gelegentlich	30,6%	37,5%	40,6%	34,9%
Nie	9,4%	23,6%	18,8%	16,4%
	100%	100%	100%	100%
Gameboy insgesamt (n=184)				
Regelmäßig	49,4%	30,9%	29,0%	39,1%
Gelegentlich	38,8%	47,1%	41,9%	42,4%
Nie	11,8%	22,0%	29,0%	18,5%
	100%	100%	100%	100%
Videokonsole insgesamt (n=170)				
Regelmäßig	51,3%	25,0%	14,2%	35,3%
Gelegentlich	28,2%	31,3%	42,9%	67,5%
Nie	20,5%	43,8%	42,9%	32,9%
	100%	100%	100%	100%

Tabelle 3: Nutzung verschiedener Medien nach Häufigkeit der Nutzung der Fernsehserie Pokémon

Wirft man einen Blick auf die Nutzung von Büchern, wird deutlich, dass fast ein Drittel der Jungen und 40 Prozent der Mädchen, die fast täglich Pokémon schauen, auch angeben, täglich zu lesen. Das kolportierte Argument, ein häufiger Konsum der Fernsehserie Pokémon führe zu einer Ablehnung von Lesen, erweist sich nach den Ergebnissen dieser Untersuchung als nicht überzeugend. Im Hinblick auf die Nutzung von Zeitungen, Zeitschriften und Radio lassen sich hingegen kaum Unterschiede erkennen.

5. Kommerz und Kinderkompetenzen. Eine Allianz in neuen Formen der Kinderkultur

Kindheit wandelt sich mehr und mehr zu einer selbstbestimmten und gleichwohl marktorientierten Lebensform. Kinder erweisen sich auf der einen Seite, wie die Untersuchung zu Pokémon zeigt, als aktive Mediennutzer, die mittlerweile ein breites Medienmenü im Sinne eines Ausdrucksmittels subjektiv bestimmter Alltagspraxen nutzen. Auf der anderen Seite sind neue, globalisierte Formen fiktionaler Kinderunterhaltungskultur in besonders ausgeprägter Weise kommerziell bestimmt. Pokémon mit seinen hybridisierten, aus unterschiedlichen Medien zusammenwachsenden und aufeinander verweisenden Produkten steht für beide Phänomene. In bisher einmaliger Weise erweist es sich als ein Kommerzphänomen, das in einem globalisierten Medienverbundsystem Medienangebote in ihren unterschiedlichen Variationen nahezu allgegenwärtig erscheinen lässt; es kommt zunehmend zu einer Selbstreferentialität der Produkte: Jedes ist auf ein anderes hin konzipiert und verweist in seiner Existenz darauf – und dies in unterschiedlichen Medien.

Dieses Merchandising-Konzept, das erstmalig vom Disney-Konzern eingesetzt wurde, wird ausgeweitet und strategisch klug geplant und mit Hilfe der Spielzeugindustrie umgesetzt; diese bietet Stoff- und Plastikfiguren, Brett-, Karten- und Sammelspiele. Doch auch Produkte, die in irgendeiner Weise im Zusammenhang mit dem Alltag der Kinder stehen, werden in diese Vermarktungsbemühungen miteinbezogen. Schließlich findet sich die zentrale Pokémon-Figur, „Pikachu", längst auf Tellern und Tassen, Tapeten und Taschentüchern, Schreibblocks, T-Shirts und Tornistern. Der Jahresumsatz, der durch weltweit über 4.000 Lizenzen für Merchandising-Produkte in Bewegung gehalten wird, lag allein für das Jahr 2000 bei weltweit mehr als zweieinhalb Millionen Euro.

Pokémon hat sich längst als eine Medienmarke etabliert, gekennzeichnet durch geschickte Strategien von Produktions- und Vermarktungsverbünden, die Pokémon einen unverwechselbaren Status verleihen und die Figurenwelt nahezu als omnipräsent etabliert haben. Derartige umgreifende Kommerzialisierungsprozesse stellen mittlerweile ein grundlegendes Merkmal von „Medienkindheit" dar.

Betrachtet man in diesem Zusammenhang den „Medienverbund" zu Pokémon, der als zentrale Elemente Fernsehserie, Sammelkarten und Computerspiele integriert, und vergleicht diese Palette mit den Äußerungen der regelmäßigen Nutzer und Nutzerinnen der Fernsehserie Pokémon, wird deutlich, in welcher Weise es dieser Medienmarke gelungen ist, die Kinderzimmer zu erobern: Sie trifft an zentralen Punkten die Bedürfnisse der Kinder nach Spielen und Freundschaften. Auf die Frage im Rahmen der Pokémon-Studie, was sie außerhalb der Schule die Frage im Rahmen der Pokémon-Studie, was sie außerhalb der Schule machen bzw. was ihre bevorzugten Beschäftigungen sind, erweisen sich die regelmäßigen Pokémon-Nutzer und -Nutzerinnen denn auch keinesfalls als passive oder kontaktarme Kinder. Mit dem besten Freund oder der besten Freundin zusammen zu sein, ist für regelmäßige Nutzer ähnlich wichtig wie für jene, die Pokémon nicht zu ihren regelmäßigen Angeboten zählen. So geben hier fast 80 Prozent der befragten Jungen beider Gruppen an, mit dem besten Freund oder der besten Freundin täglich oder mehrmals in der Woche Zeit zu verbringen. Bei den Mädchen zeigt der interne Vergleich beider Gruppen ebenfalls kaum Unterschiede, der Wert liegt aber mit rund 60 Prozent im Vergleich mit den Jungen deutlich niedriger. Auch auf die Frage, wann Zeit mit Freunden bzw. der Clique verbracht wird, zeigen sich wiederum Unterschiede zwischen Jungen und Mädchen. Gemeinsame Zeit mit Freunden bzw. der Clique hat für Jungen einen größeren Stellenwert als dies bei den Mädchen der Fall ist.

Auffallend ist hier im Besonderen, dass mehr als die Hälfte der Kinder, die Pokémon regelmäßig nutzen, sich auch täglich bzw. mehrmals pro Woche mit Freunden trifft (53,4 Prozent), während nur etwas über ein Drittel derer, die Pokémon wenig bis gar nicht nutzen, diese Angabe macht (36,6 Prozent).

In Bezug auf das tägliche Spielen in der Freizeit zeigt sich folgendes Bild: Fast täglich oder mehrmals wöchentlich spielen bei den Jungen knapp 90 Prozent, bei den Mädchen sind dies knapp über 80 Prozent. Betrachtet man diese Auswertung genauer, so zeigen sich deutliche Unterschiede bei den Angaben zum täglichen Spielen. Knapp über 80 Prozent der Jungen und 68 Prozent der Mädchen, die die Fernsehserie regelmäßig nutzen, geben an, auch täglich zu spielen. Bei jenen, die Pokémon nicht zu ihrem regelmäßigen Fernsehmenü zählen, sind dies hingegen bei den Jungen nur 57,4 Prozent und bei den Mädchen 47,7 Prozent.

Aus der standardisierten Erhebung geht außerdem hervor, dass es sich bei den Pokémon-Fans um ausgesprochen aktive und vielseitig interessierte Kinder mit zahlreichen Hobbies handelt. Ihre Lieblingshobbies sind u.a. Aktivitäten im Freien (z.B. Sport und mit anderen spielen), häufig wird auch noch „Computerspielen" zu den liebsten Tätigkeiten gezählt. Auffällig ist, dass diese Aktivitäten häufig gemeinsam genannt werden.

Das populäre Vorurteil, bei den Pokémon-Nutzern oder -Nutzerinnen handele es sich vor allem um Kinder, die mehr auf sich allein gestellt sind – und wie es eine Lehrerin formuliert hat – aus „der Unterschicht stammen", deren Eltern „selbst so mit sich beschäftigt (sind)", „denen egal (ist), was ihr Kind schaut oder was es tut", lässt sich nach den vorliegenden Ergebnissen nicht länger halten.[6]

Kinder, Jungen wie Mädchen, die sich besonders intensiv mit Pokémon beschäftigen – und sie tun dies auf allen Ebenen – sind also aktive und vielseitig interessierte Kinder. Auffällig ist jedoch: Das Angebot von Pokémon richtet sich vornehmlich an Kinder, die eine ausgeprägte Vorliebe für actionorientierte Programme haben, dies sind vor allem Jungen; alle Untersuchungsschritte lassen dies erkennen. Dies erstaunt wenig, denn sowohl die Fernsehserie als auch das Computerangebot ist männlich dominiert. Etwa 80 Prozent der Protagonisten von Professor Eich über die Trainer bis hin zu den Pokémon selbst sind männlichen Geschlechts. Mit ihrem zentralen Thema „Kämpfen" und „Gewinnen" hält Pokémon ein Identifikationsangebot bereit, das die Jungen stärker erreicht als die Mädchen. Vor allem den Jungen bietet Pokémon ein kaum überschaubares Inventar, das ihnen die Möglichkeit verschiedener Lesarten und Bedeutungszuschreibungen eröffnet.

Will man sich das „Pokémon-Fieber" der Kinder, das mittlerweile etwas abgeebbt ist,[7] und der Faszination von DragonBall und DragonBallZ Platz gemacht hat, erklären, zeigt sich, dass die Bindung der jungen Rezipienten insbesondere über eine zeitlich geschickt lancierte Marktimplementierung der Kombination von Fernsehserie und Computerspielen erfolgt ist, unterstützt durch eine Fülle von Merchandisingartikeln. Der Erfolg von Pokémon liegt somit in erster Linie im Zusammenspiel bzw. der Verschränkung der Fernsehserie mit den Computerspielangeboten; bestätigt wird dies durch die Tatsache, dass die Pokémon-Fans geradezu „heavy-user" dieser beiden Angebotsweisen sind. Dies gilt vor allem für die älteren Kinder; jüngere bevorzugen neben dem TV-Angebot und dem Film insbesondere die Sammelkartenkollektion, mit der sie sich in ihren Peer-Groups und Inner-Circles hervortun können. Die Strategie der Anbieter, Pokémon mit unterschiedlichen Teilangeboten multimedial zu verwerten (in dieser Art erweist sich Pokémon als erstes in diesem Ausmaß kommerzialisiertes Angebot) ist aufgegangen.[8] Nicht länger gelten Medien den Pokémon-Kindern als ein ‚Fenster zur (Erwachsenen-)Welt', Pokémon wird vielmehr zum Ausdruck für eine eigene

---

6   Siehe dazu die Befragung der Pädagogen: Hammerer, Eva/ Pointecker, Marco (2002): Perspektiven von Pädagoginnen auf Pokémon. Das Thema wird in Kindergarten und Schule am liebsten gemieden. In: Pokémon in Österreich. MedienJournal 26. Jg. Nr. 1: 47-52.

7   Die Untersuchung zu Pokémon wurde im Dezember 2000 durchgeführt.

8   Zum Umgang mit anderen Pokémon-Angeboten (Kinofilm, Pokémon-Sammelkarten und Pokémon-Spielfiguren) siehe: Wagner, Ulrike/ Bollig, Sebastian (2002): Pokémon im Medienmenü von Kindern. Ergebnisse einer standardisierten Befragung von Kindern in Österreich. In: Pokémon in Österreich. MedienJournal 26. Jg. Nr. 1: 20-33.

(Kinder-)Welt, über die Erwachsene kaum mehr Überblick halten können. Kinder schaffen sich mit ihr eine eigene ‚Wissenswelt', mit der sie Alltagskompetenz innerhalb ihrer Peer-Groups erlangen und vertreten. Pokémon wird zu einer ‚Erlebnis-Welt', in der sich Kinder kompetent und lustbetont bewegen können; es erweist sich als ein Symbol für neue, ausgesprochen kommerziell bestimmte kinderkulturelle Ausdrucksweisen, mit denen es den Heranwachsenden dennoch gelingt, ihre ganz speziellen Anliegen zu bearbeiten.

Literatur

Hammerer, Eva/ Pointecker, Marco (2002): Perspektiven von Pädagoginnen auf Pokémon. Das Thema wird in Kindergarten und Schule am liebsten gemieden. In: Pokémon in Österreich. MedienJournal 26. Jg. Nr. 1: 47-52

Paus-Haase, Ingrid/ Wagner, Ulrike (2002): Das Phänomen Pokémon. Wie gehen Kinder, Eltern, Erzieherinnen und Lehrer damit im Alltag um?. In: Baum, Achim/ Schmidt, Siegfried, J. (Hrsg.) (2002): Fakten und Fiktionen. Über den Umgang mit Medienwirklichkeiten. Schriftenreihe der Deutschen Gesellschaft für Publizistik- und Kommunikationswissenschaft (DGPuK). Bd. 29. Konstanz: UVK-Medien: 351-366

Paus-Haase, Ingrid/ Hammerer, Eva/ Rotter, Gabriele (2002): Zur Faszination der Fernsehserie Pokémon. Ergebnisse einer Produktanalyse. In: Pokémon in Österreich. MedienJournal 26. Jg. Nr. 1: 13-19

Paus-Haase, Ingrid/ Wagner Ulrike (2002): Pokémon – Gefährten zum Spielen und Kämpfen. Eine qualitative Befragung von Kindern und Jugendlichen. In: Pokémon in Österreich. MedienJournal 26. Jg. Nr. 1: 34-42

Wagner, Ulrike/ Bollig, Sebastian (2002): Pokémon im Medienmenü von Kindern. Ergebnisse einer standardisierten Befragung von Kindern in Österreich. In: Pokémon in Österreich. MedienJournal 26. Jg. Nr. 1: 20-33

Jugendliche im Chat. Spaß bei der computervermittelten Kommunikation

Claudia Orthmann

1. Einleitung

Jugendliche nutzen die Chat-Angebote regelmäßig und mit steigender Tendenz. Das zentrale Motiv lautet Spaß, doch welche konkreten Nutzungsweisen verbergen sich hinter dieser allgemeinen Aussage? Neben einem Überblick über die quantitativen Daten zur Chat-Nutzung von Jugendlichen stellt dieser Beitrag zwei Aspekte, die die Faszination des Chattens ausmachen, genauer vor. Diese lassen sich verkürzt mit „Flirten" und „Fluchen" betiteln, wobei beide Aspekte weitaus vielschichtiger sind. Sie sind Bestandteil und Grundlage des Spiels, das den Jugendlichen so viel Spaß macht: die Selbstdarstellung bzw. Identität im Chat. Die Möglichkeiten der Selbstdarstellung in der computervermittelten Kommunikation sind groß und die Weichen für die Merkmale der selbst geschaffenen Identität werden an mehreren Stellen und schon vor dem Beginn der Unterhaltung an sich gestellt. Die Sprache im Chat selbst spielt für die Selbstdarstellung natürlich eine ebenso wichtige Rolle, die im Rahmen dieses Beitrags jedoch nur kurz angerissen wird.

2. Quantitative Daten zum Nutzungsverhalten von Jugendlichen

In diversen Umfragen und Studien wird die allgemeine Annahme bestätigt, dass das Internet nicht nur für Erwachsene, sondern auch für Kinder und Jugendliche reizvolle Angebote enthält und auch entsprechend genutzt wird (für einen Überblick siehe Orthmann & Issing 2001). Die „JIM 2001-Studie" ergab, dass immerhin 63 Prozent der Jugendlichen im Alter von 12 bis 19 Jahren schon Internet-Erfahrung haben. Speziell die vielfältigen kommunikativen Möglichkeiten, die das Netz bietet (E-Mail, Chat, Diskussionsforen, etc.), werden intensiv genutzt (Feierabend/ Klingler 2002). Schon 1998 berichteten Feierabend & Klingler, dass neben der Informationssuche „(...) die Kommunikation mit anderen durch das Versenden von E-Mails oder die Teilnahme an Chats (...) für die jugendlichen Nutzer und

Nutzerinnen im Vordergrund (steht)" (Feierabend/ Klingler 1998: 494). Obwohl Feierabend & Klingler in der „JIM 2000-Studie" im Vergleich zu den Vorjahren einen leichten Rückgang in Bezug auf den Bereich Chatten feststellten, nimmt das Chatten in der aktuellen Umfrage gemeinsam mit der Informationssuche (jeweils 38%) den zweiten Platz hinter dem Versenden von E-Mails in der Rangfolge der regelmäßigen Nutzung von Internetangeboten ein. Die österreichische Studie „n-gen" (netbridge 2000) gibt an, dass 80 Prozent der unter 15-jährigen Wienerinnen und Wiener das Internet zum Chatten nutzen, die Hälfte davon sogar regelmäßig. Die 16- bis18-Jährigen chatten dieser Studie zufolge zumindest zu 60 Prozent hin und wieder. Das Chatten ist laut Feierabend & Klingler (2002) außerdem die einzige Internet-Anwendung, bei der Mädchen den größeren Teil der Nutzer stellen.

Die Begeisterung für die kommunikativen Möglichkeiten, die sich in diesen Zahlen spiegelt, lässt die Tatsache verwunderlich erscheinen, dass spezielle Studien zum Thema Chat-Nutzung bislang rar sind. Eine Ausnahme stellt eine von Tina Fix im Rahmen ihrer Diplomarbeit durchgeführte Online-Befragung unter Jugendlichen dar (Fix 2001). In dieser Arbeit wurden neben Daten zum Nutzungsverhalten ebenso Motive fürs Chatten erfragt. Während auf die von Fix erarbeiteten Gründe fürs Chatten später näher eingegangen werden wird, soll kurz anhand der Ergebnisse dieser Umfrage belegt werden, dass die computervermittelte Unterhaltung zu den beliebtesten Freizeitaktivitäten der Befragten gehört. Das Chatten folgt auf dem zweiten Platz hinter dem Treffen von Freundinnen und Freunden. Fix fand heraus, dass von den vorgegebenen Internet-Anwendungen eindeutig die unterhaltungs- und kommunikationsorientierten Anwendungen favorisiert wurden. Das Chatten steht bei den Netzaktivitäten an erster Stelle. In der Häufigkeitsauswertung lagen die Mädchen auch ihren Daten zufolge vorn. In der Woche wird im Durchschnitt rund acht Stunden gechattet, am liebsten über Themen, die sich von allein ergeben. Grosse Bedeutung hat außerdem der Kontakt zu Personen des anderen Geschlechts (s. Abschn. 3.1). Als zweitliebstes Thema wurde mit 76,5 Prozent das Interesse an einem Flirt bekundet.

Die Online-Befragung von Fix entspricht in vielen Fragestellungen und den Ergebnistendenzen den Erkenntnissen, die im Rahmen des Forschungsprojektes zur Chat-Kommunikation an der Freien Universität Berlin gesammelt wurden. So werden viele Ergebnisse der im Projekt durchgeführten Fragebogen-Erhebung bestätigt. Das Forschungsprojekt „Prozessanalyse der Kommunikation von Kindern und Jugendlichen im Internet", welches von 1999-2001 am „Center for Media Research (CMR)" der Freien Universität Berlin durchgeführt wurde, beschäftigte sich gezielt mit dem Chatten von Kindern und Jugendlichen.[1] Es begann mit einer sechsmonatigen Vorstudie zum Nutzungsverhalten von 10- bis 17-jährigen Berlinern und Berlinerinnen. Ziel dieser Vorstudie war es, erste Einblicke zur außerschulischen Nutzung des Internet und seiner Bedeutung sowie zur Kommunikation mittels E-Mail und Chat zu erhalten. Dazu wurden im Zeitraum von Mai bis Dezember 1999 Daten anhand von teilnehmender Beobachtung, Interviews sowie einer Fragebogen-Erhebung erhoben. Im vorliegenden Beitrag werden Ergebnisse dieser Vorstudie bezüglich des Reizes, den die Chat-Kommunikation auf Kinder und Jugendliche ausübt, sowie erste Erkenntnisse zu verschiedenen Aspekten der Selbstdarstellung und der Chat-Sprache vorgestellt. Die 173 in die Endauswertung eingeflossenen Fragebögen wurden zu 40 Prozent von Mädchen und zu 60 Prozent von Jungen ausgefüllt, die alle schon mindestens einmal im Internet waren. Die Umfrage erhebt keinen Anspruch auf Repräsentativität; es wird aber davon ausgegangen, dass sie einen guten Einblick in die Nutzungsgewohnheiten jugendlicher Internet-Nutzer bzw. -Nutzerinnen sowie Chatter und Chatterinnen zum Erhebungszeitpunkt gibt. Die Häufigkeiten der Antworten der Kinder und Jugendlichen weichen nur geringfügig voneinander ab, so dass auf die Darstellung einer in die beiden Altersgruppen Kinder und Jugendliche unterteilten Auswertung verzichtet wurde.

Chatten war eine von vielen befragten Berliner Kindern und Jugendlichen häufig und gern genutzte Netzaktivität: Nur etwa ein Viertel berichtete, noch nie gechattet zu haben. Immerhin 23 Prozent chatteten häufig, wenn sie ins Internet gingen, und ein Fünftel chattete sogar jedes Mal. Die Befragten brachten schon einige Chat-Erfahrung mit. Obwohl ein knappes Drittel erst seit bis zu einem halben Jahr chattete, plauderten 23 Prozent seit sechs bis zwölf Monaten online. Ein Drittel chattete bereits seit ein bis zwei Jahren, und ca. 14 Prozent der Kinder und Jugendlichen chatteten immerhin schon seit über zwei Jahren. Die Bewertung von Chatten als „toll" durch 74 Prozent verwundert vor diesem Hintergrund nicht. Neben einem Fünftel, das Chatten als durchschnittlich bewertete, fanden es nur sechs Prozent explizit „nicht gut". Die Zeit, die pro Sitzung im Chat verbracht wurde, lag zwischen einem Minimum von drei Minuten und einem Maximum von drei Stunden. Der durchschnittliche Aufenthalt im Chat betrug rund 67 Minuten und füllte so den Großteil der durchschnittlichen allgemeinen Online-Zeit aus. Ausgesprochen lange Gespräche von über zwei Stunden führten immerhin elf Prozent.

---

1   Das Projekt wurde von der Berlin-Forschung der FU Berlin gefördert. Für weitere Informationen siehe URL: http://www.cmr.fu-berlin.de/~orthmann/chatkomm/

3. Faszinosum Chatten

Die interaktive Kommunikationsmöglichkeit des Chattens übt auf viele Kinder und
Jugendliche eine große Faszination aus. Sicherlich gibt es auch einige, die keine
große Begeisterung empfinden und andere mediale Kommunikationswege (Telefonieren oder E-Mail) dem Chatten vorziehen. Trotzdem wird regelmäßig der Reiz,
den speziell die Nutzung von Chat-Angeboten auf Kinder und Jugendliche ausübt,
hervorgehoben (s. z.b. Binzegger 2000).

Die im Rahmen des Forschungsprojektes interviewte 15-jährige Sonja beschreibt
ihr eigenes Chat-Verhalten sogar als Sucht.[2] Sie erzählt, dass ihre derzeitigen
Freundschaften alle entweder direkt über die Online-Kommunikation oder über
Internet-Seminare entstanden sind. Sonja chattet seit anderthalb Jahren intensiv,
wobei sich ihre Gründe fürs Chatten im Laufe der Zeit leicht verschoben haben:

> „Am Anfang, da war einfach nur der Reiz, (...) mit netten Leuten zusam-
> men zu sein, also sagen wir mal, da war das auch noch 'ne Zeit, da bin ich
> überhaupt nicht rausgegangen (...) Heute chatte ich nur noch mit meinen
> Leuten, die ich schon habe, weil (...) der Rest ist mir zu stressig, neue Leute
> kennenlernen, weil das ist auch immer das gleiche heutzutage. Furchtbar
> langweilig geworden finde ich, also nach 'nem Jahr oder so kann man chat-
> ten auch wieder aufgeben. Das intensive." (Interview mit Sonja: 3)

An dieser Stelle wird der Neuigkeitseffekt deutlich, der die anfängliche intensive
Nutzung neuer Medien erklärt und häufig populärwissenschaftlich vorschnell mit
dem Label „Sucht" versehen wird. Obwohl Sonja ihre aktuelle Chat-Nutzung als
reduzierter beschreibt, war sie dennoch zur Zeit der Interviews als „Wizard"[3] akti-
ves Mitglied in ihrem Chat und im Vergleich zu anderen interviewten Kindern und
Jugendlichen eine äußerst intensive Chatterin.

3.1. Nutzungsmotive

Der Spaß steht für die Kinder und Jugendlichen, die an der Forschungsstudie teil-
genommen haben, eindeutig im Vordergrund ihrer Kommunikation. Beinahe

---

2 vgl. zu dieser Problematik die Studie „Internetsucht. Jugendliche gefangen im Netz" von Hahn/
   Jerusalem (im Druck)
3 Die Wizards in Chats haben die Aufgabe, den Chat zu betreuen. Dies umfasst sowohl die technische Seite inklusive der Weiterentwicklung des Chats und seiner Räume als auch die soziale Betreu-
   ung der Chatter bis hin zur Moderation von Chats und der Überwachung der Einhaltung der
   Chatiquette.

genauso wichtig ist ihnen die soziale Komponente: Auf dem zweiten Platz der Gründe fürs Chatten steht das Kennenlernen von anderen. Diese Gründe decken sich mit den Motiven, die allgemein in der Literatur genannt werden. Ten Have (2000) nennt zwei Hauptgründe, aufgrund derer im Allgemeinen gechattet wird: zum einen aus sozialen Gründen und zum anderen aus sexuellen Gründen. Dabei können beide auch ineinander übergehen oder sich ablösen. Für die Altersgruppe der Kinder und Jugendlichen kann man die sexuellen Gründe durch Flirten bzw. altersentsprechende Motive der Kontaktaufnahme zum anderen Geschlecht ersetzen. Neben diesen beiden Hauptkategorien können nach Ten Have auch noch weitere Gründe eine Rolle spielen, welche meistens aus den Namen der Chat-Räume deutlich werden (z.B. die Diskussion politischer, religiöser oder technischer Themen). Für Kinder und Jugendliche besitzen Chat-Räume, in denen es um Popstars, Computerspiele oder Fernsehserien geht, entsprechende Relevanz. Ein Jugendlicher, der im Rahmen des Forschungsprojektes bei seiner Internet-Nutzung beobachtet wurde, chattete gezielt in Chats, die sich mit dem Thema Hacken befassten, und nutzte die in diesen Gesprächen gewonnenen Informationen umgehend, indem er parallel in anderen Browserfenstern die angesprochenen Programme im Netz suchte und abspeicherte. Dieses Beispiel zeigt darüber hinaus, dass das Chatten nicht immer ausschließliche Tätigkeit sein muß. Ebenso wie IRCer vielfach in mehreren Chat-Räumen (bzw. beim IRC in Chat-Kanälen) gleichzeitig aktiv chatten, kann das Chatten auch mit anderen Computeraktivitäten verbunden sein.

3.2. Beziehungsentwicklung durch Chat-Kontakte

Für die Untersuchung sprachlicher und inhaltlicher Aspekte von Chat-Kommunikation ist relevant, inwiefern die Begegnungen nur einen einmaligen, flüchtigen Charakter haben, oder ob es zu mehrmaligen Gesprächen kommt und sich so zwischen den Chattern und Chatterinnen eine Beziehung aufbaut. Basierend auf Studien zu Identitätskonstruktionen in MUDs wird oftmals von der Kommunikation der regelmäßig im Chat anzutreffenden Chatter und Chatterinnen ausgegangen.

Obgleich die Hälfte der Berliner Kinder angab, sich regelmäßig in denselben Chat-Räumen aufzuhalten, so muss dies gerade bei den großen, kommerziellen Chats nicht bedeuten, dass man auf dieselben Gesprächspartner oder Gesprächspartnerinnen trifft. Für spielerische Elemente wie „Flirten" und das Testen von sozialen und technischen Grenzen kann gerade die Flüchtigkeit des einmaligen Kontakts den besonderen Reiz ausmachen. Die (relative) Anonymität im Chat gepaart mit dem Wissen um die Einmaligkeit des virtuellen Treffens macht experimentierfreudiger.

Spaß als meistgenannter Grund für das Chatten bei den befragten Kindern und Jugendlichen deutet m.E. die Einmaligkeit des Kontaktes bzw. die häufig gesuchte kurzfristige Ablenkung schon an. Abgesehen von mehrmaligen Gesprächen im Chat, zu denen man sich teilweise extra verabredet, besteht ebenfalls die Möglichkeit, den Kontakt auf außerhalb des Netzes auszuweiten. Obwohl sich in den Chat-Logfiles viele Versuche finden lassen, ein Treffen zu initiieren, enden diese Anregungen selten in einer von beiden Chat-Partnern oder -partnerinnen bejahten Verabredung außerhalb der virtuellen Ebene. Die 12-jährige Chatterin „game" begründet ihre Bevorzugung des Chattens gegenüber einem Treffen zunächst zwar folgendermaßen: „Hab' Angst, dass du mich nicht magst." (www.europachat.org, Raum „Playland", 3.8.00), lässt sich aber dennoch auf eine Verabredung ein. Selbst wenn ein Treffen wie in diesem Fall verabredet wird, bleibt unklar, ob dieses letztendlich auch von beiden Seiten eingehalten wird. Wichtiger als Verabredungen zu einem Treffen „in real life" sind den Kindern und Jugendlichen jedoch der Austausch von Telefonnummern. Die Untersuchung der im Rahmen der Studie gesammelten Logfiles ergab, dass die Frage nach der Festnetz- oder Mobilfunknummer des Gesprächspartners/ der -partnerin eine bedeutende Rolle für Kinder und Jugendliche spielt. Die Frage folgt überwiegend auf ein längeres Zweiergespräch bzw. einen Flirt. Sie wird fast ausschließlich zwischen den Geschlechtern gestellt und scheint vielfach einem Test zu gleichen, ob der oder die andere ebenfalls Interesse an einem hat. Abgesehen von der erschreckenden Unbekümmertheit, mit der die Telefonnummern für alle lesbar in den Chat gepostet werden und dem fehlenden Bewusstsein für den Datenschutz, erstaunt vor allem, welch hohe Bedeutung der Bekanntgabe implizit zugemessen wird. Einerseits scheint das Erlangen der Nummer wichtiger zu sein als die Möglichkeit der weiteren Kommunikation selbst, andererseits wird teilweise gleich nach Erhalt der Nummer vor dem Rechner per SMS ausprobiert, ob diese stimmt. Alternativ zur Telefonnummer fragen Kinder und Jugendliche nach der E-Mail-Adresse, die in der Regel bereitwilliger bekannt gegeben wird.

Die Verknüpfung der medialen Möglichkeiten der Kontaktaufnahme per Chat, Handy und E-Mail bietet sich für weitere Forschungsarbeiten an, da sich mit der zunehmenden Verbreitung von technischen Geräten unter Kindern und Jugendlichen auch deren Nutzung verändert hat.

3.3. Flirten

Der Aspekt des unproblematischen Kennenlernens anderer wird nicht nur in den Antworten der Fragebogen-Erhebung, sondern ebenfalls von den in der Vorstudie interviewten Kindern und Jugendlichen als positiv herausgestellt. Fix (2001) fand gleichfalls heraus, dass die soziale Interaktion den Jugendlichen am wichtigsten sei. Ein virtueller Flirt war für ungefähr die Hälfte der von ihr befragten Jugendlichen das zentrale Nutzungsmotiv beim Chatten. Jemanden im Chat kennenzulernen geht schneller und ist bei örtlich entfernteren Teilnehmerinnen und Teilnehmern auch kostengünstiger. Nach Fix kann davon ausgegangen werden, dass es durch die Chat-Kontakte zu einer Erweiterung des sozialen Netzes kommt. Die interpersonalen Kontakte werden per Telefon und E-Mail zusätzlich intensiviert. Die Möglichkeit, mit Personen aus aller Welt Kontakt aufzunehmen, wird von den im Berlin-Forschungs-Projekt interviewten Chattern zwar ebenfalls sehr geschätzt, bei Nachfragen stellte sich jedoch heraus, dass es selten zu längerfristigen Kontakten oder gar Freundschaften kam. Für Schofield Clark (1999) bieten Verabredungen im Internet für Jugendliche „(...) an alluring option for intimate hetero- and homosexual experimentation that holds the possibility of decreasing potential *emotional* hazards of intimate relationships." (ebd.: 174 f., Hervorheb. im Original) Online-Romanzen, welche nicht nur rein virtuell bleiben sollen, werden trotzdem gesucht und gefunden (Herlyn 2001).

Für die Forscherin, die die Chat-Protokolle auswertet, ist es jedoch nicht einfach, von ‚außen' zu bestimmen, welche Unterhaltung im Chat als Flirt einzuordnen ist. Zum einen ist das emotionale Moment, das die Unterhaltung begleitet, schwer anhand der fixierten Schriftlichkeit festzumachen und zum anderen scheint eher im privaten Raum eines Separées geflirtet zu werden. Im Rahmen des Forschungsprojektes wurde jedoch ausschließlich die öffentliche Kommunikation, wie sie für alle im Chat lesbar ist, gespeichert. So finden sich eher ‚Vorspiele', in denen die wichtigen Variabeln „asl" (asl = age, sex, location) abgefragt werden. Dieser „Check" war vorerst nur in englischsprachigen Chats bekannt, hat sich aber ebenso in deutschsprachigen Chats durchgesetzt. Allerdings scheint im Unterschied zu englischen Chats der echte Name für Kinder und Jugendliche genauso wichtig wie der Wohnort zu sein. Die Gespräche im öffentlichen Raum sind meist nur wenige Zeilen lang, in denen die obigen Themen durchgesprochen werden. Es wird vermutet, dass bei längeren Gesprächen inklusive Flirts ein Wechsel in private Räume stattfindet. Laut Fix (2001) chatten Jugendliche, die gern flirten, signifikant häufiger in Separées oder flüstern. Amerikanische Mädchen sprechen bei Verabredungen zum

Chatten im Separée auch von „Internet Dates", während Jungen diese Formulierung weniger gerne verwenden (Schofield Clark 1999).

Der Chat bietet die Möglichkeit, sich spielerisch dem (anderen) Geschlecht zu nähern. Fand ein längeres Gespräch im öffentlichen Raum statt, und passen die beiden Gesprächspartner in den abgefragten Merkmalen gut zusammen – d.h. in der Regel gibt der Partner oder die Partnerin ein anderes Geschlecht, ein ähnliches Alter und eine geringe örtliche Distanz an –, so wird meist weiter nach einem Treffen oder der Telefonnummer gefragt. Das Spiel des Flirtens wird online anhand neuer Aspekte gespielt: Bin ich im Gespräch attraktiv/ interessant genug, damit mir die E-Mail-Adresse genannt wird? Bin ich vertrauenswürdig genug für die Bekanntgabe der Telefonnummer? Habe ich mich gut genug dargestellt, um Interesse an einem Treffen zu wecken?

Der spielerische Charakter des Chattens, der im folgenden Kapitel noch ausführlich thematisiert wird, drückt sich auch in anderen Aspekten der Selbstdarstellung aus. Ein wichtiger Grund für die Berliner Jugendlichen bestand in der Möglichkeit, in der Online-Kommunikation ganz anders als sonst sein zu können. So benutzt auch nur eine kleine Minderheit ihren echten Namen im Chat; hingegen nehmen - wie auch unter erwachsenen Chattern und Chatterinnen üblich - fast alle Befragten einen bzw. mehrere Phantasienamen (meist „Nickname" oder nur „Nick" genannt) an. Die unterschiedlich sorgfältig gewählten Namen dienen unter anderem der Wiedererkennung, denn die Hälfte der Chatterinnen und Chatter besucht regelmäßig denselben von ihr bevorzugten Chat-Raum. Webchats werden dabei im Vergleich zu anderen Chat-Systemen favorisiert.[4]

In der von Fix durchgeführten Umfrage waren die sozial motivierten Chatter diejenigen, die signifikant häufiger feste Nicks und mehr Chat-Bekanntschaften hatten. Nur eine kleine Nutzergruppe von 10,8 Prozent, welche entsprechend auch häufiger den Nick wechselte, war an dem Ausprobieren unterschiedlicher Aspekte ihrer Persönlichkeit interessiert. Damit ist nicht gleich eine komplette virtuelle Identität, die im Gegensatz zu der offline gelebten Identität steht, gemeint (s.u.). Es wird eher versucht, die eigene Attraktivität durch die Selbstdarstellung zu erhöhen. Schofield Clark teilt diese Einschätzung: „Teen girls are using the Net to actively construct what they believe is a more socially acceptable version of themselves." (ebd.:168) Die konstruierte virtuelle Selbstdarstellung beginnt mit der Wahl des Nicks und wird letztendlich vervollkommnet durch die Art und Weise, wie man sich im Chat sprachlich äußert (Orthmann 2001). Authentische Selbstdarstellung steht deshalb für die Jugendlichen nicht automatisch im Vordergrund, ein

---

4   Einen guten Einblick in Chat-Systeme sowie einen Überblick über populäre Chat-Räume für Kinder gibt Gieger (2000).

wesentlicher Aspekt des Spaß-Faktors beim Chatten bleibt das „mysteriöse Element" (Schofield Clark 1999).

3.4. Fluchen bzw. Grenzen testen

Neben dem sozial motivierten Plaudern und der Suche nach geeigneten Flirtpartnern und Flirtpartnerinnen zeigt sich noch ein anderer Aspekt als reizvoll für Kinder und Jugendliche: das spielerische Austesten von Grenzen. Die „konsequenzfreie Kommunikationszone" (Kallmeyer 2000), die Chat-Räume mehr oder weniger bieten, ermöglicht jedoch nur eingeschränkt unkonventionelle Verhaltensweisen. So gibt es weiterhin verschiedene technische Möglichkeiten, das Verhalten eines Chatters zu kontrollieren. Dabei sind die Auswirkungen selbstverständlich nicht mit Sanktionen im „realen" Leben zu vergleichen, sondern beziehen sich meist nur auf die Möglichkeiten der Teilhabe an den Chats. Nur in Ausnahmefällen – wie strafrechtlich relevanten Verstößen – werden Schritte gegen die Personen unternommen. Ein Chatter, der gegen die im jeweiligen Chat üblichen Regeln verstößt, kann u.a. verwarnt werden oder kurzfristig bzw. dauerhaft aus dem Chat ausgeschlossen werden.[5] Diese Konsequenzen amüsieren viele Jugendlichen, und sie kennen Mittel und Wege, sich umgehend wieder einzuloggen. Das Ärgern anderer Chatter und Chaterinnen durch Fluchen und Beleidigen anderer Personen sowie die Lenkung der Aufmerksamkeit auf sich (z.B. durch das Überfluten eines Chat-Raums mit Mitteilungen, auch „Flooden" genannt) übt einen nicht zu unterschätzenden Reiz aus. Der im Rahmen des Forschungsprojekts interviewte 16-Jährige John berichtet zu seinem Verhalten im Chat:

„Man kann aber auch einfach reingehen und, keine Ahnung, die Sau rauslassen. Also, das haben wir öfter gemacht, weil es kann dir ja keiner was. (...) Und dann die letzten paar Mal war es eigentlich nur noch so, dass wir die Leute nur noch verarscht haben, die da drin waren. Weil dann gab's irgendwie auch so 'ne Chat-Räume, da waren irgendwelche Senioren drin oder so. Die haben sich dann gewundert, was da für Pöbler drin waren."
(Interview mit John: 3)
Stellvertretend für die zahllosen ‚kreativen' Beschimpfungen und Schlagabtausche, die sich sowohl in unmoderierten als auch leider in einigen moderierten

---

5 Eine ausführlichere Behandlung von Sanktionen innerhalb von Chats, die neben negativen Methoden ebenso positive Reaktionen (wie beispielsweise Zuwendung oder Amtsübertragung) beinhalten können, findet sich bei Döring (2001).

Kinder- und Jugendchats finden lassen, soll ein Auszug aus dem Gespräch zwischen zwei jugendlichen Chattern dienen:

„Maverrick (Thu 16:37):	Deine Mutter ist ein Homosexuellerschwanzloserimpotenterschwanzlutschenderdreckigernuttenbefruchtenderbastert
Alien2000 (Thu 16:37):	du schweinepriester
Alien2000 (Thu 16:37):	DU STINKER
Maverrick (Thu 16:37):	selber"

(www.europachat.org, Raum „Entrée", 12.10.00).

Jugendchats sind eine hervorragende Datenquelle für Malediktologen[6]. Leider gibt es bisher so gut wie keine psychologischen Beiträge zur Schimpfwortkunde (vgl. Huber 1996). Ob das Fluchen nun im Allgemeinen dazu dient, das psychophysiologische Gleichgewicht zu bewahren, es einen kathartischen Effekt besitzt oder pathologische Persönlichkeitsmerkmale offenbart, muss erst noch geklärt werden.

Für Jugendliche ist das Schimpfen in Chat-Räumen ein idealer Bereich, in dem sie Kreativität üben und gleichzeitig ihre Wirkung testen können. Schlagfertigkeit ist hier ebenso gefragt wie Ideenreichtum. Dies lässt sich in moderierten Chats mit der Gelegenheit verbinden, auch die ‚Grenzen' des Moderators zu testen.

Auf den Modellen des Psychoanalytikers Erikson basierende Arbeiten zur Identitätsentwicklung gehen von der Existenz der Phase eines „Moratoriums" aus: Einer Zeit, in der Jugendliche auf dem Wege ihrer Identitätsbildung einen Freiraum erhalten, innerhalb dessen sie unter minderem Druck möglicher Konsequenzen frei experimentieren können. „Es ist eine Periode, die durch selektives Gewährenlassen seitens der Gesellschaft und durch provokative Verspieltheit seitens der Jugend gekennzeichnet ist (...). Jede Gesellschaft und jede Kultur institutionalisiert ein gewisses Moratorium für die Mehrheit ihrer jungen Leute." (Erikson 1980: 161) Während das Moratorium zu früheren Zeiten meist mit der Zeit der Wanderschaft oder später mit der Zeit im College zusammenfiel, hat das Moratorium der Adoleszenz heutzutage laut Turkle (1998) in der allgemeinen Kultur keinen Platz mehr und verlagert sich deshalb in virtuelle Gemeinschaften. In der virtuellen Welt können Dinge spielerisch ausgetestet werden, was einen Teil ihres „Lockreizes" ausmacht.[7] Als Nachfolger des Spiels der Kindheit ist laut Erikson speziell die

---

6   Als bekanntestes Werk der Malediktologie kann Reinhold Amans „Maledicta" angesehen werden, in der er Schimpfwörter aus aller Welt sammelt. URL: http://www.sonic.net/maledicta/index.html

7   Turkle ist allerdings nur bedingt zuzustimmen. Beispielsweise gilt in einigen Ländern die Karnevalszeit ebenfalls als eine Phase, in der ‚Narrenfreiheit' und damit ein minderer Druck möglicher Konsequenzen herrscht. Die Karnevalszeit ist jedoch nicht ausschließlich für die Jugend reserviert, sondern bietet speziell auch der breiten Bevölkerung die Gelegenheit zum Austoben. In einigen

spielerische Komponente für die Jugendlichen von Bedeutung: So „fordert und erlaubt die Ichentwicklung des Jugendlichen ein spielerisches, wenn auch verwegenes Experimentieren in Phantasie und Introspektion." (ebd.: 168) Die Anonymität im Chat ermöglicht ihnen hierbei eine weite Bandbreite an spielerischen Handlungsmöglichkeiten.

4. Selbstdarstellung

Die Selbstdarstellung im Chat macht den wesentlichen Reiz des Spiels aus. Mit der Wahl des Namens beginnt schon die Möglichkeit, sich ganz anders als sonst geben zu können und seine kommunikative Absicht bekanntzugeben. Bechar-Israeli (1995) schreibt entsprechend, dass die Funktion der „Nicks" vor allem in der Ankündigung der Bereitschaft des Chatters/ der Chatterin zum Spielen liege. „Der Name löst bei anderen immer schon bestimmte Erwartungen hinsichtlich der Identität des Sprechers aus, auch wenn diese in der Regel kaum konkret benennbar sind." (Bahl 1997: 86) Es unterliegt bis zu einem gewissen Grad der eigenen Kontrolle, welchen ersten Eindruck man bei seinen Gesprächspartnern und Gesprächspartnerinnen hinterlassen möchte. Solange der Name noch nicht vergeben ist, kann man sich mit einer vom Chat-System abhängigen Beschränkung der Länge des Namens ein Pseudonym aussuchen. Die Wahl eines Nicks kann ganz spontan oder nach reiflicher Überlegung gefällt werden. Nur wenige befragte Kinder und Jugendliche benutzen ihren echten Namen, die meisten denken sich einen anderen Namen aus. Während sich dieser bei einigen noch an den eigenen Namen anlehnt, suchen sich andere Phantasienamen aus. Diese werden von einigen Kindern und Jugendlichen in Abhängigkeit von der eigenen Stimmung spontan gewechselt: Mal wird eine Comicfigur als Vorbild für einen Nicknamen genutzt (z.B. „sailormoon", „Queletubbie"), ein anderes Mal sucht man sich einen Namen aus, der sich auf den Wohnort, das Geschlecht oder andere Aspekte bezieht (z.B. „Berliner17", „süssgirl", „geheimagent").

„Nicknames are the key to making contacts and friends. This study has shown that although it is extremely easy to change one's nick constantly, in fact people rarely do so. Most people prefer the option of making friends via a stable nick to that of exploiting the medium for identity games." (Bechar-Israeli 1995: 23)

Kreisen wird (meist zum Verdruss der Bevölkerung des Urlaubslandes) zusätzlich die Urlaubszeit als Moratorium (miss-) verstanden.

Die Bedeutung des Pseudonyms ist auch den Berliner Kindern und Jugendlichen bewusst. Manche chatten regelmäßig unter demselben Pseudonym und konstruieren so eine stabile *virtuelle Identität*. Diese muss nicht zwangsläufig von der personalen und sozialen Identität außerhalb des Chats abweichen. Es sollte betont werden, dass der Aufbau einer neuen, stabilen virtuellen Online-Identität viel Energie und Zeit kostet, und sie von daher nur selten zu erwarten ist. Die Verpflichtung, sich konsequent mit der konstruierten Identität zu präsentieren, ist zeitaufwendig und dadurch auch kostspielig. Im Rahmen des durchgeführten Projekts gaben es zwar einige Teilnehmerinnen und Teilnehmer zu, aus Spaß zeitweilig andere getäuscht zu haben. Eine Selbstmaskierung, wie sie in der Fachliteratur oft beschrieben wird (vgl. Opaschowski 1999), fand bei der untersuchten Altersgruppe nicht statt. Experimente, in denen unsere Chatter sich als Vertreter des anderen Geschlechts ausgaben, und somit sich am so genannten gender switching bzw. gender swapping beteiligt hätten, waren selten. Die Vermutung, dass nicht nur Erwachsene, sondern ebenso Kinder und Jugendliche gerne die Vor- und Nachteile des anderen Geschlechts online ausprobieren, konnte nicht bestätigt werden. Die Chance, sich durch einen Geschlechtertausch besser in das andere Geschlecht hineinversetzen zu können, wurde ebenfalls von den von Fix (2001) befragten Jugendlichen selten genutzt. Rund drei Viertel der Mädchen und Jungen wählten Nicknamen, die ihrem wahren Geschlecht entsprachen. Die Reaktionen auf andersgeschlechtliche Namen, Phantasienamen oder auch auf extremere Namen wie „geilerER" (vgl. Döring 2001) oder „Geiletussi" bieten zwar theoretisch über die Reaktionen im Chat die Chance zur Reflexion des gesellschaftlichen Norm- und Wertesystems, empirisch zeigen die Ergebnisse jedoch ein anderes Bild. Erstaunlich ist auch, dass nur etwa 15 Prozent ihr Geschlecht mit einem neutralen Nick maskierten. Die Mehrheit der Befragten gab an, offen und ehrlich beim Chatten zu sein. Obgleich das Thema „Identität im Internet" in der Öffentlichkeit meist im Spannungsfeld zwischen der als positiv bewerteten Konstruktion weiterer Identitäten (im Sinne der Erschaffung multipler Selbste) und der negativ bewerteten absichtlichen Täuschung behandelt wird, darf nicht vernachlässigt werden, dass es sich bei den meisten diesbezüglich zitierten Studien nicht um Chatter und Chaterinnen, sondern um MUD-Spieler und -Spielerinnen handelt. Döring (2001a) weist zu Recht darauf hin, dass man bei der Diskussion um die Selbstdarstellung im Netz neben dem zugrunde liegenden Menschenbild und den betrachteten Netzdiensten immer auch die sozialen Nutzungskontexte beachten muss: „So sind Pauschalaussagen über spielerische und experimentelle Identitätskonstruktionen „beim Chatten" unsinnig, solange nicht spezifiziert wird, wer in welchem sozialen Arrangement und mit welcher Zielsetzung beim Chatten aufeinander trifft." (ebd.: 209) Für diejenigen Kinder und

Jugendlichen, die zu ihrer üblichen Alltagspraxis alternative Handlungen im Chat ausprobieren und die Reaktionen der Kommunikationspartner und -partnerinnen auf diese bewerten, kann die Chat-Kommunikation ihren Teil zur Identitätsentwicklung beitragen. Dazu kann auch der spielerische Umgang mit dem gewählten Nick gehören.

Die virtuelle Selbstdarstellung vollzieht sich in mehreren Schritten: Als erstes wird ein mehr oder weniger aussagekräftiger Nickname gewählt, anschließend werden eventuell in einem Profil weitere Informationen zur Person und deren Interessen eingegeben oder ein Avatar[8] zusammengestellt, und letztlich wird ein passender Chat-Raum gesucht. Mit der Wahl des Chat-Raums wird die Selbstdarstellung ein letztes Mal beeinflusst, *bevor* ein Chatter/ eine Chatterin sich im Chat durch das Betreten des Raumes und einer ersten Äußerung überhaupt präsentiert. Die Wahl des Chat-Raums beeinflusst die Selbstdarstellung dadurch, dass sie meistens die Intention des Chatters/ der Chatterin bzw. sein/ ihr „Motiv" zu chatten verrät: Wer sich in einen Chat-Raum zum Thema „Computerspiele" begibt, sucht beispielsweise selten einen Flirtpartner. Wer die Grenzen des Chats oder der anwesenden Chatter austesten will, besucht vorzugsweise volle Chat-Räume. Sieht man von den Fällen ab, in denen das Verstoßen gegen Regeln im Vordergrund der Chat-Intention steht, verrät die Wahl des Raumes den Anwesenden, dass es sich bei dem Neuankömmling höchstwahrscheinlich um jemand mit den gleichen Intentionen oder Interessen handelt.

Im Chat-Raum angekommen, wird die eigene Persönlichkeit auf verschiedene Art und Weise gestaltet. Die wichtigste Rolle spielt selbstverständlich das kommunikative Verhalten. Die Umgangsformen, die Inhalte und nicht zuletzt auch die sprachlichen Ausdrucksweisen sind dafür relevant. Daneben ist ebenfalls die technische Kompetenz bedeutsam: schnell tippen können, mitlesen/-schreiben können, spezifische Befehle oder Sonderfunktionen des Chats einsetzen können und eventuell das so genannte Multi-Tasking beherrschen. Diese Aspekte formen die virtuelle Identität eines Chatters/ einer Chatterin mit aus. Nicht vergessen werden sollte der Einsatz von Sprachmitteln, die mittlerweile als spezifisch für die computervermittelte Kommunikation angesehen werden wie Emoticons (:-( ), Akronyme (wie z.B. CU) und das Einklammern von Wörtern in Asterisken (z.B. *knuddelganzdoll*). Die Bedeutung der chat-spezifischen Sprachmittel wird schnell im Chat-Prozess gelernt und der individuelle Einsatz dieser Mittel ist Bestandteil der virtuellen Identität. Viele meinen, anhand des Kommunikationsstils ihnen

---

8 Der Begriff Avatar stammt aus dem Sanskrit und bezeichnet die Erscheinung, die die hinduistische Gottheit auf der Erde annimmt. In so genannten Grafik- oder Avatar-Chats kann man sich mittels grafischer Figuren bzw. virtueller Abbilder in den virtuellen Welten bewegen.

bekannte Chatter und Chatterinnen trotz anderer Nicks erkennen zu können. In unserer Studie stellte sich heraus, dass auch Kinder und Jugendliche mit den Besonderheiten der Chat-Kommunikation vertraut sind und ebenso wie Erwachsene Emoticons oder Wörter (meist Verbstämme von Aktionswörtern) in Asterisken einsetzen. Einzelne jugendliche Chatterinnen und Chatter benutzen ebenfalls Akronyme wie „lol" (die Abkürzung für den englischen Begriff „laughing out loud") oder „hdl" (Abkürzung für „hab dich lieb"). Es ist zu vermuten, dass der Einsatz derartiger Sprachformen mit der Intensität und Häufigkeit des Chattens in Zusammenhang steht. Ein chat-sprachlich „kompetenter" Chatter/ eine „kompetente" Chatterin hat die Möglichkeit, sich gezielter darzustellen als jemand, dem diese Kommunikationsform weniger vertraut ist und der sich demzufolge stark an den sonstigen schriftsprachlichen Umgangsformen orientiert und damit letztlich im Chat viel Zeit braucht, um sich auszudrücken.

5. Fazit

Jugendliche suchen im Gegensatz zu vielen Erwachsenen weniger das vertiefte Gespräch, sondern wollen sich vor allem schnell amüsieren – Spaß haben. Dazu eignet sich die Kommunikation im Chat ideal: Die in unserer Studie von Jugendlichen bevorzugten Tätigkeiten im Chat bestanden aus Flirten und dem Testen von Grenzen (welches häufig in Form von Fluchen stattfand). Fürs Flirten benötigt man eine möglichst positive und attraktive Selbstdarstellung im Chat und beim Grenzen-Testen kann man sich genau entgegengesetzt verhalten. Beide Tätigkeiten sind entsprechend eng mit dem Faszinosum des Chattens – dem Reiz, sich vor dem Hintergrund der Anonymität eine beliebige bzw. beliebig veränderte Identität zu erschaffen – verbunden. Die Chat-Kommunikation ergänzt hier die reale Lebenswelt der Jugendlichen um einen zusätzlichen Handlungsraum, der unterstützend genützt werden kann, um den Übergang ins Erwachsenenalter zu gestalten.

Literatur

Bahl, Anke (1997): Zwischen On- und Offline. Identität und Selbstdarstellung im Internet. München: KoPäd Verlag

Bechar-Israeli, Haya (1995): FROM <Bonehead> TO <cLoNeHEAd>. NICKNAMES, PLAY, AND IDENTITY ON INTERNET RELAY CHAT. Journal of computer-mediated communication 1995/ 1 (2). URL: http://www.-ascusc.org/jcmc/vol1/issue2/bechar.html (14.12.00)

Beißwenger, Michael (Hrsg.) (2001): Chat-Kommunikation. Sprache, Interaktion, Sozialität & Identität in synchroner computervermittelter Kommunikation. Perspektiven auf ein interdisziplinäres Forschungsfeld. Stuttgart: ibidem

Binzegger, Lilli (2000): Meganett im Internett. Am Netz fasziniert Kids vor allem die Möglichkeit zum Chatten. NZZ Folio - Die Zeitschrift der neuen Züricher Zeitung 2/2000. URL: http://www-x.nzz.ch/folio/archiv/2000/02/articles/binzegger.html (16.10.00)

Boehnke, Klaus/ Döring, Nicola (Hrsg.) (2001): Neue Medien im Alltag. Die Vielfalt individueller Nutzungsweisen. Lengerich: Pabst Science Publishers

Döring, Nicola (2001): Belohnungen und Bestrafungen im Netz: Verhaltenskontrolle in Chat-Foren. In: Gruppendynamik und Organisation 32. 2: 109-143

Döring, Nicola (2001a): Selbstdarstellung mit dem Computer. In: Boehnke, Klaus/ Döring, Nicola (2001): 196-234

Erikson, Erik H. (1980): Jugend und Krise. Die Psychodynamik im sozialen Wandel. Stuttgart: Klett-Cotta

Feierabend, Sabine/ Klingler, Walter (1998): Jugend, Information und (Multi-) Media. Eine Bestandsaufnahme und Trends 1998. In: Rundfunk & Fernsehen, 46 (4). 1998: 480-497

Feierabend, Sabine/ Klingler, Walter (2000): Jugend, Information, (Multi-)Media 2000. Ergebnisse der JIM Studie zum Medienumgang Zwölf- bis 19-Jähriger. In: Media Perspektiven 11/2000: 517-527

Feierabend, Sabine/ Klingler, Walter (2002): Medien- und Themeninteressen Jugendlicher. Ergebnisse der JIM-Studie 2001 zum Medienumgang Zwölf- bis 19-Jähriger. In: Media Perspektiven 1/2002: 9-21

Fix, Tina (2001): Generation@ im Chat. Hintergrund und explorative Motivstudie zur jugendlichen Netzkommunikation. München: Kopäd Verlag

Gieger, Christoph (2000): Chatrooms für Kinder. Recherche und Analyse der Angebote. URL: http://www.dji.de/www-kinderseiten/chats.html (18.7.00)

Groner, Rudolf/ Dubi, Miriam (Hrsg.) (2001): Das Internet und die Schule. Bisherige Erfahrungen und Perspektiven für die Zukunft. Bern: Hans Huber Verlag

Hahn, André/ Jerusalem, Matthias (im Druck): Internetsucht: Jugendliche gefangen im Netz. Preprint. URL: http://psilab.educat.hu-berlin.de/hahn/ internetsucht_preprint.pdf (11.9.02). Erscheint in: Raithel, Jürgen (Hrsg.): Risikoverhaltensweisen Jugendlicher. Erklärungen, Formen und Prävention. Opladen: Leske+Budrich

Herlyn, Gerrit (2001): Mediale Mythenbildung und Aneignungserfahrungen einer alltäglichen Kommunikationstechnik. In: kommunikation@gesellschaft 2. 2001. Beitrag 2. URL: http://www.uni-frankfurt.de/fb03/K.G/B2_2001_Herlyn.pdf

Huber, Andreas (1996): Die hohe Schule des richtigen Schimpfens. Psychologie Heute 23. 11: 28-29

Jones, Steven (Hrsg.) (1999): Cybersociety 2.0. Revisiting computer-mediated com munication and community. Thousand Oaks: Sage

Kallmeyer, Werner (2000): Sprache und neue Medien. Zum Diskussionsstand und zu einigen Schlussfolgerungen. In: ders. (Hrsg.) (2000): Sprache und neue Medien. Berlin: de Gruyter: 292–315

Netbridge (2000): n-gen. Studie zur Nutzung neuer Medien durch Wiener Jugendliche. URL: http://www.netbridge.at/ppt/Studie.pdf (25.01.01)

Opaschowski, Horst W. (1999): Generation @. Die Medienrevolution entlässt ihre Kinder. Leben im Informationszeitalter. Hamburg: British-American Tobacco GmbH

Orthmann, Claudia/ Issing, Ludwig (2001): Kinder, Jugendliche und Internetkompetenz. In: Groner, Rudolf/ Dubi, Miriam (2001): 47-60

Orthmann, Claudia (2001): Kinder und Jugendliche auf der Suche nach Gesprächspartnern. „Wer will chatten?" In: Beißwenger, Michael (Hrsg.) (2001): Chat-Kommunikation. Sprache, Interaktion, Sozialität & Identität in synchroner computervermittelter Kommunikation. Perspektiven auf ein interdisziplinäres Forschungsfeld. Stuttgart: ibidem: 279-304

Ten Have, Paul (2000): Computer-mediated chat. Ways of finding chat partners. In: M/C: A Journal of Media and culture 3. 4/ 2000. URL: http://www.apinetwork. com/mc/0008/partners.html_(19.9.00)

Schofield Clark, Lynn (1999): Dating on the Net. Teens and the Rise of „pure" Relationships. In: Jones, Steven (Hrsg.) (1999): Cybersociety 2.0. Revisiting computer-mediated communication and community. Thousand Oaks: Sage: 159-183

Turkle, Sherry (1998): Leben im Netz. Identität in Zeiten des Internet. Reinbek: Rowohlt

Young, Kimberly S. (1999): Caught in the Net. Suchtgefahr Internet. München: Kösel Verlag

Mehr als nur ein Telefon. Jugendliche, das Handy und SMS

Joachim R. Höflich und Julian Gebhardt

1. Einführung

Medien sind selbstverständlicher Teil der Alltagswelt Jugendlicher. Dazu gehören nicht nur die Massenmedien, sondern auch und gerade Medien der Telekommunikation. In den letzten Jahren hat sich ein Medium besonders rasant entwickelt: das mobile Telefon – oder auch kurz „Handy" genannt. Knapp drei Viertel der Jugendlichen (hier wurden die 12-19-Jährigen befragt) verfügen über ein solches Medium, das damit, nach einer HiFi- bzw. Stereoanlage mit CD-Player zum zweithäufigsten Medium noch vor dem eigenen Fernseher und Computer geworden ist (vgl. Feierabend/ Klingler 2002: 12). Wie wichtig dieses Medium für die Jugendlichen ist, zeigt sich auch darin, dass es nach dem Fernsehen und dem Fernsehprogramm eines der häufigsten Themen liefert, über die gesprochen wird. Das Handy ist indessen *mehr als nur ein Telefon.* Und in der Tat zeigt sich dies gerade bei den jugendlichen Nutzern, denn es wird von ihnen weniger zum Telefonieren als vielmehr zum Versenden von Kurznachrichten verwendet. Diese Möglichkeit bietet der Short Message Service, allerdings mit der (zumindest bislang so gegebenen) Restriktion, dass nur bis zu 160 Zeichen gesendet oder empfangen werden können.

2. Jugendliche und SMS. Zum Stand der Forschung

Der Short Message Service ist relativ schnell zu einem Gegenstand der Forschung geworden. Besonders die Tatsache, dass es die Jugendlichen sind, die das Handy für sich entdeckt und hier wiederum vor allem den Short Message Service zu *ihrem* Medium gemacht haben, brachte es mit sich, dass sich die Forschung gerade dieser Nutzergruppe zugewandt hat. Allein schon als Gruppe früher Übernehmer und Übernehmerinnen gebührte ihnen eine diesbezügliche Aufmerksamkeit. Vor dem Hintergrund, dass die Welt der Jugendlichen eine Medienwelt ist, stellt sich des Weiteren die Frage, wie Medien der Telekommunikation im Allgemeinen und das Handy im Besonderen in den Alltag der Jugendlichen eingebaut werden.

Schließlich gibt es ein ausgeprägt kommerzielles Interesse. Die Jugendlichen sind nicht nur die Einnahmequellen von heute, sondern erst recht die „Kunden" von morgen. Die wird man dringend brauchen, denn die extrem hohen Ausgaben für die UMTS-Lizenzen müssen ja irgendwie wieder verdient werden. Allein mit dem Telefonieren wird sich das nicht bewerkstelligen lassen. Vielmehr wird es darum gehen, wie darüber hinausgehende Angebote akzeptiert werden; zumal die Jugendlichen schon jetzt mehr machen als nur zu telefonieren, wirft man einen begehrlichen Blick auf sie.

Finnland gilt als das Eldorado der Mobilkommunikation und damit als Vorreiter einer „Wireless Information Society" (vgl. Kasvio 2000). Zumindest gehört Finnland zu den Ländern mit der höchsten Anzahl von Mobiltelefonen pro Kopf der Bevölkerung (Puro 2002: 19). Es gibt kaum Jugendliche, die nicht über ein Handy verfügen – und der Short Message Service wiederum steht in der Gunst ganz vorne. Schon sehr früh konnte sich die Forschung diesem Phänomen zuwenden. Eine der ersten Studien zur Nutzung des Short Message Service stammt unseres Wissens in der Tat aus Finnland. Im Oktober 1999 führte Timo Kopomaa in Helsinki mit 21 Jugendlichen im Alter zwischen 15 und 18 Jahren qualitative Interviews durch (vgl. Kopomaa 2000: 60 ff.). Die Studie hat einen explorativen Charakter, doch liefert sie bereits Erkenntnisse, die jene weiterer Untersuchungen zum Teil schon vorwegnehmen. Timo Kopomaa, der die Ergebnisse in seinem Buch „The City in Your Pocket" zusammengefasst hat, stellt beispielsweise fest, dass es bei solchen Kurzbotschaften vor allem darum geht, Treffen auszumachen, neueste Nachrichten auszutauschen, Informationen weiterzuleiten, andere an etwas zu erinnern oder Freunde danach zu fragen, was sie vorhätten. SMS-Botschaften seien, so Kopomaa, eine Alternative zum Telefonat und sie würden gerade dann bevorzugt, wenn ein solches Telefongespräch nicht möglich sei, denn: „Text messaging allows the maintenance of social contacts in an unobtrusive way." (Kopomaa 2000: 65) Insbesondere wird der private Charakter betont, der eine SMS-Botschaft von einem in die Öffentlichkeit hineingetragenen Privatgespräch via Mobiltelefon unterscheide. Schließlich stelle der Austausch von Textnachrichten eine „Sphäre der Freiheit" (77) dar, die außerhalb der Kontrolle der Eltern oder Lehrerinnen liege.

Das Nutzungsverhalten Jugendlicher stand auch im Vordergrund eines vom Information Society Research Center (INSOC) an der Universität Tampere durchgeführten Projekts, in dessen Rahmen im Zeitraum von 1997 bis 2000 knapp 1000 Kinder, Jugendliche und Erwachsene aus ganz Finnland befragt wurden (vgl. Rautiainen/ Kasesniemi 2000; Kasesniemi/ Rautiainen 2002a/ 2000b). Im Frühjahr des Jahres 1998 hat sich dabei ein Wandel angezeigt: Statt über Telefonate oder das Austauschen von Handyschalen zu sprechen, haben die Teenager hervorgehoben, wie wichtig für sie Textnachrichten seien, was nicht zuletzt auch dadurch unterstrichen worden sei, dass die Anzahl der Textnachrichten die der Telefonate überflügelt hätte. Hervorzuheben ist hierbei die kollektive Dimension der SMS-Nutzung, die sich im Zeitablauf immer mehr über eine dialogische Kommunikation hinaus ausbildete. SMS-Botschaften werden nicht nur zwischen zwei Kommunikationspartnern ausgetauscht, sondern als Kettenmails an viele verschickt. Darüber hinaus zeigt sich so etwas wie ein „Cyrano-de-Bergerac-Phänomen": Ein Freund oder eine Freundin, die sich als SMS-Virtuosen ausgewiesen haben, helfen bei Vermittlungsnotlagen, insbesondere dann, wenn es darum geht, Gefühle mitzuteilen.

Eine vergleichbar rasante Verbreitung des Mobiltelefons wie in Finnland gab es auch in Norwegen. Auch hier werden schon seit geraumer Zeit Studien zum Mobiltelefon durchgeführt, die insbesondere mit Telenor R&D, Norwegens größtem Forschungsinstitut auf dem Gebiet der Informations- und Kommunikationstechnologien, und mit dem Namen Rich Ling verbunden sind. Auch für Norwegen gilt, dass der Short Message Service eine Domäne der Jugendlichen ist, wobei sich daraus, wie Ling zeigt, das mobile Telefonieren gewissermaßen erst entwickelt. Das führt schließlich dazu, dass solche Textnachrichten für über 40-Jährige kaum noch eine Rolle spielen (vgl. Ling 2001a/ 2001b). Klar zeigt sich auch hier eine geschlechtsspezifische Prägung des Nutzungsverhaltens schon darin, dass Mädchen jüngeren und mittleren Alters mehr SMS-Nachrichten versenden als Jungs (vgl. auch Ling 1998 sowie Skog 2002). Besonders hebt Ling den (vor-) sozialisatorischen Einfluss auf adoleszente Mädchen hervor, indem auch und gerade über dieses Medium die Rolle zur Aufrechterhaltung sozialer Kontakte bzw. Netzwerke vermittelt werde. Mit Blick auf die Funktionalitäten des Mobiltelefons unterscheiden Ling und Yttri (2002) zwischen einer „Mikro- und Hyperkoordinierung". Die Mikrokoordinierung verweist auf die instrumentelle Funktion, so wie sie insbesondere bei der Terminierung von Treffen zum Ausdruck kommt. Die Hyperkoordinierung wiederum geht darüber hinaus und hat zwei Dimensionen: Zum einen bezieht sie sich auf den expressiven Gebrauch des mobilen Telefons, zum anderen auf die In-Group-Kommunikation und auf angemessene Formen der Selbstpräsentation. Die Kommunikation Jugendlicher via Handy zeichnet sich nun nicht allein durch eine instrumentelle (aufgabenbezogene) aus, sondern durch die sozioemotionale, kommunikative Nutzung im Sinne der Hyperkoordinierung. Hier reiht sich auch der SMS-Gebrauch ein. In diesem Sinne stellen Ling und Yttri (2002: 158) mitunter fest: „At a more abstract level, these expressive messages are confirmations of a relationship. It is a type of social interaction in which the sender and receiver share a common, though asynchronous, experience. Sending a message refreshes the contact between the two."

Der Short Message Service hat sich in modernen Industriegesellschaften als ein Medium der Jugendlichen etabliert, und es scheinen sich auch Nutzungsmuster ausgebildet zu haben, die sich über unterschiedliche kulturelle Zusammenhänge hinweg ähnlich gestalten. Auch in Japan zeigt sich mit Blick auf das Mobiltelefon die Bedeutsamkeit gerade sozio-emotionaler Bezüge. Solche Gemeinsamkeiten sind indessen nur die eine Seite der Medaille. Mediale Praktiken und so auch der Gebrauch des Handys respektive des Short Message Service sind kulturell eingebunden. Und gleichsam hat sich wiederum der Handygebrauch in die medialen Praktiken einer Kultur einzufügen. Wenn auch nicht explizit kulturvergleichend angelegt, verweist die Studie von Mizuko Ito (2001) in diese Richtung. Ito bezieht sich hierbei auf den Begriff der Machtgeometrie von Raum-Zeit-Verdichtungen.[1] Ihr Ziel ist es, nachzuzeichnen, wie japanische Jugendliche das mobile Telefon im Rahmen der bestehenden Machtgeometrie von Raum-Zeit-Verdichtungen verwenden und sich zugleich neue Zwänge damit schaffen (vgl. Ito 2001: 4). Sie weist darauf hin, dass die Zeit- und Raumstrukturen des Alltags japanischer Jugendlicher sehr stark durch die von Erwachsenen bestimmten Strukturen im häuslichen und schulischen Bereich geprägt seien. Der private Raum sei sehr eingegrenzt. Sozialkontakte mit Peers fänden (schon mit Blick auf japanische Wohnverhältnisse) außerhäusig statt; es sei nicht üblich, dass die Jugendlichen ein eigenes (Festnetz-) Telefon in ihrem Zimmer hätten. Hier schaffe das Mobiltelefon Freiräume: Es müsse nicht mehr die Barriere eines als Familienmedium verstandenen häuslichen Telefons überwunden werden, um mit einem Freund oder einer Freundin in Kontakt treten zu können, erst recht, wenn dies zu einer nächtlich fortgeschrittenen Stunde geschähe. SMS-Botschaften könnten wiederum dazu dienen, um die momentanen Kommunikationsumstände zu klären, so z.B. um nachzufragen, ob der gewünschte Kommunikationspartner wach sei und man ihn anrufen könne.

Die erste kommunikationswissenschaftliche Studie im deutschen Sprachraum zur Nutzung des Short Message Service durch Jugendliche wurde im Juli 2000 auf der Basis einer Befragung von 204 Handybesitzern und -besitzerinnen im Alter zwischen 14 und 18 Jahren durchgeführt (vgl. Höflich/ Rössler 2001). Diese Studie ist explorativ, da sie sich einem Phänomen widmet, das zur Zeit der Untersuchung recht neu war und bei dem zumindest damals noch nicht absehbar war, dass es sich

---

1 Diesbezüglich greift sie auf Doreen Massey zurück, die festhält, dass „different social groups are placed in very distinct ways in relation to late modern flows of media, people, and capital. This point concerns not merely the issue of who moves and who doesn't, although that is an important element of it; it is also about power in relation to the flows and the movement. Different social groups have distinct relationships to this anyway differentiated mobility: some are more in charge of it than others; some initiate flows and movement, others don't; some are more in the receiving end of it than others; some are effectively imprisoned by it." (Massey 1993: 61)

so rasant zu einem Massenphänomen entwickeln würde. Die Studie hat insofern einen ausdrücklich kommunikationswissenschaftlichen Charakter, da sie sich auf den (zunächst) vor allem in der Massenkommunikationsforschung beheimateten Uses- and Gratifications-Ansatz bezieht, dem zufolge die Nutzerinnen und Nutzer als (inter-)aktiv begriffen werden. Entsprechend lautet die Frage nicht, was die Medien mit den Menschen, sondern was die Menschen mit den Medien machen. SMS-Botschaften dienen im Rahmen dieser Studie vor allem dazu, um sich zu verabreden, um sich nach dem Befinden der Freunde zu erkunden (Rückversicherung) oder das eigene Befinden mitzuteilen, um immer erreichbar zu sein oder um Kontakte zu erhalten, wobei Eltern und Verwandte, wie unschwer zu vermuten, als Kommunikationspartner und -partnerinnen die geringste Rolle spielen. SMS-Botschaften werden dabei nicht zuletzt als ein Ersatz für ein Telefongespräch gesehen, schon deshalb, weil davon ausgegangen wird, dass man damit preiswerter kommunizieren könne. Interessant ist, dass trotz der mit dem Medium verbundenen Mobilität als häufigster Ort, an dem SMS-Nachrichten geschrieben werden, das häusliche Umfeld angegeben wird und nicht etwa, wenn man unterwegs ist. Das legt nahe, dem Mythos des Mobilen gegenüber skeptisch zu sein und dafür stärker den besonderen Charakter des Handys als einem „persönlichen Medium" in den Vordergrund zu rücken.

Die Studie zielte auf die mit dem Short Message Service verbundenen „funktionalen Images". Damit sind, in Anlehnung an Flanagin und Metzger (2001a) wesentliche Eigenschaften und Gebrauchsweisen von Medien gemeint, die, als „collectively held notions of how a medium is used" (ebd.: 159), so die Autoren, zum einen Vorstellungen von möglichen medialen Alternativen widerspiegeln, d.h. ob mit anderen Medien ähnliche Bedürfnisse befriedigt werden. Zum anderen geht mit den Vorstellungen über die Funktionalitäten eines Mediums ein „normatives Image" einher. Damit ist gemeint, dass die Perzeptionen des Gebrauchs mit anderen geteilt und damit erwartbar werden. Anders gewendet: Die normative Seite verweist auf die Wirksamkeit gemeinsamer Regeln, konkret: „gemeinsamer Medienregeln", die besagen, welches Medium man zu welchem Zweck verwenden soll.

Die vorliegende Untersuchung knüpft daran an. Doch sie geht darüber hinaus, indem Momente der SMS-Nutzung vor dem Hintergrund der Medienverwendung Jugendlicher allgemein und der Verwendung von Medien schriftlicher Kommunikation (Brief, E-Mail) im Besonderen betrachtet werden (vgl. auch Höflich 2003). Nicht zuletzt sollte der Hinweis von Ling (2001a/ 2001b) nicht unbedacht bleiben, dass nämlich die Perspektive der Funktionalitäten des Mediums einen zentralen Punkt übersehe: Die Bedeutung des Mediums zur Selbstdefinition der Jugendlichen gegenüber älteren Generationen und damit deren Einfluss auf die Identitätsbildung.

3. Ziele und Methodik der Studie

Die folgende Darstellung bezieht sich auf die Ergebnisse von insgesamt 19 explorativen Gruppendiskussionen mit Jugendlichen, welche in der Zeit von Juni 2000 bis Januar 2001 im Rahmen eines umfassenden Projekts zum Wandel von Vermittlungskulturen durchgeführt wurden. Wenngleich hierbei die kommunikative Funktion des „klassischen" Briefes im Alltag unterschiedlicher sozialer Segmente im Vordergrund stand, wurde die Briefnutzung jedoch nicht isoliert, sondern im Verbund mit anderen medialen Alltagspraktiken – insbesondere mit solchen der schriftlich vermittelten Kommunikation (also: E-Mail und SMS) – untersucht.[2]

Entsprechend ging es auch bei der Durchführung und Auswertung der Gruppendiskussionen in erster Linie darum, die Medienverwendung Jugendlicher gerade unter Vielmedienbedingungen zu verorten sowie die auf unterschiedliche Medien bezogenen kollektiven Bedeutungszuschreibungen Jugendlicher zu rekonstruieren, wie sie im Rahmen gruppendynamischer Interaktions- und Diskursprozesse artikuliert werden.[3] Ausgehend von der These, dass die in bestimmten sozialen Gruppen und Milieus vorherrschenden Bewusstseins- und Verhaltensstrukturen eher in solchen Diskussionsgruppen zum Vorschein kommen, deren Mitglieder sich durch eine gewisse Homogenität hinsichtlich solcher Merkmale, wie Bekanntheit, Bildung, Beruf, Status, Alter und Geschlecht auszeichnen (vgl. Mangold 1967: 233 ff.), erschien es sinnvoll, bereits bestehende informelle Kommunikationsgruppen zu befragen. Ziel war es, zwar insgesamt ein heterogenes Spektrum unterschiedlicher Gruppen zu erreichen, die jeweiligen Diskussionsrunden dabei aber eher homogen zusammenzusetzen. Auf diese Weise sollte ein Kommunikationsklima geschaffen werden, in dem die Explikation tiefer liegender Meinungen, Einstellungen und Verhaltensmotive so wenig wie möglich gehemmt und durch die informellen Mechanismen sogar gefördert wird. Wir entschieden uns dafür, solche Gruppen im Wesentlichen an Schulen aufzusuchen und uns dabei auf die Befragung so

---

2   Zu den Teilstudien vgl. Höflich (2003).

3   Im Vordergrund der Überlegungen stand hierbei die „methodologische Bedeutung von Interaktions-, Diskurs- und Gruppenprozessen für die Konstitution von Meinungen, Orientierungs- und Bedeutungsmustern in einem zugrunde liegenden theoretischen Modell (...)." (Bohnsack 1999: 123)

genannter Peer-Groups zu konzentrieren:[4] Vier Gruppen wurden an einem Erfurter Gymnasium befragt, das sich vor allem durch eine gute Computerausstattung auszeichnete. Neun weitere Diskussionsrunden fanden an einem Augsburger Berufsschulzentrum statt, deren Schüler und Schülerinnen sowohl aus der Stadt Augsburg als auch aus deren Umland kamen. Gerade an diesem Berufsschulzentrum bot sich die Möglichkeit, ein besonders breites Spektrum jugendlicher Gruppen anzusprechen. Die einzelnen Diskussionsrunden bestanden sowohl aus Jugendlichen ohne Hauptschulabschluss und Lehre, aus Auszubildenden aus dem Bereich der Holz- und Metallverarbeitung sowie aus Schülern und Schülerinnen einer Berufsfachschule. Hinzugenommen wurden ferner drei studentische Gruppen, deren Mitglieder an der Universität Erfurt im ersten Fachsemester Kommunikationswissenschaft eingeschrieben waren sowie drei weitere, frei zusammengestellte Diskus-sionsrunden. Hierbei handelte es sich um eine Gruppe von Besucherinnen und Besuchern eines Erfurter Jugendhauses, eine Gruppe von Mitgliedern des LetterNet-Clubs der Deutschen Post AG sowie eine Gruppe von Konfirmandinnen und Konfirmanden.

Die einzelnen Diskussionsrunden bestanden in der Regel aus 6 bis 8 Teilnehmern und Teilnehmerinnen, die (bis auf wenige Ausnahmen) vierzehn bis achtzehn Jahre alt waren. Etwa zwei Drittel der befragten Jugendlichen waren männlichen Geschlechts, lebten in einem Vier-Personen-Haushalt und stammten aus einer Gemeinde mit 100.000 bis 500.000 Einwohnern. Im Durchschnitt verfügten die Jugendlichen über eine monatliche Summe von 250 bis 500 DM, wobei gut ein Drittel der Teilnehmer bzw. Teilnehmerinnen weniger als 100 DM im Monat zur Verfügung hatte. Weit über drei Viertel der Befragten waren im Besitz eines Handys (zumeist über einen „Pre-Paid-Kartenvertrag" finanziert) und hatte Zugriff auf einen Personal Computer, wobei davon nur knapp die Hälfte zusätzlich mit einem Internetzugang ausgerüstet war.

Wenngleich die Heterogenität der Gruppen zum Teil sehr unterschiedliche Strategien erforderlich machten, um das Gespräch in Gang zu bringen, hielt sich die Diskussionsleitung (in der Regel waren immer zwei Mitglieder des Forschungsteams während der Diskussionsrunden präsent) weitgehend zurück und gab nur von Fall zu Fall Gesprächsimpulse vor oder stellte klärende Fragen.[5] Wie bereits

---

4 Dahinter steht die aus der Jugendsoziologie bekannte Annahme, dass solche Gruppen Gleichaltriger als derjenige soziale Ort anzusehen ist, „an dem genuin jugendliche Orientierungen innerhalb und in Auseinandersetzung mit der Gesellschaft zur Entfaltung und zur Artikulation gelangen." (Bohnsack 1989: 10)

5 Der hierbei verwendete Interviewleitfaden gliederte sich in verschiedene Themenblöcke, die sich jeweils auf die mit unterschiedlichen Medien (insbesondere: Brief, E-Mail und SMS) verknüpften Handlungspraktiken bezogen. Beispielsweise wurde danach gefragt, welche Nutzungsmotive,

angemerkt, ging es bei den Gesprächen nicht allein um den Gebrauch eines einzelnen Mediums, sondern um die Verquickung unterschiedlicher medialer Handlungspraktiken. Je nach Zusammensetzung der einzelnen Gruppen sowie der jeweils vorherrschenden (medialen) Interessen, wurden dabei einzelne Medien durchaus unterschiedlich stark thematisiert. Während sich gewisse Gruppen nahezu ausschließlich mit dem Handy und dem Short Message Service (tendenziell die Gruppen des Berufsschulzentrums) auseinandersetzten, beschäftigten sich andere Diskussionsrunden intensiv mit dem Brief (z.B. die Gruppe des LetterNet-Clubs, aber auch einige der gymnasialen und studentischen Gruppen).

Die Interviews dauerten zwischen 30 und 180 Minuten, wobei die Zeit bei den Schülern und Schülerinnen ohne Hauptschulabschluss am kürzesten und bei den studentischen Gruppen am längsten war. Alle Diskussionen wurden elektronisch aufgezeichnet und wörtlich transkribiert. Die Auswertung der Gesprächsprotokolle erfolgte unter Zuhilfenahme von MAXqda (VERBI-Software) – eine Software zur Analyse qualitativer Daten – und orientierte sich in ihrem Ablauf sowohl an der von Mayring (1988) beschriebenen „interpretativ-reduktiven" als auch an der von Bohnsack (1999) formulierten „interpretativ-rekonstruktiven" Methodik, wie sie etwa in der „qualitativen Inhaltsanalyse" und der „dokumentarischen Interpretation" verfolgt werden.

4. Zur Aneignung des Short Message Service (SMS) durch Jugendliche. Einige empirische Befunde

4.1. Das Handy als eigenes „persönliches Medium"

Der Gebrauch von Handy und SMS ist für die meisten Jugendlichen inzwischen zu einem selbstverständlichen Teil ihres (kommunikativen) Alltags geworden. Dabei stellt das Handy für sie jedoch nicht einfach nur eine weitere Kommunikationstechnologie dar, sondern wird von ihnen vielmehr als ein integraler Bestandteil eines freien und unabhängigen Lebens und mehr noch als ein wesentlicher Teil

---

Einstellungen und Emotionen mit verschiedenen Medien verbunden sind, welche Personen mit welchen Medien kontaktiert werden, wie bestimmte Medien eingeschätzt werden (z.B. hinsichtlich Glaubwürdigkeit, Aufdringlichkeit, Zuverlässigkeit) und wie die über unterschiedliche Medien vermittelten Botschaften inhaltlich und formal gestaltet werden. Zusätzlich dazu wurden aber insbesondere auch Fragen hinsichtlich der Bedeutung verschiedener Medien innerhalb der Familie, der Schule und des Freundeskreises gestellt. Im Anschluss an jede Diskussionsrunde wurde überdies ein standardisierter Kurzfragebogen ausgeteilt, mit dem soziodemographische Daten der Teilnehmer und Teilnehmerinnen sowie einige Angaben über deren Medienverhalten abgefragt wurden.

ihres Selbst begriffen. Hervorzuheben ist in diesem Zusammenhang die mitunter äußerst starke emotionale Bindung, welche viele der befragten Jugendlichen zu ihrem Handy aufgebaut haben – eine Bindung, die weit über den bloßen Objektbezug hinauszugehen scheint. Auf diesen Aspekt verweisen etwa auch die Studien von Santiago Lorente (2001), der das Verhältnis zwischen Handy und dessen Besitzer resp. Besitzerin in Anlehnung an Martin Buber's Konzept der „dialogischen Existenz" menschlichen Daseins gar als eine „quasi-interpersonale", „Ich-Du-Beziehung" (Buber 1936) beschreibt: „If we finally agree to the fact that Cellular Telephony is the necessary interface to fulfill man's most profound desire of communicating, that is, of achiving primary, community-type relations, in the context of our present-day macro-villages, then we may conclude that our relationship with the Cellular Phone is becoming an intimate one, a relationship that we cherish with affection, and that eventually we are gradually building a sort of an I-Thou relationship with it." (Lorente 2001: 14) So ist es denn auch kaum verwunderlich, dass ein Handy in den Augen Jugendlicher heute einfach dazu gehört und für sie auf diese Weise gleichsam zu einem Identitätsmarker wird, mit dem sie das Selbstbild einer jungen und flexiblen Generation sowohl nach innen – im Sinne einer kollektiven Selbstbestätigung – als auch nach außen und in Abgrenzung zu anderen Generationen kommunizieren (vgl. z.B. Ling 2001; Skog 2002; Kasesniemi/ Rautiainen 2002a). Dies gilt insbesondere in Bezug auf jüngere Altersklassen, da Kinder schließlich nicht wie sie selbst ständig „auf Achse" oder „unterwegs" seien und dies auch nicht sein sollten:[6]

Bernd:	Wenn ich in der Stadt vorbei schaue und sehe wie so Zehnjährige mit dem Handy einfach so wild herum telefonieren, da denk ich mir, wenn sie schon ein Handy haben, dann sollten sie sich nicht unbedingt das teuerste raus suchen. Da frag ich mich, wo die Eltern arbeiten. Ich meine, die sind ja auch nicht gerade stinkreich (...) Aber ein Zehnjähriger!
Torsten:	Der braucht ja nicht unbedingt ein Handy!
Bernd:	Der ist doch nicht unterwegs oder so.
Chris:	Der Bruder vom Axel hat auch ein Handy. Der geht auch alleine weg und zieht sich ganz normal an, so wie wir.
Bernd:	Ich hab mir es schon überlegt, ob ich unbedingt ein Handy brauche oder ob es nicht vielleicht auch überflüssig wäre. Früher, vor einem Jahr, habe ich gesagt, dass ich es nicht brauche. Da hatte ich noch ein

---

6   Die im Weiteren angeführten Zitate sind allesamt den Niederschriften der Gruppendiskussionen entnommen. Anzumerken ist, dass es hier nicht um ‚statistische' bzw. auf einer repräsentativen empirischen Basis beruhende Aussagen über Nutzungshäufigkeiten oder -motive geht, sondern um die Bedeutung, welche unterschiedliche Medien für Jugendliche aus deren Sicht besitzen.

SCALL. Das war aber nach einiger Zeit ziemlich umständlich, weil die Batterien immer so schnell leer gegangen sind. Da hab ich mir überlegt, dass es besser wäre, sich doch ein Handy zuzulegen. Wenn ich raus gehe und unterwegs bin, dann ist es schon praktisch. Aber für einen Zehnjährigen ist das irgendwie übertrieben. (Gruppendiskussion Nr. 7, Berufsschüler)

Wie bereits angedeutet, versuchen sich Jugendliche mit dem Handy jedoch nicht nur von jüngeren Altersklassen abzusetzen, sondern in gewisser Weise auch von der elterlichen Generation (vgl. hierzu auch: Ito 2001), was insbesondere für den Short Message Service – eine Kommunikationsform, die von anderen weder eingesehen noch mitgehört werden kann – gilt. Über ein eigenes Medium zu verfügen, mit dessen Hilfe man unabhängig vom häuslichen Telefon und damit auch der elterlichen Kontrolle mit Freundinnen oder dem Partner kommunizieren kann, stellt für Jugendliche in dieser Hinsicht also ein bedeutsames Mittel dar, um sich gegenüber der Elterngeneration zu emanzipieren und dadurch gleichsam einen weiteren Schritt in Richtung eines eigenen und von den Eltern unabhängigeren Lebens zu gehen.[7]

Für das Handy als „eigenes" und „persönliches" Medium spricht indessen auch der Umstand, dass die meisten der befragten Jugendlichen das Handy und vor allem den Short Message Service nahezu ausschließlich für die Kommunikation mit der eigenen Peergroup, jedoch nur selten zur Kontaktaufnahme mit den Eltern oder den Verwandten nutzen, was sich nicht zuletzt damit erklären lässt, dass die Elterngeneration aus der Sicht vieler Jugendlicher zumeist gar nicht erst über dieses Medium erreichbar ist – sei dies aufgrund mangelnder Ausstattung, fehlender Medienkompetenzen oder inkompatibler Nutzungsgewohnheiten. Wenngleich diese Einschätzung sicherlich verzerrt ist – laut einer Online-Studie von TNS EMNID (2001) nutzen inzwischen immerhin schon 50% der handybesitzenden Internet-Nutzerinnen und -nutzer über 30 Jahre den SMS-Dienst –, so kommt darin doch zum Ausdruck, wie eng Jugendliche den Short Message Service mit ihrer eigenen Generation in Verbindung bringen.

---

7   Obwohl einige Studien aufzeigen, dass das Handy von den Eltern auf der anderen Seite gerade auch dazu benutzt werden kann, die Kontrolle über die eigenen Kinder zu erhöhen (vgl. z.B. Logemann/ Feldhaus 2002; Haddon 2000), machten die hier befragten Jugendlichen im Gegensatz dazu deutlich, dass ihre Handynutzung weitgehend unabhängig und losgelöst von den Eltern erfolge. Dass das Phänomen des „remote mothering" (Rakow/ Navaro 1993) für die hier teilnehmenden Jugendlichen offenbar bedeutungslos ist, kann sicherlich auf das relativ hohe Durchschnittsalter (16,7 Jahre) der Diskussionsteilnehmer/innen zurückgeführt werden. Zur Ambivalenz von Kontrolle und Freiheit vgl. Green 2002.

4.2. Funktionalitäten der SMS-Kommunikation

Wie auch andere Studien aufzeigten, nutzen Jugendliche das Handy weniger um zu telefonieren, sondern vielmehr um Kurznachrichten (SMS) zu senden und zu empfangen, auch wenn dies wiederum eher in Anlehnung an die funktionalen Images des Telefons geschieht (vgl. z.B. Höflich/ Rössler 2001; Döring 2002; Höflich 2003): zur gegenseitigen Rückversicherung, zur Pflege bestehender privater Kontakte sowie zur Organisation des Alltags. Der SMS-Dienst – und dies in erster Linie in Abgrenzung zum Telefon – ist dabei vor allem deshalb so beliebt, weil er es ermöglicht, dem anderen etwas mitzuteilen ohne diesen bei seinen momentanen Aktivitäten zu stören und dadurch als aufdringlich wahrgenommen zu werden – ein Nutzungsmotiv, das sich beispielsweise auch in der von Kopomaa (2000) durchgeführten Studie als äußerst dominant erwies:

Interviewer: Zu welchem Zweck benutzt man eine SMS?

Markus: Wahrscheinlich sind 80% nur Sprüche. Ansonsten aber auch viel für Verabredungen. Das ist halt bequem, weil man dem anderen schnell was mitteilen kann.

Jörg: Ja, auch ohne den anderen zu stören. Man schickt die SMS und wenn der andere beschäftigt ist, kann der sie sich fünf Minuten später auch noch anschauen. (Gruppendiskussion Nr.11, Berufsfachschule)

Dabei sind solche interaktionsstrategischen Kalküle durchaus eng mit der SMS-Nutzung verbunden, denn wie die Jugendlichen berichteten, nutzen sie den Short Message Service häufig dann, wenn sie zwar bestimmte kommunikative Anliegen mitteilen möchten, dabei aber nicht gewillt sind, sich „persönlich" dem Kommunikationsgeschehen auszusetzen – ein Motiv, das beispielsweise auch in der Chat-Kommunikation von herausragender Bedeutung ist (vgl. dazu: Höflich/ Gebhardt 2001):

Interviewer: Beim Handy geht es augenscheinlich in erster Linie um SMS. Zu welchem Zweck nutzt ihr SMS? Worum geht es da hauptsächlich?

Michael: Um nicht anrufen zu müssen und trotzdem mit den Leuten reden zu können. (Gruppendiskussion Nr. 5, Berufsschüler)

Es zeigte sich, dass die Möglichkeit, mit anderen im Verborgenen kommunizieren zu können, als einer der wesentlichen Vorteile des Short Message Service gegenüber anderen Medien – etwa dem Telefon, aber auch dem persönlichen Face-to-Face-Gespräch – angesehen wird. Gerade schüchternen Jugendlichen scheint der SMS-Dienst auf diese Weise zum Beispiel die Kontaktaufnahme zum anderen Geschlecht enorm zu erleichtern (vgl. auch Kasesniemi/ Rautiainen 2002):

Interviewer: Flirtet ihr auch per SMS?

Christian: Ja klar, denn da schreibt man Sachen, die man sich am Telefon so nicht zu sagen traut.

Nicole: Ja, das macht man schon.

Stefan: Wenn man die Telefonnummer herausbekommt, dann macht man das schon per SMS, denn da traut man sich nicht gleich anzurufen. (Gruppendiskussion Nr. 3, Berufsschüler)

In diesem Zusammenhang verwiesen die befragten Jugendlichen noch auf einen weiteren und in ihren Augen wichtigen Vorteil der Handykommunikation: Die Möglichkeit, den gewünschten Gesprächspartner/ die gewünschte Gesprächspartnerin direkt und ohne Einbezug der Eltern sowie den damit verbundenen sozialen Normierungen (z.B. das Einhalten bestimmter Tages- und Nachtzeiten) – wie das früher und beim häuslichen Telefon der Fall war – zu erreichen (vgl. auch: Kopomaa 2000; Ling/ Yttri 2002) – auch dies ein Hinweis, der die besonderen Qualitäten eines „persönlichen Mediums" herausstreicht (vgl. Höflich 2001):

Interviewer: Ist das Handy eine Flirt-Maschine?

Andrea: Ein bisschen schon. Wenn man jetzt zum Beispiel jemanden kennen lernt oder so, da schreibt man sich ja auch ab und zu mal.

Carsten: Aber es ist über das Handy auch viel leichter jemandem etwas zu sagen. Man sagt es ja nicht genau ins Gesicht, sondern über das Handy.

Interviewer: Meinst du jetzt per Telefon oder per SMS?

Carsten: Mit einer SMS ist es einfacher.

Bernd: Es ist überhaupt leichter mit dem Handy (...) Früher hast du die Nummer von zu Hause gekriegt, aber da wolltest du ja auch nicht hundertmal anrufen. Und heute gibt man halt die Nummer ins Handy ein und erreicht dann gleich den, den man haben will. (Gruppendiskussion Nr. 4, Berufsschüler)

Obwohl die Möglichkeit, für andere immer erreichbar zu sein, von den befragten Jugendlichen als ein zentrales Motiv für den Erwerb eines Handys genannt wurde, so betonten sie zugleich immer wieder, dass diese Freiheit auch mit gewissen Zwängen verbunden ist: nämlich dem Zwang immer erreichbar sein zu müssen. Und wie in den Diskussionsrunden ausgiebig dargelegt wurde, kommt zu dieser individuell empfundenen Aufdringlichkeit auch noch das Moment der öffentlichen Aufdringlichkeit hinzu, was in vielen Situationen gar als öffentliche Belästigung wahrgenommen wird (vgl. hierzu auch Ling 2002):

Jörg: Wenn dich jemand durch das Handy kontrollieren möchte, die Eltern oder die Freundin und dir so richtig Terror machen, dann ist das schon richtig nervig (...). Dauernd piept das Ding. Ich habe es dann aber immer ausgeschaltet, um meine Ruhe zu haben.

Hans: Ich habe zum Beispiel mal mit meiner Freundin ausgemacht, dass sie mich von der Baustelle abholt (...) Sie sollte mich um halb sechs anrufen. Viertel nach Fünf stehe ich also auf der Baustelle, mein Chef gerade neben mir, ich hatte das Handy in der Tasche und dann klingelte es. Da habe ich gleich aufgelegt, weil ich dachte, die wird schon merken, dass da irgendetwas ist (...) Zehn Mal hat sie angerufen und ich immer wieder aufgelegt, bis mein Chef dann sagte, dass ich das Handy doch endlich ausmachen soll. Also so was ist dann schon richtig peinlich.

Alex: Es ist auch peinlich in der Werkstatt als Lehrling, wenn der Chef kommt und sieht, dass ich telefoniere. Der denkt doch, ich spinne. (Gruppendiskussion Nr. 6, Berufsschüler)

Wenngleich das Handy und mit ihm der Short Message Service also zahlreiche neue kommunikative Möglichkeiten offeriert, die von den Jugendlichen mitunter äußerst kreativ in ihren Alltag eingebaut werden (vgl. dazu v.a. Kasesnemi/ Rautiainen 2002), so verweist gerade der zuletzt genannte Aspekt darauf, dass dieser Aneignungsprozess nicht beliebig, sondern immer auch im Rahmen bereits vorstrukturierter Gebrauchsweisen und damit verbundener sozialer Normierungen erfolgt. Diesbezüglich sind wir auf ein herausragendes Merkmal gestoßen, nämlich das der Reziprozitätsnorm (vgl. Höflich 2003).

4.3. Reziprozitätsnormen

Reziprozität gilt im Rahmen interpersonaler Austauschbeziehungen als eine soziale und kommunikative Grundkategorie und bezeichnet das in sozialen Beziehungen wirksam werdende Prinzip der möglichst weitgehenden Ausgewogenheit von Leistung und Gegenleistung. Mortensen (1972: 264), der Reziprozität als ein generelles Kommunikationsprinzip versteht, umschreibt dies wie folgt: „(...) whatever A does, B is under social constraint to do much the same." Reziprozität hat dabei vor allem einen interaktionsstabilisierenden Einfluss – bleibt sie aus, dann wird Kommunikation einseitig und instabil. Einfach gesprochen bedeutet dies, und darauf verweisen auch die Ergebnisse unserer Studien: Wer viel kommuniziert, bekommt auch viele Rückantworten, wer viele SMS verschickt, bekommt auch viele – muss allerdings auch auf viele antworten. Die quantitative Seite stellt indessen nur eine

Facette dar, die sich überdies intermedial manifestiert: Wer viele SMS versendet, der schreibt auch eher viele E-Mails – und darüber hinaus auch eher Briefe.[8]

Wie die Auswertung der Diskussionsprotokolle ergab, beziehen sich die gegenseitigen Erwartungshaltungen bei medial vermittelten Kommunikationsprozessen sowohl auf den Zeitraum, innerhalb dessen eine Rückantwort erfolgen sollte, als auch hinsichtlich des Mediums, mit dem auf eine Botschaft zu antworten ist. Was die zeitliche Reziprozität betrifft, so kann in Bezug auf die SMS-Kommunikation festgehalten werden, dass hier in aller Regel eine möglichst zügige Rückantwort erwartet wird, was unter anderem damit erklärt werden kann, dass es im Zuge SMS vermittelter Kommunikationsprozesse häufig zu gesprächsähnlichen Dialogen kommt, die – ebenso wie face-to-face abgestützte Begegnungen auch – nicht nur durch einen schnellen Wechsel aufeinander bezogener Nachrichten gekennzeichnet sind, sondern solche unmittelbaren Rückbezüge nachgerade erfordern – insofern Irritationen bei den Gesprächspartnern und Gesprächspartnerinnen vermieden werden sollen (vgl. Goffman 1971: 40 f.). Zumal besonders in zeitlicher Hinsicht kann dies aber auch zu einem Zwang der Reziprozität werden, der sich dann in einem Druck zur sofortigen Rückantwort manifestiert:

Bernd: Bei der SMS ist es ja auch wieder dieses Suchtverhalten, jetzt muss ich
           wieder antworten und da antwortet der wieder und dann antworte ich
           wieder. Und dieses Hin und Her, das kann sich ja so richtig hochschau-
           keln. Bei der E-Mail, denke ich, kann das genauso passieren (…).
           (Gruppendiskussion Nr. 18, Studenten)

Wie den Aussagen der Diskussionsteilnehmer und -teilnehmerinnen zu entnehmen war, käme es zu solchen sich endlos in die Länge ziehenden Interaktionsspiralen aber vor allem auch deshalb, weil einer aktuell eingegangenen Botschaft häufig nicht entnommen werden könne, ob diese nun das Ende oder bereits die Wiederaufnahme einer abgelaufenen Interaktionssequenz markiere und damit verbunden, man sich häufig unsicher sei, ob und wann ein Dialog wieder abgebrochen werden könne, ohne dabei unhöflich zu wirken oder den Gesprächspartner oder -partnerin zu verletzen. Die Organisation eines SMS vermittelten Dialoges scheint also in manchen Fällen durchaus mit gewissen Schwierigkeiten, zumindest aber mit nicht unerheblichen finanziellen Kosten verbunden zu sein:

---

8 Diesbezüglich bestehen allerdings auch ausgeprägte geschlechtsspezifische Unterschiede, denn
   Mädchen schreiben nicht nur mehr, sondern auch längere SMS-Botschaften – was im Übrigen auch
   für E-Mails und Briefe gilt. Gerade was das Schreiben von Briefen anbelangt, so ergaben unsere
   Studien, scheint das Lesen von Büchern ein besonders guter Prädikator zu sein und, wie etwa den
   Ergebnissen der jüngst veröffentlichten PISA Studie entnommen werden kann, sind es auch die
   Mädchen, die in ihrer Freizeit weitaus häufiger als Jungen zu einem Buch greifen. (Deutsches Pisa-
   Konsortium 2001; vgl. auch Höflich 2002)

Daniel: Also SMS ist eher so eine Kette (...) da schreibt der eine zurück und
dann muss man darauf wieder antworten und dann schreibt der andere
wieder (...) das geht richtig ins Geld. Also einmal habe ich drei SMS hin-
tereinander losgeschickt, aber da hätte ich auch gleich anrufen können,
weil man ja viel besser reden kann am Telefon. Also bei SMS muss man
immer so viel fragen, dann hat man sich mal wieder verschrieben oder
der andere versteht irgendwas wieder nicht (...) also das ist schon sehr
umständlich (...) und natürlich auch sehr teuer. (Gruppendiskussion Nr.
13, Gymnasium)

Dies verweist zugleich aber auch darauf, dass sich im Falle des Short Message
Service – und ebenso in Bezug auf andere, neu hinzukommende Medien, z.B. die
E-Mail – (noch) keine allgemein verbindlichen Regeln für einen adäquaten Umgang
mit diesen herausgebildet haben; es mit anderen Worten also noch nicht immer
klar ist, wie und zu welchem Zweck ein jeweiliges Medium zu verwenden ist. Auch
was die mediale Seite der Reziprozität anbelangt, stößt man beim SMS-Dienst
(noch) auf solche Bedeutungsoffenheiten. So lässt sich zwar auch hier – wie im
Übrigen bei allen Formen medial vermittelter Kommunikation – eine Tendenz
dahingehend feststellen, dass die Kommunikation innerhalb des gleichen Mediums
verbleibt. Eine dem Brief vergleichbare und verbindliche Regelung – ein Brief ist
eben mit einem Brief zu beantworten – lässt sich dabei jedoch kaum erkennen.[9]
Mit Blick auf elektronische Medien scheint sich eine solche gegenseitige Erwar-
tungshaltung zumindest zu relativieren, womit gleichsam ein Wandel in der Gültig-
keit solcher Reziprozitätsnormen erkennbar wird. In der Tat kommt es in der
SMS-Kommunikation häufig zu überlappenden Praktiken und entsprechend wird
eine Kurzmitteilung dazu genutzt, um ein Telefonat oder ein persönliches Treffen
einzuleiten, um einen im Chat begonnenen Dialog fortzusetzen, um auf eine
abgesendete E-Mail-Nachricht aufmerksam zu machen oder auch um einen versäumten Brief anzumahnen. In diesem Sinne vermerkt bereits Kopomaa (2000: 74):
„Text messages are not always replied to with another text message. Often the
reply took the form of a voice call, especially when there were lots of things to say.
Or the topic otherwise demanded it."

---

9   In diesem Zusammenhang weist etwa auch eine Studie zur Zukunft des Briefes im digitalen Zeital-
    ter darauf hin, dass die traditionelle Briefpost eben immer noch mit vergleichsweise hohen „zere-
    moniellen" Anforderungen – insbesondere was die formale Gestaltung der Rückantworten anbe-
    langt – versehen ist (Harper u.a. (o.J.):14).

5. Schlussbemerkungen

Obwohl der SMS-Dienst als *das* Medium Jugendlicher angesehen werden kann und Jugendliche diese Kommunikationstechnologie bereits umfassend in ihren Alltag integriert haben, so verbinden sie mit dem Handy auch eine ganze Reihe negativer Aspekte. Zum einen zeigte sich, dass die Allgegenwart des Handys in der privaten wie auch der öffentlichen Sphäre mitunter als äußerst störend und nicht selten sogar als „Bedrohung" empfunden wird – insbesondere dann, wenn beispielsweise ein face-to-face abgestütztes Treffen mit Freunden durch die Handykommunikation derart überlagert wird, dass dem SMS-Partner bzw. -Partnerin mehr Aufmerksamkeit entgegengebracht wird als der eigentlich und unmittelbar anwesenden Person:

Berit: Also, wenn ich meine ganzen Freunde so anschaue, dann frage ich mich schon manchmal (…) Also meine beste Freundin zum Beispiel, die sitzt bei mir beim Kaffeetrinken und die ganze Zeit blinkt es. Mit der einen Hand raucht sie, mit der anderen mailt sie wieder irgendjemandem (...) also das finde ich schon ziemlich idiotisch und vor allem auch ganz schön unhöflich! (Gruppendiskussion Nr. 4, Berufsschüler)

Zum anderen, und hierauf verwiesen die befragten Jugendlichen immer wieder, werden die mit der Handykommunikation verbundenen Kosten als wesentlich zu hoch angesehen:

Interviewer: Welche Rolle spielt der SMS-Dienst bei euch?

Hans: Keine große.

Alex: Bei mir auch nicht.

Jörg: Ich finde das auch schlimm, wenn kleine Kinder, schon mit 14 oder 15 Jahren mit dem Handy ankommen und die ganze Zeit am tippen sind. Für mich ist das langsam extrem übertrieben. Es wird auch mit diesen ganzen Modellen total übertrieben. Es geht nur noch um Kommerz. Den Leuten ist es egal, was aus der Jugend wird. Die schauen nur noch auf das Geld.

Hans: Ich habe mal viele SMS verschickt, aber mittlerweile nicht mehr. Ehe ich irgendwie lange herumtippe, rufe ich lieber schnell an. SMS hat außerdem nur 160 Zeichen und bevor ich zwei oder drei SMS schreiben muss, um etwas zu erfahren, ist es billiger, einfach schnell anzurufen. (Gruppendiskussion Nr. 6, Berufsschulzentrum)

All diese Beispiele machen deutlich, dass Jugendliche eine durchaus reflektierte Haltung gegenüber ihrer Mediennutzung einnehmen und dabei sehr wohl in der Lage sind, kritisch mit dieser umzugehen – allemal sind sie preisbewusster als dies

Mobildienstleistern lieb ist (vgl. auch: Leppänen 2001). Dies wiederum gibt Grund zur Annahme, dass der Integrationsprozess einer neuen Kommunikationstechnologie keineswegs beliebig steuerbar oder beeinflussbar ist. Stattdessen hat man es bei den Jugendlichen mit einer zum Teil sehr ‚widerspenstigen' Nutzergruppe zu tun, die eben nicht auf alle Nutzungsofferten der Telekommunikationsindustrie einsteigt, sondern sich mitunter als äußerst resistent gegenüber wirtschaftlichen Interessen und daraus resultierenden Nutzungsformen erweist. Schmerzhaft musste dies zum Beispiel der finnische Mobildienstleister Sonera feststellen, der mit der „Zed-Card" hierzulande an der aufkommenden SMS-Euphorie teilhaben wollte. Im Angebot waren verschiedene Prepaid-Karten, über die die Jugendlichen eine Reihe von Informationen, sei es über Events, Konzerte, Sportereignisse bis hin zu Traumdeutungen und Horoskopen und noch vieles mehr hätten abrufen können. Auch Fernsehwerbespots halfen nichts: Das Angebot wurde nicht angenommen und verschwand sang- und klanglos vom Markt.

Literatur

Bohnsack, Ralf (1999): Rekonstruktive Sozialforschung: Einführung in die Methodologie und Praxis qualitativer Forschung. Opladen: Leske und Budrich

Bohnsack, Ralf (1989): Generation, Milieu und Geschlecht. Ergebnisse aus Gruppendiskussionen mit Jugendlichen. Opladen: Leske und Budrich

Buber, Martin (1936): Ich und Du. Berlin: Schocken

Deutsches Pisa-Konsortium (2001). PISA 2000: Basiskompetenzen von Schülerinnen und Schülern im internationalen Vergleich. Opladen: Leske + Budrich

Döring, Nicola (2002): „1x Brot, Wurst, 5 Sack Äpfel I.L.D." – Kommunikative Funktionen von Kurzmitteilungen (SMS). In: Zeitschrift für Medienpsychologie 3/2002. URL: http://www.nicola-doering.de/publications/sms-funktionen-doering-2002.pdf

Feierabend, Sabine/ Klingler, Walter (2002): Medien- und Themeninteressen Jugendlicher. Ergebnisse der JIM-Studie 2001 zum Medienumgang Zwölf- bis 19-Jähriger. In: Mediaperspektiven 1/ 2002: 9-21

Flanagrin, Andrew J./ Metzger, Miriam J. (2001): Internet use in the contemporary media environment. In: Human Communication Research 27: 69-93

Goffman, Erving (1971): Interaktionsrituale. Über Verhalten in direkter Kommunikation. Frankfurt a. Main: Suhrkamp

Goffman, Erving (1981): Strategische Interaktion. München: Carl Hanser

Green, Nicola (2002): Who's Watching Whom? Monitoring and and Accountability in Mobile Relations. In: Brown, Barry/ Green, Nicola/ Harper, Richard (Hrsg.): Wireless World. Social and Interactional Aspects of the Mobile Age. London u.a.: Springer: 32-45

Haddon, Lesslie (2000): The Social Consequences of Mobile Telephony. Framing Questions. Paper presented at the seminar „Sosiale Konsekvenser av Mobiltelefoni". Oslo

Harper, Richard u.a. (o.J.): The future of paper-mail in the digital age. An investigation into the affordances of paper-mail. Guildford: University of Surrey

Höflich, Joachim R. (2001): Das Handy als „persönliches Medium" – Zur Aneigung des Short Message Service (SMS) durch Jugendliche. In: kommunikation@gesellschaft, Beitrag 1, Jg. 2, 2001, Onlinepublikation: http://www.-uni-frankfurt.de/fb03/K.G/B1_2001_ Hoeflich.pdf

Höflich, Joachim/ Rössler, Patrick (2001): Mobile Schriftliche Kommunikation – oder: E-Mail für das Handy. Die Bedeutung elektronischer Kurznachrichten (Short Message Service) am Beispiel jugendlicher Handynutzer. In: Medien & Kommunikationswissenschaft 49: 437-461

Höflich, Joachim/ Gebhardt, Julian (2001): Der Computer als Kontakt- und Beziehungsmedium. Theoretische Verortung und explorative Erkundungen am Beispiel des Online-Chats. Medien & Kommunikationswissenschaft 49 (1): 24-43

Höflich, Jochim R. (2003): Vermittlungskulturen im Wandel: Brief – E-Mail – SMS. In: Höflich, Joachim R./ Gebhardt, Julian (Hrsg.): Vermittlungskulturen im Wandel. Brief – E-Mail – SMS. Berlin: Peter Lang (im Druck)

Ito, Mizuko (2001): Mobile Phones, Japanese Youth, and the Re-Placement of Social Contact. Paper Presented at the Annual Meeting for the Society for Social Studies. Boston

Kasesniemi, Eija-Liisa/ Rautiainen, Pirjo (2002a): Das Leben in 160 Zeichen. Zur SMS Kultur finnischer Jugendlicher. In: Höflich, Joachim R. (Hrsg.): Vermittlungskulturen im Wandel. Brief – E-Mail – SMS. Berlin 200: Peter Lang (im Druck)

Kasesniemi, Eija-Liisa/ Rautiainen, Pirjo (2002b): Mobile culture of children and teenagers in Finland. In: Katz, James E./ Aakhus, Mark A. (Hrsg.): Perpetual Contact. Mobile Communication, Private Talk, Public Performance. Cambridge: Cambridge University Press

Kasvio, Antti (2000): Towards a Wireless Information Society. The Case of Finland. Materials of Lectures Held in Autumn 2000. University of Tampere. URL: http://www.info.uta.fi/winsoc/lect/progr.html

Katz, James E./ Aakhus, Mark (Hrsg.): Perpetual Contact. Mobile communication, Private Talk, Public Performance. Cambridge: Cambridge University Press

Kopomaa, Timo (2000): The City in Your Pocket. Birth of the Mobile Information Society. Helsinki: Gaudeamus

Leppänen, Sanna (2001): Having a Glimpse at the Future. In: The Consumer Research Project. Case Study. Mobile Services and Young Consumers. Tampere, November: 23-32

Ling, Rich (1998): „We will be reached." The use of mobile telephony among Norwegian youth. Telenor R&D Report 16/98. URL: www.telenor.no/fou/prosjekter/Fremdtidens_Brukere/Artikler/Youth%20mobile.htm

Ling, Rich (2001a): Adolescent Girls and Young Adult Men. Two Sub-Cultures of the Mobile Telephone. Kjeller, Telenor Research and Development, R&D Report r34

Ling, Rich (2001b): The diffusion of mobile telephony among Norwegian teens. A report from after the revolution. Telenor Research and Development, R&D Report r11

Ling, Rich/ Yttri, Birgitte (2002): Hyper-coordination via mobile phones in Norway. In: Katz, James E./ Aakhus, Mark A. (Hrsg.): Perpetual Contact. Mobile Communication, Private Talk, Public Performance. Cambridge: Cambridge University Press: 139-169

Logemann, Niels/ Feldhaus, Michael (2002): Zwischen SMS und download. Erste Ergebnisse zur Untersuchung der neuen Medien Mobiltelefon und Internet in der Familie. In: kommunikation@gesellschaft, Beitrag 2, Jg. 3, 2002, Elektronische Publikation: http://www.uni-frankfurt.de/-/fb03/K.G/B2_2002_LogemannFeldhaus.pdf

Lorente, Santiago (2001): I-Thou. Me and the Cellular Phone. Paper submitted at the Conference „Maschines that Becomes Us", Rutger University, April 18-19, 2001: 1-19

Mangold, Werner (1967): Gruppendiskussion. In: König, René (Hrsg.): Handbuch der empirischen Sozialforschung. Band 2: Grundlegende Methoden und Techniken der empirischen Sozialforschung. Erster Teil. Stuttgart: Ferdinand Enke Verlag: 228-259

Massey, Doreen (1993): Power-Geometry and a Progressive Sense of Place. In: Jon Bird u.a. (Hrsg.): Mapping the Futures. Local Cultures, Global Change. New York: Routledge: 59-69

Mayring, Phillip (1988): Qualitative Inhaltsanalyse. Grundlagen und Techniken. Weinheim: Dt. Studien-Verlag

Mortensen, David C. (1972): Communication. The Study of Human Interaction. New York u.a.: McGraw-Hill

Puro, Jukka-Pekka (2002): Finland. A Mobile Culture. In: Katz, James E./ Aakhus, Mark A. (Hrsg.): Perpetual Contact. Mobile Communication, Private Talk, Public Performance. Cambridge: Cambridge University Press: 19-29

Rakow, Lana F./ Navarro, V. (1993): Remote Mothering and the Parallel Shift. Women meet the Cellular Telephone. In: Critical Studies in Mass Communication Vol. 10: 144-157

Rautiainen, Pirjo/ Kasesniemi, Eija-Liisa (2000): Mobile Communication of Children and Teenagers. Case Finland 1997-2000. In: Rich Ling/ Kristin Thrane (Hrsg): Sosiale konsekvenser av mobiltelefoni. proceedings fra et seminar om samfunn, barn og mobiltelefoni. Telenor FoU N 38/ 2000: 15-18

Skog, Berit (2002): Mobiles and the Norwegian teen. Identity, gender and class. In: Katz, James E./ Aakhus, Mark A. (Hrsg.): Perpetual Contact. Mobile Communication, Private Talk, Public Performance.Cambridge: Cambridge University Press: 255-273

TNS (Taylor Nelson Sofres) EMNID (2001): Deutsche Onliner sind SMS-Vielschreiber. Pressemitteilung, Hamburg, 2. Mai 2001. Erschienen als elektronische Publikation URL: http://www.emnid.tnsofres.com/presse/p-2001_05 _02.html

Jukebox Internet. Ein Beitrag zum Tauschverhalten und Rechtsbewusstsein studentischer MP3-NutzerInnen

Iris Eisenbürger und Waldemar Vogelgesang

1. Vorbemerkung

MP3[1] heißt das Phänomen, das seit einiger Zeit der internationalen Musikindustrie Kopfzerbrechen bereitet. Es steht ursächlich für die Entstehung eines „archaischen Tauschmarkts"[2] in modernen Zeiten und hat – in Verbindung mit den sinkenden Anschaffungskosten für CD-Brenner – die Musikbranche erheblich unter Druck gesetzt. Einerseits werden durch diese Entwicklung Umsatzverluste befürchtet, andererseits erhoffen Musikkonzerne, im Internet neue Distributionswege zu finden. Das Beispiel Napster hat gezeigt, wie schwer es für ein Unternehmen wie Bertelsmann ist, Urheberstreitigkeiten mit den Musikverlagen beizulegen, um ein kostenpflichtiges, aber legales Tauschforum einzurichten. Auch scheint es in Zukunft schwieriger für die Musikindustrie zu werden, junge KünstlerInnen und Nachwuchsbands durch Verträge an sich zu binden. Denn das Internet bietet nicht nur einen schnellen Weg, sich auf kostengünstige Art und Weise einen Musiktitel zu beschaffen, es ist auch eine Chance für unbekannte Gruppen, sich ohne Plattenvertrag einem breiten Publikum zu präsentieren.

Zweifelsohne hat die Einführung des MP3-Formats – und die damit einhergehende private Vervielfältigung von Musikstücken – den Musikmarkt verändert. Nach Schätzungen von Experten waren es bereits im Jahr 1999 mehr als 700.000 Webseiten, von denen täglich ca. 17 Millionen Musiktitel heruntergeladen wurden (Nolde 1999). Hochgerechnet auf das ganze Jahr sind dies rd. 6 Milliarden – eine

---

1 MP3 ist die Abkürzung für MPEG Layer 3 und steht für ein vom Fraunhofer Institut entwickeltes Verfahren zur Kompression von Musikdaten mit einem Faktor von 1:10 bis 1:12. Damit kann Musik bei einem nur sehr geringen Qualitätsverlust in kleinen Dateigrößen auf dem Computer gespeichert und über das Internet vertrieben werden.

2 Musik-Tauschbörsen im Internet sind ein relativ junges Phänomen. Sie werden im Prinzip auf zwei Arten organisiert: Der Datenaustausch erfolgt entweder über einen zentralen Server (z.B. Napster) oder dezentral über die Computer der einzelnen Tauschpartner. Bei dieser Form des Tauschens spricht man auch von Peer-to-Peer-Netzen (z.B. Gnutella).

Größenordnung, die viele bereits von einer globalen Form von Musik-Piraterie sprechen lässt. Diese weitreichenden und einschneidenden Wandlungen des Musikmarktes und des individuellen Musikkonsums wurden in Zusammenarbeit mit Studierenden im Rahmen des Forschungsseminars „MP3 – Musik aus dem Netz" an der Universität Trier zwischen dem SS 2001 und dem WS 2002/03 näher untersucht.[3] Dazu wurden in einer als Vollerhebung konzipierten Online-Befragung alle Studierenden der Universität Trier nach ihren allgemeinen Musikgewohnheiten sowie ihrer Einstellung und Nutzung von Musik aus dem Internet befragt. Des Weiteren wurden mit Experten (Branchenvertretern, Künstlern, Fanclubs) Tiefeninterviews zum Thema Netzkommunikation und -musik durchgeführt. Sie ergänzen den quantitativen Materialfundus und finden in verschriftlichter Form Eingang in die Ergebnisdarstellung. Aus der umfangreichen Fragestellung sollen folgende Aspekte näher betrachtet werden: die Auswirkungen auf den Musikmarkt, die Entwicklung der Tauschbörse Napster, das Tauschverhalten und das Rechtsbewusstsein der studentischen MP3-NutzerInnen sowie der Einfluss dieser neuen Möglichkeiten der Musikbeschaffung auf den Jugendkultursektor.

2. Der Musikmarkt. Umsatz- und Verkaufszahlen

Glaubt man den Branchenkennern, dann durchschreitet die Musikbranche derzeit eine Talsohle. Das Erklärungsspektrum hierfür ist vielfältig. Aus wirtschaftlicher Sicht prägen hohe Arbeitslosigkeit, wachsende Abgabenbelastung und Zukunftsängste das Kaufverhalten der KonsumentInnen. Nicht zu vernachlässigen ist jedoch auch die stetig wachsende Auswahl an anderen Entertainmentprodukten, die Einfluss auf die Absatzzahlen von Musik-CDs nehmen. Eine weitere – und für viele Experten die wichtigste – Ursache sind jedoch so genannte schädliche Klone, also originalgetreue Audio-Kopien, die in immer größerer Zahl durch die zunehmende Verbreitung von Brennern problemlos am eigenen PC hergestellt werden können.

Die Auswirkungen dieser neuen Form der Beschaffung und Vervielfältigung von digitalen Produkten haben auch auf dem Musikmarkt deutliche Spuren hinterlassen, denn die Umsätze der letzten Jahre waren sowohl national als auch international rückläufig. Dies belegt auch der Jahreswirtschaftsbericht des Bundesverbandes der Phonographischen Wirtschaft.

---

3   Weitere Informationen zum Projekt finden Sie unter http://www.waldemar-vogelgesang.de

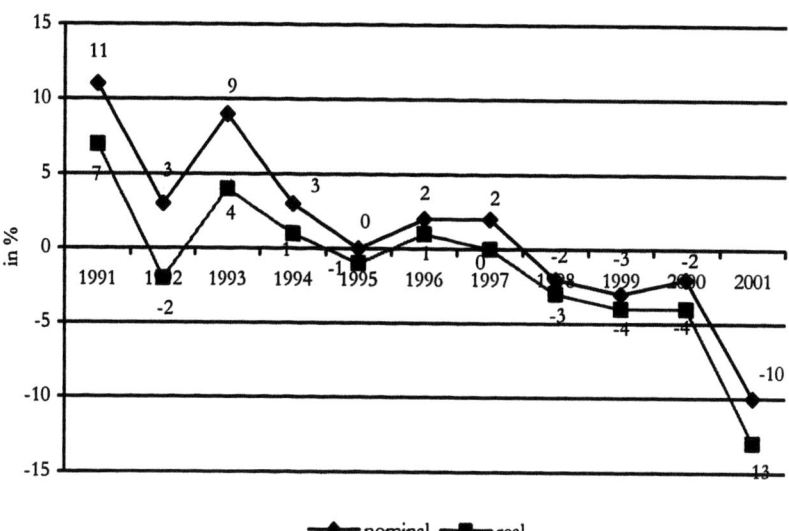

Abb. 1: Umsatzentwicklung des deutschen Tonträgermarktes (Angaben in Prozent);
(Bundesverband der Phonographischen Wirtschaft: Jahreswirtschaftsbericht 2001)

Berücksichtigt man nur die letzten Jahre, dann hatte allein der deutsche Tonträgermarkt einen Umsatzrückgang von 4,89 Milliarden DM (2,5 Milliarden Euro) im Jahr 1999 auf 4,78 Milliarden DM (2,44 Milliarden Euro) im Jahr 2000 zu verzeichnen. Dies entspricht einem Umsatzverlust von 2,2% bzw. einem um 10,2 Millionen Stück verminderten Tonträgerabsatz. Im Jahre 2001 erhöhte sich der Umsatzverlust sogar auf 10,2% gegenüber dem Vorjahr. Das bedeutet, dass der Umsatz von 4,78 Milliarden DM (2,49 Milliarden Euro) auf 4,38 Milliarden DM (2,24 Milliarden Euro) gesunken ist, bzw. dass sich der Absatz von 266 auf 244 Millionen Stück verringert hat. Entsprechend skeptisch äußerte sich der Vorsitzende der deutschen Phonoverbände auf der Jahrespressekonferenz 2002 zur Situation der Musikbranche:

„Im vergangenen Jahr haben die Mitgliedsunternehmen der deutschen Phonoverbände – und das sind 94% aller Hersteller – insgesamt 10,2% Umsatz verloren. Wer das zynisch für nicht so schlimm hält, sollte sich einfach nur vorstellen, was 10% Rückgang des eigenen Jahreseinkommens bedeuten. Die Musikwirtschaft ist in einer schwierigen Lage, weil die Rahmenbedingungen für ein funktionierendes Geschäftsmodell zur Zeit akut bedroht sind." (Gebhardt 2002: 2)

Doch nicht nur das Downloaden von Musikstücken bereitet der Musikindustrie Sorge, sondern auch die private Vervielfältigung und die damit verbundenen Lizenzverluste, die im Jahr 2000 in der Summe mehr als 1,45 Milliarden DM (750 Millionen Euro) betrugen. Nach Angaben des Bundesverbandes der deutschen Phonoindustrie kommen diese finanziellen Einbußen zum einen durch Privatkopien in Höhe von 800 Millionen DM (419 Millionen Euro), und zum anderen durch Musikpiraterie in der Größenordnung von 645 Millionen DM (331 Millionen Euro) zustande. In einer verbandsinternen Studie wurde das Spektrum der Musikpiraterie weiter aufgeschlüsselt und in drei Formen untergliedert: Schulhofpiraterie, Internetpiraterie und traditionelle Piraterie.

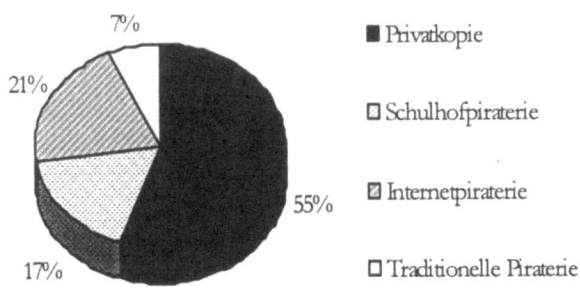

Abb. 2: Verluste der Musikwirtschaft durch Privatkopien und Musikpiraterie (Angaben in Prozent); (Bundesverband der Phonographischen Wirtschaft: Jahreswirtschaftsbericht 2000)

Unter Schulhofpiraterie versteht man das verbotene Verkaufen und Tauschen von selbst gebrannten CDs an Schulen und Freizeitorten. Das illegale Downloaden von Musikstücken aus dem Internet wird als Internetpiraterie bezeichnet. Unter traditioneller Piraterie wird die Vervielfältigung einer originalgetreuen Kopie eines Tonträgers verstanden, die in anderer Aufmachung wieder auf den Markt gebracht wird. Von den bereits zuvor genannten 648 Millionen DM (331 Millionen Euro) Umsatzverlust entfallen auf die Schulhofpiraterie 250 Millionen DM (128 Millionen Euro), auf die Internetpiraterie 300 Millionen DM (153 Millionen Euro) und auf die traditionelle Piraterie 98 Millionen DM (50 Millionen Euro).

Dass die Musikindustrie derzeit erheblich unter Formen marktunabhängiger Musikbeschaffung zu leiden hat, zeigt sich nicht zuletzt auch an der Entwicklung der Verkaufszahlen für bespielte und unbespielte CDs.

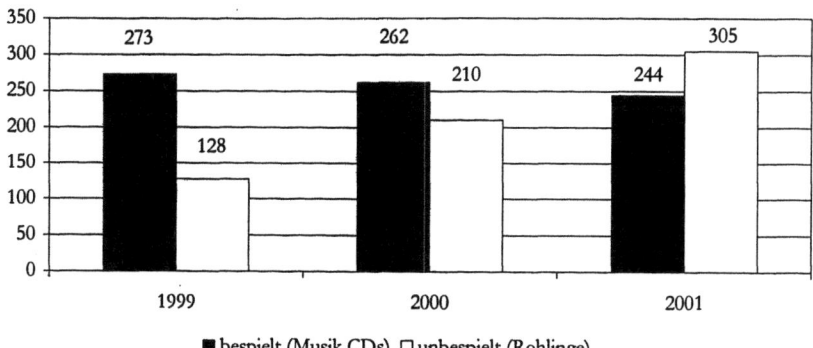

Abb. 3: Bespielte und unbespielte Tonträger – Absatzentwicklung im Vergleich (in Mio Stück); (Bundesverband der Phonographischen Wirtschaft: Jahreswirtschaftsbericht 2001)

Während die Verkaufszahlen von Audio-CDs in den letzten Jahren rückläufig sind, hat sich zwischen 1999 und 2001 der Absatz von unbespielten CDs, also von so genannten Rohlingen, fast verdreifacht (Gesellschaft für Konsumforschung 2001). Ihr Absatzvolumen übersteigt mittlerweile bei Weitem die Umsatzzahlen für bespielte CDs. Hinzu kommt, dass der Anteil von Rohlingen, auf die Musikstücke kopiert werden, ebenfalls zugenommen hat (1999: 58 Mio, 2000: 133 Mio, 2001: 182 Mio). Dies führte auch zu erheblichen steuerlichen Mindereinnahmen. In Zahlen beläuft sich die dem Staat allein durch Musikpiraterie entgangene Mehrwertsteuer auf 45 Millionen Euro, da es ein erheblicher Unterschied ist, ob 16% Mehrwertsteuer auf den Preis von 50 Cent für einen CD-Rohling oder auf ca. 18 Euro für eine bespielte CD anfallen. Ebenfalls in zweistelliger Millionenhöhe liegt die entgangene Mehrwertsteuer infolge des Absatzverlustes durch Privatkopien (Spiesecke 2002).

Dass dieser „musikbezogene Schattenmarkt" und die damit verbundenen Einnahmeverluste für Wirtschaft und Staat allerdings (auch künftig) schwer zu regulieren und zu kontrollieren sein werden, war in den Gesprächen mit Branchenexperten immer wieder zu hören. Deshalb setzen zunehmend mehr Musikfirmen nicht auf eine strikte Verbotspolitik, sondern sehen in MP3 eher eine Herausforderung, sich auf die Stärken des eigenen Produkts zu konzentrieren:

„Wer interessante Musik in guter Qualität produziert und in bester Qualität verkauft, hat immer einen Markt. MP3 ist gar nicht das Ding. Der Tod der CD wirft die wahren Fragen auf. Andere Datenträger mögen da einiges auffangen. Wir bezweifeln, dass der Handel über das Netz in MP3-Qualität ein Weg ist. (...) Erfolgreich kann nur bessere Qualität sein, als MP3 sie aufzuweisen hat." (R. Gleim, No Time Music)

3. Napster. Eine Tauschbörsenkarriere

Im Herbst 1999 schrieb Shawn Fanning, ein 19jähriger Student an der Bostoner Northeastern University, ein Programm, das zum ersten Mal ein MP3-Filesharing ermöglichte. Diese Software, mit deren Hilfe Musikdateien übers Internet im MP3-Format ausgetauscht werden konnten, wurde unter dem Namen Napster bekannt und machte den Online-Musiktausch sowohl äußerst einfach als auch in kürzester Zeit weltbekannt (Sanei 2002).

Jeder Computer konnte nach dem Downloaden und Installieren des entsprechenden Programms gleichzeitig die Funktionen des Anbieters und Nachfragers erfüllen. Das heißt, dass die auf den Festplatten angemeldeter UserInnen zum Tausch freigegebenen MP3-Dateien aufgelistet wurden und dieses Verzeichnis für alle Napster-BenutzerInnen zur Einsicht zur Verfügung stand. Das Suchfenster des Client-Programms erlaubt nach der einfachen Titel- bzw. Interpretensuche innerhalb der Liste ein direktes Abrufen der gefundenen Dateien (incl. Datenübertragungsgeschwindigkeit) vom Computer des jeweiligen Inhabers. Dabei funktioniert dieses Filesharing-System um so effizienter, je mehr Napster-NutzerInnen ihre Dateien online zur Verfügung stellen, denn mehr UserInnen bedeuten mehr Dateien, weniger Suchzeit, mehr Ausweichmöglichkeiten und schnellere Downloads. Diese Vorteile ließen Napster in kürzester Zeit zu einem Riesenerfolg werden (Karius 2002).

Als Problem erwies sich jedoch die ungeklärte Urheberrechtsfrage, denn hier wurden fast ausschließlich urheberrechtlich geschützte Lieder angeboten, ein Tatbestand, in dem die Musikvertriebsfirmen eine Verletzung ihrer Verwertungsrechte sahen. In einer Aufsehen erregenden Klage von mehreren amerikanischen Plattenfirmen unter der Federführung von A&A Records wurde Napster gezwungen, 133.000 illegal angebotene Musiktitel zu blockieren. Die einstweilige Verfügung wurde jedoch nach kurzer Zeit wieder aufgehoben. Allerdings ließ der dadurch entstandene Medienrummel und die ständige Berichterstattung Napster und auch andere Internet-Musiktauschbörsen, z.B. Gnutella, erst richtig bekannt werden und die UserInnen in einen wahren „Napster-Hype" verfallen. Es ist davon auszugehen, dass allein Napster bis Oktober 2000 weltweit ungefähr 37 Millionen NutzerInnen hatte. Dieses hohe Interesse an Internet-Tauschbörsen veranlasste einige Musiklabels, ihre Meinung bezüglich Tauschbörsen und Internetpiraterie zu überdenken. Sie erkannten das große Potenzial dieses Distributionsweges, nahmen teilweise ihre Klagen zurück und stiegen in das Tauschbörsengeschäft ein, indem sie auf der Basis von Lizenzgebühren und kostenpflichtigen Mitgliedschaften selbst digitale Musik zum Downloaden anboten. Ein später Versuch der Musikindustrie, wie Axel Vahldiek (2002) meint, nach versäumten legalen Online-Musikangeboten die Kontrolle über die Musik, den Markt und die NutzerInnen zurückzuerlangen.

Auch Napster geriet in den Sog der zunehmenden Kommerzialisierung von Musiktauschbörsen. Im November 2001 übernahm die Bertelsmann eCommerce Group (BeCG) Napster mehrheitlich, investierte einen zweistelligen Millionenbetrag in ein neues (legales) Musik-Content-Profil, das als Abonnenten-Modell den potenziellen NutzerInnen offeriert wurde. Zudem sollten die großen und die kleinen Labels der Musikindustrie bei Rückzug der Klagen in den nächsten fünf Jahren bis zu einer Milliarde US-Dollar an Pauschallizenzen von Napster erhalten. Die UserInnen müssten somit pro Monat je nach Mitgliedschaft – Basic oder Premium Membership – zwischen 3 und 10 US-Dollar an die für den Lizenzvertrieb gegründete MusicNet-Allianz (BMG, Warner Music, EMI Group) zur Bereitstellung des Musikfundus zahlen. Aber auch Konkurrenzunternehmen wie bspw. Sony und Vivendi, die zusammen das Projekt „Duet" – später „Pressplay" – starteten, versuchten auf dem neu entstehenden Online-Musikmarkt Fuß zu fassen.

Der geplante Neustart Napsters als kommerzieller Dienst verzögerte sich allerdings, weil in den Verhandlungen mit den großen Musikkonzernen bezüglich der Ausgleichszahlungen für die Urheberrechte keine Kompromisslösung gefunden wurde. Hinzu kam, dass die vorgenommenen Veränderungen in Form von Filtermechanismen, verschlüsselten Dateien und blockierten Songs die Attraktivität des Napster-Angebots erheblich beeinträchtigte. So sank die Anzahl der Napster-UserInnen von Februar 2001 von 1,57 Millionen auf 320.000 im Juni des gleichen Jahres (Kuri 2001). Anfang 2002 ging dann die Beta-Version von Napster mit 20.000 Test-UserInnen und 100.000 Songs an den Start. Zwar wurde das Serviceprofil beibehalten bzw. optimiert (mit Player, Hotlist, Suchmaschine, User-Browser, Chatroom, Instant Messenger, eigener Bibliothek, Transfer-Fenster und weiteren technischen Informationen zum Download und den MP3-Files), aber sowohl das neu entwickelte NAP-Format, das ein Brennen auf MP3-Player oder CD unmöglich macht, als auch das freie MP3-Format, das einen Zugriff auf andere Napster-User-Dateien ausschließt, fanden nur wenig Zustimmung bei den

NutzerInnen. Es sind die Kunden, wie Adrian Smith (2002: 3) treffend feststellt, die „Napsters rechtschaffende Wiedergeburt" verhindert haben. Aktuell hat Napster Konkurs angemeldet. Im Falle, dass die Tauschbörse mit Bertelsmann und den bis jetzt bekannten Modifikationen aber trotzdem noch neu gestartet werden sollte, zeichnet sich ab, dass sowohl auf Napster als auch auf Bertelsmann noch schwere Zeiten zukommen dürften; selbst wenn sich einige Labels schon bereit erklärt haben, ihre Lizenzen an Napster weiterzugeben, die Klagen zurückzuziehen und selbst mit einzusteigen. Nach wie vor können nämlich noch Schadensersatzzahlungen in Millionenhöhe vonseiten der Musikindustrie wegen Copyright-Verletzungen eingefordert werden. Selbst wenn Bertelsmann vor hat, das Angebot auf Videos, Bücher und noch andere Medienprodukte auszuweiten und optimistisch in die Zukunft blickt, bleibt trotzdem der Kampf gegen unzählige MusikpiratInnen auszufechten, die billigere oder kostenlose Filesharing-Dienste wie Pressplay, KaZaA oder Gnutella nutzen. So stieg allein die UserInnen-Zahl von KaZaA im Jahr 2001 von März bis August von 1,2 auf über 7 Millionen – eine nicht eben kleine Gruppe „von zu bekehrender Internetpiraten", wie Hans-Christian Dirscherl (2002: 5) meint.

4. Musik-Download unter den Studierenden

Im Rahmen unserer Online-Studie „MP3 – Musik aus dem Netz" wurden die Studierenden der Universität Trier zunächst nach ihrer Internetanbindung und Internetnutzung befragt. Als zentraler Befund kann festgehalten werden: Das Internet ist für sie ein selbstverständlicher Bestandteil ihres universitären und häuslichen Alltags. Netzkommunikation hat für die Studierenden einen Normalitätsstatus erreicht und ist gekennzeichnet durch Verfügbarkeit, Routine und Entlastung. Neben dem Zugang zum Netz – die meisten nutzen das Internet von zu Hause (90%) und/ oder an der Universität (83%) – wird dies auch an der Nutzungsdauer deutlich: Etwa zehn Stunden pro Woche sind sie im Durchschnitt online und dies zum Teil rund um die Uhr. Befragt nach der Art der Nutzung zeigt sich, dass die Studierenden im Internet eine Art Universalbibliothek und einen globalen Kommunikationsraum sehen, wobei ausbildungsabhängige und -unabhängige Nutzungen gleichrangig nebeneinander stehen. Allerdings lassen sich hier auch deutliche Geschlechtunterschiede nachweisen: Während das Internet von weiblichen und männlichen Studierenden durchweg einheitlich als zentrales Informations- und Kommunikationsmedium angesehen wird, sind kommerzielle und unterhaltungsorientierte Verwendungsformen eher Männerdomänen. Trotz des Geschlechterunterschiedes bei der Art der Netznutzung sind die Studentinnen und Studenten aber insgesamt den neuen Informations- und Kommunikationstechnologien gegenüber sehr aufgeschlossen. Sie sind in ihren Augen konstitutive Elemente des modernen Lebens und ihre sinnvolle Handhabung wird als eine Art Schlüsselqualifikation angesehen.

Im Kontext der unterschiedlichen Verwendungsformen des Internets interessierte uns in besonderer Weise das Ausmaß und die Intensität von Musik-Downloads. Dazu stellten wir den Studierenden zunächst die Frage, ob sie sich überhaupt Musiktitel auf diese Weise beschaffen. Mehr als die Hälfte (59%) bejahte dies. Aufschlussreich sind auch die Ergebnisse auf die Anschlussfrage: „Wie viele Lieder ziehen Sie wöchentlich aus dem Netz?"

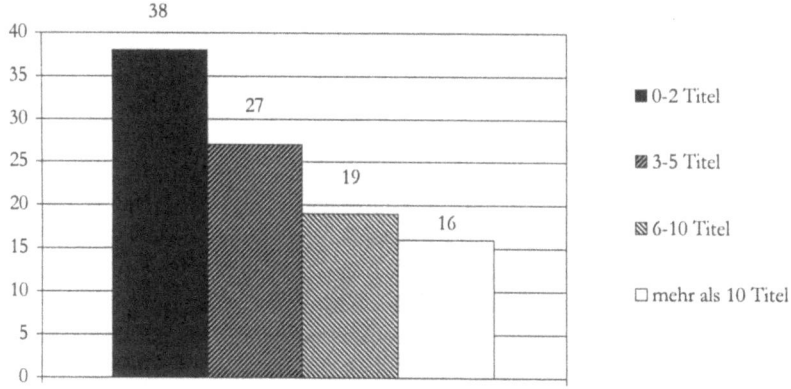

Abb. 4: Anzahl der wöchentlich kopierten Musiktitel aus dem Internet (Angaben in Prozent)

Das Ergebnis ist eindeutig: Wer sich aus dem Internet MP3-Dateien herunterlädt, macht dies recht regelmäßig. So liegt die durchschnittliche Kopierrate etwa bei einem bis zwei Songs pro Tag. Allerdings ist das statistische Mittel irreführend, denn üblicherweise finden die Musik-Downloads aus zeitökonomischen Gründen nur an bestimmten Tagen statt. Ein Studierender hat diese Kopierpraxis so umschrieben: „Für Download-Sessions brauchst du Zeit, weil man bestimmte Sachen ja nicht auf Anhieb findet oder auch beim Kopieren etwas schiefgehen kann. Man macht das nicht täglich, das wäre viel zu aufwändig." (Frank) Auffällig sind in diesem Zusammenhang ebenfalls die Geschlechtsunterschiede. Während weibliche

Studierende zu den moderateren Musikkopierern zählen, sind ihre männlichen Kollegen in der Gruppe der Intensivnutzer, also bei denjenigen, die mehr als 10 Titel wöchentlich downloaden, deutlich überrepräsentiert (20% zu 7%). Uns interessierte weiterhin, welche Quellen genutzt werden, um sich MP3-Dateien aus dem Internet auf den heimischen Computer herunterzukopieren. Die Ergebnisse zeigen, dass Tauschbörsen (84%) und reine Downloadseiten (42%) am häufigsten frequentiert werden, seltener dagegen FTP- oder IRC-Verbindungen (12%) und Netzradioprogramme (9%). Befragt nach den Gründen für ihren Audio-File-Transfer, nennen die Studierenden mehrere Faktoren, die für sie eine Rolle spielen: Besonders wichtig sind neben Kosten- und Qualitätsaspekten selektive und an individuellen Präferenzen orientierte Nutzungen. So sind beispielsweise die „Suche nach bestimmten Titeln" (89%) sowie die Möglichkeit, sich eine „eigene CD zusammenzustellen" (59%) oder an „seltene Stücke/ Raritäten" (56%) heranzukommen, entscheidende Gründe für die wachsende Attraktivität der Netzmusik unter den Studierenden. Aus ihrer Sicht ist es auch eine Selbstverständlichkeit, MP3-Dateien an Personen aus ihrem Freundes- und Bekanntenkreis weiterzugeben (70%). Auch hierbei spielt der individuelle Musikgeschmack eine ganz zentrale Rolle: „Ich gebe an meine Freunde keine Mainstream-MP3s, so etwas sammle ich auch nicht. Angesagt ist Special-Interest-Musik, bestimmte Stilrichtungen oder Gruppen, mit denen man sich auch identifiziert." (Barbara)

Es ist ganz offensichtlich eine besondere Form individualisierter Musikbeschaffung und -zusammenstellung, die Netzmusik für viele so interessant macht. War der persönliche Musikkonsum lange Jahre durch die Vorgaben der Musikindustrie bestimmt, so ist dieses feste Schema durch ein globalisiertes und (noch) frei verfügbares Musikangebot erstmals ernsthaft aufgebrochen worden. Denn das Internet bietet dem Einzelnen eine Plattform mit ungeahnten Offerten, um nicht nur seinen individuellen Musikgeschmack zu befriedigen, sondern in den grenzen- und kulturübergreifenden virtuellen Musikkolonnaden dem „überraschenden Fund" zu begegnen, wie ein 27jähriger Student den besonderen Reiz des Musik-Surfens charakterisiert. Und er ergänzt:

„Ich weiß nicht, was für eine Musik zur Zeit bspw. in Portugal gespielt wird, und der deutsche Musikmarkt sagt mir das auch nicht. Und da gaben mir Tauschbörsen plötzlich diese Möglichkeit, wo mein Plattenhändler vor Ort eben nicht mehr hinterher kam, so dass man nach jahrelangem Suchen eben an Sachen kam, an die man im Traum nicht gedacht hätte. Ich möchte das ganze breite Spektrum der Musik abgrasen, was mir weder vom Radio noch sonst von den Medien geboten wird. Medien sind vorselektiert, ich selektiere aber selbst, das heißt, ich bin keiner Filterungsoption mehr unterworfen." (Tom)

5. Tauschen oder Saugen?

Dass diese Form des freien Musik-Transfers via Internet funktioniert, setzt voraus, dass auch in entsprechend großer Zahl Musiktitel zur Verfügung stehen. Denn Tauschbörsen basieren auf dem Reziprozitätsprinzip: „Klar, wenn du was runterlädst und willst, dass andere dir was geben, musst du auch selber was geben." (Gerd) Inwieweit diese Grundhaltung des fairen Gebens und Nehmens unter den studentischen MP3-NutzerInnen verbreitet ist, haben wir durch folgende Frage untersucht: „Bieten Sie selbst Songs auf einer eigenen Webseite oder zum Tausch an?" Das Ergebnis ist einigermaßen überraschend: Über zwei Drittel (70%) der Studierenden, die MP3s herunterladen, sind so genannte Trittbrettfahrer – im Szenenjargon „Sauger" –, d.h. sie geben keine Lieder von der eigenen Festplatte zum Download durch andere frei. Drei Gründe hierfür wurden in den vertiefenden narrativen Interviews immer wieder genannt: 1.) die Verminderung der Übertragungsgeschwindigkeit, wenn Daten von der eigenen Festplatte hochgeladen werden, 2.) die Angst, sich durch den Download von illegalen Musikkopien strafbar zu machen und 3.) Sicherheitsrisiken. Vor allem die noch relativ unerfahrenen studentischen SurferInnen waren es, die gerade in Verbindung mit dem letzten Aspekt massive Ängste bekundeten. Um nur ein Beispiel zu zitieren:
„Ich mag es nicht, wenn Leute Zugriff auf meine Festplatte haben. Die Hacker, die kennen alle Tricks und Kniffe. Wenn ich irgendwie nur einen Konfigurationsfehler mache, gebe ich meinen ganzen Festplatteninhalt preis und das ist mir dann die Sache wirklich nicht wert." (Tino)
Auch wenn die empirische Datenlage über das Tauschverhalten von MP3-Kopisten uneinheitlich ist – in der Studie von Adar/ Huberman (2000) beträgt der Anteil der „free rider" 66%, während Haug/ Weber (2002) nur von 18% ausgehen –, so steht weltweit nach wie vor eine riesige Zahl von Musiktiteln zur Verfügung, die online zum Nulltarif abrufbar sind. Zwei Aspekte scheinen hier von besonderer Bedeutung zu sein. Zunächst einmal ist es das Gesetz der großen Zahl, wie Stefanie Morgen (2002: 85) herausstellt: „Es gibt zwar weniger Song-Anbieter als Trittbrettfahrer, aber die angebotene Menge an Material ist bis auf gewisse tageszeitliche Engpässe dennoch ausreichend. Es gibt bei jeder Tauschbörse stets eine gewisse Zahl von Peers, die insgesamt eine beachtliche Menge an Material bereitstellen." Hinzu kommt, wie wir in unserer Untersuchung nachweisen konnten, dass es vor

allem die so genannten heavy user sind, die sich dem Peer-to-Peer-Tauschprinzip
verpflichtet fühlen. Vergleicht man nämlich die wöchentliche Downloadrate mit
der Bereitschaft, selbst Musik-Uploads zur Verfügung zu stellen, dann wird ein
hoch signifikanter Zusammenhang sichtbar.

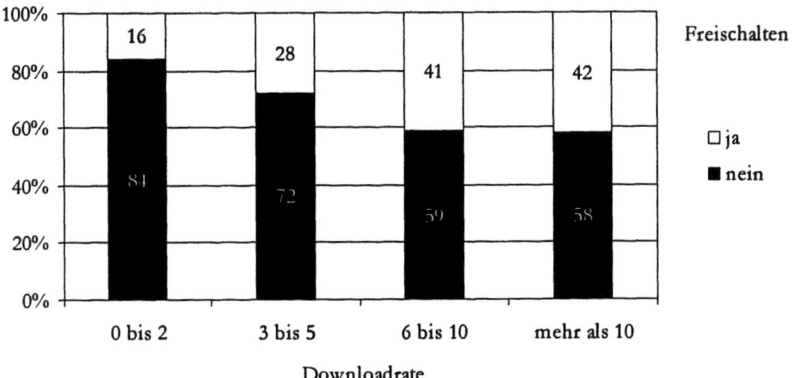

Abb. 5: Freischalten von eigenen MP3-Dateien nach wöchentlicher Downloadrate (Angaben in Prozent)

Es sind vor allem die Studierenden, die selbst zu den intensiven NutzerInnen zählen, für die File-Sharing eine Selbstverständlichkeit darstellt. Dabei lassen sich
wiederum zwei Fraktionen unterscheiden. Zum einen gibt es die „System-
TauscherInnen", für die das Internet eine Art virtueller Pool darstellt, „in den man
selber was reinschmeißt und auch rausfischt, ein quid pro quo, aber ein quid pro
quo in eine offene Menge." (Stefan) Davon zu unterscheiden sind zum anderen die
„Person-TauscherInnen", die nur an diejenigen MP3-Dateien abgeben, die selbst
Musiktitel zum Upload zur Verfügung stellen. Oder wie der 21jährige Kai dies
umschreibt: „Ich stelle meine Sachen tatsächlich nur Tauschern zur Verfügung,
sonst sind diese Systeme ja tot." Während beim ersten Tauschtypus die Reziprozitätsnorm auf die gesamte Online-Gemeinde übertragen wird, sich also primär an
einem Summengleichgewicht orientiert, ist sie im zweiten Fall unmittelbar perso-
nenbezogen.

    Aber ganz gleich, ob Gabe und Gegengabe in einem mittelbaren oder unmittel-
baren Verhältnis gesehen werden, beide Gruppierungen von MusiktauscherInnen
sind überzeugte AnhängerInnen der Open-Source-Bewegung. In Anlehnung an die
Hacker-Ethik der 1980er Jahre heißt ihre Devise: „free flow of software".

Entsprechend kritisch ist auch ihre Haltung gegenüber den großen Musikkonzernen und deren Versuche, den Gesetzgeber zu einer Verschärfung der Urheberrechtsgesetze zu veranlassen und deren Übertretung schärfer zu sanktionieren. Auch dass einige Musiklabels das Gesetz des Handelns selbst in die Hand genommen haben und beliebte Musikstücke in schlechter Qualität in den Tauschbörsen anbieten, wird von den Insidern nicht als Abschreckung oder ernste Störung wahrgenommen, sondern viel eher als Eingeständnis gewertet, den freien Musiktausch im Netz nicht wirklich einschränken zu können: „Die Fakes, die einige Musikmajors ins Netz stellen, erinnern mich an die Hase-und-Igel-Geschichte: „Ick bin allda", kann man da nur sagen. Das ist doch ein ziemlich hilfloser – vielleicht sollte man besser sagen: hirnloser – Versuch, den kostenlosen Musiktausch zu torpedieren. Die wirklich innovativen Kräfte wird man dadurch doch eher herausfordern." (Sven)

6. Der Ehrenkodex der MusikkopistInnen

In solchen Äußerungen wird sichtbar, dass die Störmanöver, die die Musikindustrie in den Tauschbörsen durchführt, sich als contra-intentional erweisen. Der „inner circle" der MP3-Szene wird dadurch sowohl in seinem Gemeinschaftsbewusstsein als auch in seiner Kommerzialisierungskritik viel eher noch gestärkt. Je größer der Druck von außen wird, so hat es den Eindruck, desto stärker tritt ein besonderer Gerechtigkeitssinn zu Tage: „Enough pirates do share their wealth (...) by taking from the rich and giving to the poor." (Short/ Zackheim 2002: 97) Besonders deutlich zeigt sich dies bei der Frage einer möglichen Schädigung der KünstlerInnen durch den Verdienstausfall, der durch Raubkopien entsteht. Hier wird eine weiterer Aspekt einer differenzierten Szenenethik sichtbar, eingeführt und überwacht von den Fans bestimmter Musikrichtungen, um kleine Labels und unbekannte KünstlerInnen zu schützen. Während die Musikindustrie den MP3-TauscherInnen pauschal marktschädigendes Verhalten vorwirft, sind es in diesem Fall bestimmte Fangruppierungen selbst, die darauf achten, dass ihnen durch Internet-Tausch und Raubkopien nicht die Existenzgrundlage verloren geht. So kommt es vor, dass manch ein Tauschbörsennutzer sich unverhofft mit den Maßnahmen erboster Fans konfrontiert sieht, welche ihm das – ihrer Meinung nach – zu umfangreiche Herunterladen strikt untersagen:

„Ich habe beim Herunterladen unbewusst gegen diesen Kodex verstoßen und musste dann wüste Beschimpfungen über mich ergehen lassen, als ich von einem User ganz bestimmte HipHop-Musik heruntergezogen habe. Er hatte sie natürlich auch angeboten, aber da ich ja ein Power-User bin, habe ich anscheinend zu viel heruntergeladen und wurde dann auf eine Tonart angesprochen, die mir bis dato überhaupt nicht bekannt war. Erst bei späteren Chat-Gesprächen habe ich dann herausgefunden, dass ich gegen einen gewissen Ehrenkodex verstoßen hatte, dass ich, wenn ich mehr als einzelne Lieder zum Anhören herunterlade, die Platte auch gefälligst zu kaufen habe, weil ansonsten die kleinen Labels kaputtgehen." (Tom)

Ganz allgemein gilt, dass Jugendliche und junge Erwachsene begeisterte AnhängerInnen der Popkultur mit all ihren Facetten sind. Auch die befragten Studierenden in Trier machen hier keine Ausnahme: Fast zwei Drittel (63%) stufen sich als Musikfan ein. Und wer Fan ist, der entwickelt nicht nur eine starke Identifikation mit bestimmten Musikstilen, MusikerInnen und Bands, sondern auch eine besondere Sensibilität für Musik-Downloads und ihren Konsequenzen. Zwar finden sich auch hier sehr unterschiedliche Auffassungen, die vom Verbot über Duldung bis zur Anreizfunktion der Netzmusik reichen, aber es wird Wert darauf gelegt, dass die Downloads nicht in übermäßiger Weise genutzt und weiterverbreitet werden, um damit den KünstlerInnen keinen großen finanziellen Schaden zuzufügen. Vor allem in der HipHop-Szene ist eine Art Ehrenkodex entstanden, der es Fans geradezu verbietet, die legitimen Interessen ihrer Szenenikonen zu verletzen: „Zum Fair-Play bei uns gehört das Fair-Pay", wie dies ein Anhänger (Timo) umschrieben hat.

Für die Fans ist es aber nicht nur ein besonderes Anliegen, ihre Stars und Idole zu unterstützen, ihre Verbundenheit drückt sich auch in einer hohen Sammlerleidenschaft und ausgeprägten Bindung an Originalprodukte aus. Eine Aufspaltung der Antworten auf die Frage nach den Veränderungen im Kaufverhalten von CDs („Wie wirkt sich das Herunterladen von CDs auf Ihr Kaufverhalten aus?") macht dies deutlich.

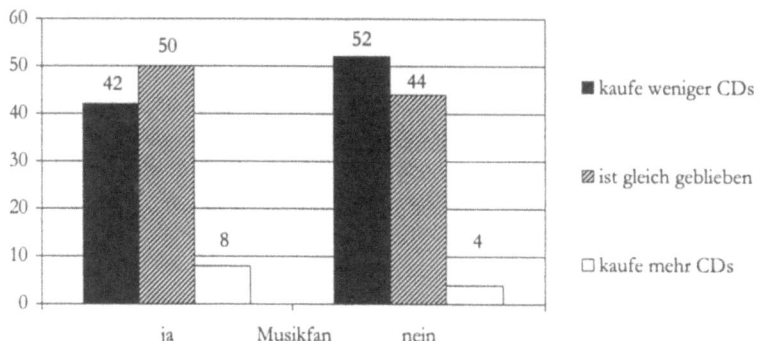

Abb. 6: Kaufverhalten von CDs: Fans und Nicht-Fans im Vergleich (Angaben in Prozent)

Zunächst einmal bestätigt das Ergebnis eine allgemeine Entwicklung auf dem Musikmarkt: Es werden weniger Musik-CDs gekauft – auch von den Studierenden. Aber es ist auch zu erkennen, dass es nicht unbedingt die Fans sind, die für diesen Umsatzrückgang verantwortlich gemacht werden können: Denn für die wahren SzeneanhängerInnen und Musikfreaks zählt nicht das Plagiat, sondern nur das Original. Die Liebe zum Original geht dabei nicht selten soweit, dass die Kauf-CDs im heimischen Musikarchiv deponiert werden, während zum täglichen Musikhören ausschließlich die davon gemachten Kopien verwendet werden.

Als Zwischenfazit kann festgehalten werden: Fans sorgen mit ihrer „musikzentrierten Robin-Hood-Mentalität" dafür, dass kleine Musikgruppen einerseits durch die Tauschbörsen eine gewisse Bekanntheit erlangen, indem sie entsprechende Lieder zum Kopieren und Anhören anbieten, andererseits möchten sie aber auch die Zahl der heruntergeladenen Songs im Einzelfall möglichst klein halten, um ein anschließendes Kaufen der Alben zu gewährleisten. Von Relevanz sind in diesem Zusammenhang auch die Ergebnisse auf die Frage nach der Bereitschaft, den Urhebern der kopierten und getauschten Musik eine finanzielle Entschädigung zukommen zu lassen. Fast zwei Drittel (65%) der Studierenden können sich nämlich sehr wohl vorstellen, künftig eine kleine Summe für Netzmusik aufzuwenden. Die Beträge schwanken dabei zwischen 25 Cent und einem Euro pro Song oder einer Monatspauschale von zwei bis fünf Euro. Insgesamt werden die negativen Auswirkungen der privaten MP3-Downloads auf die Musikindustrie aber als nicht sehr dramatisch eingeschätzt. Nur 13% der Studierenden sind der Meinung, dass dadurch gravierende Nachteile für die Musikbranche entstehen. Dass solche Einschätzungen die tatsächlichen Auswirkungen von Internet-Tauschbörsen auf den Musikmarkt nur unzureichend wiedergeben, ist an dem bereits diskutierten

Umsatzeinbruch deutlich geworden, auch wenn dabei noch weitere Faktoren mit ins Kalkül genommen werden müssen. Die Musikindustrie sollte aber das kritische Flaggensignal, das die MP3-KopistInnen durch ihre Download-Praktiken setzen, nicht übersehen. Um nochmals Sven zu zitieren: „Die Absahnermentalität der Musikkonzerne hat viele Fans verprellt. Vielleicht nutzen die Konzernbosse den MP3-Boom, um einmal ganz grundsätzlich über ihre Geschäftspolitik nachzudenken."

7. Wie schätzen die Studierenden die rechtliche Situation ein?

Das bisherige Urheberrechtsgesetz ermöglicht explizit „Vervielfältigungen zum privaten und sonstigen eigenen Gebrauch" (§53 UrhG), soweit kein finanzielles Interesse vorliegt. Man zahlt für dieses Recht pauschale Vergütungen an KünstlerInnen und HerstellerInnen in Form von so genannten Geräte- und Leermedienabgaben. Von Experten wird weitgehend einhellig die Auffassung vertreten, dass private Vervielfältigungen (so auch das Rippen, also die digitale Komprimierung, und das Brennen etwa von Musikdateien) zunächst keinen Deliktcharakter besitzen. Auch das Verschenken einer kopierten Musik-CD an mehrere befreundete Personen gilt ebenfalls als straffreie Handlung.

Die Diskussion um die Legalität des MP3-Tausches hingegen ist durch das Aufeinandertreffen konträrer Ansichten und Einstellungen geprägt. Strittig ist bereits die Qualifizierung des MP3-Tausches innerhalb einer Tauschbörse. Das Anbieten einer eigenen MP3-Datei bei einer Tauschbörse wird von den meisten als „nicht kommerzielle öffentliche Wiedergabe" (Kreutzer 2000: 12) angesehen. Ungeklärt ist allerdings die Frage nach der Rechtmäßigkeit dieses Vorgangs. Es ist anzunehmen, dass sich aus diesem Grund auch bei den KünstlerInnen und Plattenfirmen noch keine einheitliche Rechtsauffassung durchgesetzt hat. Vor diesem Hintergrund hat uns die Frage interessiert, wie die studentischen MusikkopistInnen ihr Handeln rechtlich einordnen.

In einem ersten Schritt stellten wir ihnen hierzu die Frage: „Kennen Sie die rechtlichen Bestimmungen für das Herunterladen von Musik aus dem Netz?" Die Antwortverteilung überrascht angesichts der nach wie vor strittigen Auslegung und Anwendung des Urheberrechts auf die Musiktauschbörsen nicht: Nur 45% der Studierenden geben an, über die hierfür geltenden Rechtsvorschriften Bescheid zu wissen. Allerdings besteht zwischen den MP3-NutzerInnen und Nicht-NutzerInnen ein deutliches Kenntnisgefälle.

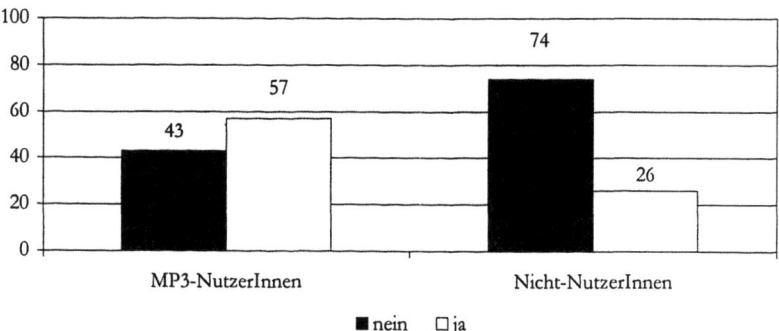

Abb. 7: Kenntnis der rechtlichen Bestimmungen. MP3-NutzerInnen und Nicht-NutzerInnen im Vergleich (Angaben in Prozent)

Wer über Download-Erfahrungen verfügt, kennt sich laut eigener Angabe wesentlich besser mit den rechtlichen Rahmenbedingungen aus als derjenige, der sich keine Musik aus dem Internet kopiert – ein zu erwartendes Ergebnis, da die Nicht-NutzerInnen sich aus fehlender persönlicher Betroffenheit weniger für die geltenden Rechtsnormen interessieren dürften. Aber ganz unabhängig von Erfahrungswerten ist die Mehrzahl der Studierenden der Auffassung, dass keineswegs alle Tauschbörsen legal sind (MP3-Nutzer: 84%; Nicht-Nutzer: 86%) und es beim Musik-Download zu Urheberrechtsverletzungen kommt (MP3-Nutzer: 66%; Nicht-Nutzer: 75%). Es ist also davon auszugehen, dass die meisten Studentinnen und Studenten wenigstens eine vage Vorstellung davon haben, auf welche Rechtsproblematik sie sich einlassen, wenn sie sich Musikdateien aus dem Internet auf ihren PC kopieren.

Des Weiteren wurde den Studierenden die Frage gestellt, ob sie Angst davor haben, sich durch das Herunterladen von MP3-Dateien strafbar zu machen. Hintergrund der Frage war die Überlegung, dass die Angst vor einer Straftat den Musiktausch über Internet deutlich abschwächend beeinflussen dürfte. Diese Annahme ließ sich aber nicht bestätigen. Denn auch von der Möglichkeit, sich strafbar zu machen, zeigen sich die Befragten nicht sonderlich beeindruckt. Nur jede(r) siebte MP3-NutzerIn und jede(r) fünfte Nicht-NutzerIn teilt diese Befürchtung oder gesteht diese ein. Als Hauptgrund wurde in den Gesprächen immer wieder auf den immensen Fahndungsaufwand und die geringen Erfolgschancen solcher Maßnahmen verwiesen: „Ich bin ein Einzeluser, der überhaupt nicht in den Fahndungsrastern auffallen wird. Es muss ja einer gezielt auf mich kommen, und dazu müssen sie 500.000 Morpheus-User am Tag sieben. Außerdem ist der Nachweis mit einem großen Aufwand verbunden: Ich weiß, was Dechiffriersysteme kosten." (Tom) Von einer Präventivwirkung kann somit ebenfalls nicht ausgegangen werden.

Wenn überhaupt Bedenken bestehen, sich MP3-Dateien aus dem Internet zu kopieren, dann liegen sie eher in möglichen Sicherheitsrisiken, die durch Viren entstehen können. Denn fast jede(r) vierte Befragte (24%) sieht diese Gefahr als durchaus gegeben an. Aber die erfahrenen Internet-UserInnen haben hier bereits entsprechende Vorkehrungen getroffen: „Beim Downloaden von MP3-Files ist Vorsicht angebracht, da sich hinter den scheinbar harmlosen Musikdateien üble Viren verbergen können. Deshalb empfiehlt es sich, die heruntergeladenen Dateien immer mit einem Virenprogramm zu prüfen, bevor man sie ausführt. Firewalls sind hier eher kein Schutz, da diese so konfiguriert werden müssen, dass die Tauschprogramme freien Zugang ins Netz haben." (Frank)

8. Fazit. MP3. Selektive Musikaneignung in neuem Format

Die Raubkopie hat schon immer die Geschichte aller Medien begleitet wie ein Schatten und zwar angefangen bei Abschriften von Büchern über die Aufnahme von Musik auf Kassette oder das Kopieren von Videofilmen bis zum unzulässigen Übertragen von Datenfiles und Computerprogrammen. Im Gleichschritt mit den zahlreichen Medieninnovationen machten sich findige Köpfe in einer fortwährenden Spirale der gegeneinander ausgespielten Möglichkeiten jedes neue technische Hilfsmittel zunutze, um Originale zu kopieren und zwar entweder für den Eigengebrauch oder die – oft auch entgeldliche – Weitergabe an Dritte. Ob Fälschung, Raubdruck oder das Cracken einer Software, was dabei immer auch sichtbar wird, ist die Tatsache, dass der Kopierschutz meist sehr viel schneller umgangen wurde, als das jeweilige Rechtssystem an die neuen Gegebenheiten angepasst werden konnte.

Das Musikformat MP3 macht da keine Ausnahme. Zunächst gedacht als innovatives Verfahren, Musik auf ein Zehntel der ursprünglichen Größe zu reduzieren und somit Speicherplatz zu sparen, gilt es heute als Inbegriff der Raubkopie schlechthin. Und wie schon oft zuvor, zeigt sich auch bei MP3, dass rechtliche Restriktionen keineswegs das Kopierverhalten der NutzerInnen kontrollieren können. Auch wenn allgemein bekannt ist, dass das Herunterladen von Musikfiles aus dem Internet – und hier speziell aus Tauschbörsen – rechtlich keineswegs erlaubt ist, so erfreuen sich diese illegalen virtuellen Musikquellen einer großen

Beliebtheit – ein Sachverhalt, der die Musikindustrie und nicht zuletzt die Künstler den Verlust ihrer Existenzgrundlage befürchten lässt oder doch zumindest zu einem radikalen Umdenken bezüglich der Vertriebsmethoden und -medien von Musik zwingt. Hier mit präventiv-restriktiven Strategien einzuschreiten und die Musikdaten auf den Original-CDs zu verschlüsseln, wie dies ernsthaft diskutiert wird, dürfte genauso wenig fruchten wie die Androhung von Sanktionen, da sich immer wieder Möglichkeiten finden werden, den Kopierschutz zu umgehen oder sich dem Fahndungsnetz zu entziehen. Denn die durch den illegalen Raubkopientausch entstandene virtuelle Musik-Community ist weltumspannend und dabei hochgradig anonymisiert, was jeden Versuch der Ausmerzung des unzulässigen Datentransfers außerordentlich erschweren dürfte.

Jedoch erhält MP3 seine Relevanz – und Brisanz – nicht allein durch den mit dem Hauch des Illegalen versehenen Charakter, sondern vor allem durch die ungeahnte Vielfalt der Nutzungs- und Verbreitungsmöglichkeiten. Die in dieser Art einmalige Unbegrenztheit und Schnelligkeit des Austauschs von Songs und Daten hat inzwischen längst eine globale Anhängerschaft gefunden und dabei vor allem im jugendlichen Musikhabitus tiefe Spuren hinterlassen. Denn Musik-Downloads werden in der heutigen medienkompetenten Jugendgeneration mehr und mehr zu einer festen Beschaffungsgröße, um sich sein eigenes Musik-Potpourri zusammenzustellen. Ganz nach individuellem Geschmack können bekannte Songs, aber auch Raritäten im Netz gesucht und anschließend auf dem als Heim-Jukebox fungierenden Rechner wiedergegeben und/ oder im privaten Archiv gesammelt werden. Zwar spielen bei der Auswahl der Musikstücke nach wie vor auch szenengebundene Stilpräferenzen eine wichtige Rolle, aber das besondere Faszinosum der MP3-Musik ist ihre schier unbegrenzte Verfügbarkeit. Denn das Internet hat für alle – auch für höchst spezialisierte – Geschmäcker etwas zu bieten: „Jetzt kann ich mir die neuesten Songs von Banda Eva herunterladen, ohne gleich nach Brasilien fahren zu müssen" (Markus), berichtet uns emphatisch ein eingefleischter Fan von brasilianischer Axé-Musik, der durch den MP3-Tausch zudem auch Kontakt zu anderen Fans „rund um den Globus" bekommen habe. Was hier sichtbar wird, ist eine über die Befriedigung individualisierter Musikwünsche hinausgehende Stiftung von Fanbeziehungen, die sich gleichsam als „translokale Medienkulturen" (Hepp 2002) formieren. Vor allem für AnhängerInnen der HipHop-Musik scheinen MP3-Downloads zu Anknüpfungspunkten einer zunehmend deterritorialisierten Jugendszene zu werden: „Zuerst hört man nur amerikanischen und natürlich deutschen HipHop, schon mal MC Solaar aus Frankreich. Aber inzwischen bin ich im Netz dann auch auf die Orishas gestoßen. Die sind richtig geil", sagt die 19-jährige

Rebecca, die neben europäischen HipHop-Gruppen inzwischen auch auf kubanischen HipHop schwört.[4]

Nicht hinreichend wahrgenommen hat diese jugend- und medienkulturelle Entwicklung bisher die Musikindustrie. Denn statt MP3 ausschließlich als wirtschaftliche Bedrohung zu brandmarken und angesichts der sich abzeichnenden Entwicklung, von diesem neuen Distributionsmedium gewissermaßen virtuell überholt zu werden, sollte sie verstärkt auch die Potenziale wahrnehmen, die darin liegen, und zwar insbesondere die Möglichkeiten für den Online-Verkauf von Musik oder als Werbeträger im Zuge von Marketingstrategien. Denn die Akzeptanz von MP3 ist – trotz aller Bedenken bezüglich der Qualität der komprimierten Musik – unbestreitbar hoch. Desgleichen ist auch das Ende des Tonträgers CD noch längst nicht abzusehen, da er nicht zu unterschätzende (jugend-)kulturelle Funktionen erfüllt. Gerade unter der großen Gruppe von Musikfans wird die CD immer noch hoch geschätzt und kann nicht durch einfache MP3-Files ersetzt werden. Hier sind es Qualitätsfragen, zusätzlich mitgeliefertes Material in Form von Bild und Text sowie die fantypischen Aneignungs- und Identifikationsweisen, die immer wieder zum Kauf der CD (ver-)führen. MP3 als neuer Tonträger verdrängt die CD nicht, sondern ergänzt sie mit komplementären Funktionen wie z.B. der individuellen Zusammenstellung eigener Charts und Best-of-CDs oder der Befriedigung von Sammlerleidenschaften durch das Angebot seltener Stücke. MP3 erweist sich somit als adäquates Austauschmedium der heutigen Netzgeneration, die sich kompetent und eigenwillig im großen Mediensupermarkt zu bedienen weiß und somit auch im Musikbereich eine neue Sichtweise von individualisierter Medienaneignung propagiert und praktiziert. Wohin die Entwicklung geht, ist derzeit noch offen. Sicher dürfte aber sein, dass MP3 nicht mehr aus der (virtuellen) Welt zu schaffen sein wird und neben dem Musikmarkt auch den Jugendkultursektor noch nachhaltig beeinflussen wird.

---

4   Die globale Konnektivität und lokale Spezifizität entsprechender Jugendmedienszenen untersuchen
    wir derzeit in der Studie „Jugend, Medien und Globalisierung".

Literatur

Adar, Eytan/ Huberman, Bernardo (2000): Free Riding on Gnutella. In: First Monday 5: 10. http://firstmonday.org/issues/issue5_10/adar/index,html (Zugriff: 25.10.2000)

Bundesverband der Phonographischen Wirtschaft (2001): Jahreswirtschaftsbericht 2001. http://www.ifpi.de /jb/2001/jb01b.html (Zugriff: 27.9.2001)

Dirscherl, Hans-Christian (2002): Napsters kostenpflichtige Erben. Ärger, nichts als Ärger. In: PC-Welt 23.01.2002. http://www.pcwelt.de/news/internet/ 2484/21484_index_pa.html (Zugriff: 25.01.2002)

Gebhardt, Gerd (2002): Jahrespressekonferenz 2002. http://www.ifpi.de/html/ jpk2002.shtml (Zugriff: 15.08.2002)

Gesellschaft für Konsumforschung (2001): Individual Panel. Fragen zum Thema digitale Aufnahmen. http://gkf.de (Zugriff: 10.03.2002)

Haug, Sonja/ Weber, Karsten (2002): Kaufen, Tauschen, Teilen. Musik im Internet. Frankfurt/ Main: Lang

Karius, Andreas (2002): Die Filesharing-Revolution, ZDNet Musik. http://www.zdnet.de/musik/artikel/mp3/200005/napster04 00-wc.html (Zugriff: 16.02.2002)

Kreutzer, Till (2000): Tauschbörsen wie Napster oder Gnutella verletzen nicht das Urheberrecht. In: Telepolis. 2000. www.heise./tp/deutsch/inhalt/te/ 4857/- 2.html (Zugriff: 31.05.2002)

Kuri, Jürgen (2001): Zahlen und kassieren. Einschneidende Veränderungen bei der Musiktauschbörse. In: c`t. 5: 64-65

Morgen, Stefanie (2002): Piraten, Bytes und Paragraphen. Eine Studie zum Tauschverhalten und Rechtsbewusstsein studentischer MP3-NuterInnen. Trier (Diplomarbeit)

Nolde, Dirk (1999): Die digitale Zukunft der Musik. MP3. In: Die Welt – online. http://www.welt.de/daten/1999/09/15/915wa12917.htx?search=nolde+199 9+mp3 (Zugriff: 15.09.1999)

Sanei, Ariane (2002): Einfluss ausgewählter neuer Medien auf den Musikmarkt – dargestellt am Beispiel von Online-Musiktauschbörsen. Trier (Diplomarbeit)

Smith, Adrian (2002): Napsters rechtschaffene Wiedergeburt. In: Chip Online. http://www.chip.de/druckansicht/druckansicht_8637886.html (Zugriff: 25. 01. 2002)

Short, Chris/ Zackheim, Michael (2002): Computer Technology, the law and society. http://www.chass.utoronto.ca/salaff/soc356/ComputerTechnology.pdf (Zugriff: 21.07.2002)

Spiesecke, Hans (2002): CD-Brennen bedroht die Musik. http://www.ifpi.de/news/news-129.htm (Zugriff: 10.03.2002)

Vahldiek, Axel (2000): Eigentor. Plattenlabels im Krieg gegen Musik-Tauschbörsen. In: c't: 17: 36-39

Die Mediatisierung der Lebensräume von Jugendlichen. Perspektiven für die Forschung

Friedrich Krotz

Wir leben in Zeiten eines eindrucksvollen ökonomischen, sozialen, kulturellen und medialen Wandels. Dieser Wandel betrifft Jugendliche in zweierlei Hinsicht. Zum einen, weil ihre Sozialisation im Vergleich zu früheren Generationen unter veränderten und unter sich immer schneller verändernden Bedingungen stattfindet. Es fällt heute schwer, überhaupt Orientierungen zu finden, die längerfristig als stabil vermutet werden können. Zum anderen, weil die Gesellschaft, in der sie in den nächsten Jahrzehnten leben, arbeiten, genießen, Kinder erziehen und politisch mitbestimmen sollen, sich wesentlich von der unterscheiden wird, die wir uns heute vorstellen können (und erst recht von der, in der wir heute leben). Unklar ist beunruhigender Weise insbesondere, ob die Sozialisation Jugendlicher heute überhaupt eine angemessene Vorbereitung auf diese zukünftige Welt ist –, dass dies die schulische wie auch die familiäre Erziehung nur sehr beschränkt garantieren, davon kann man wohl ausgehen.

Einzelne Dimensionen des heutigen Wandels werden mit ganz unterschiedlichen Begriffen beschrieben: Globalisierung, Individualisierung, Ökonomisierung. Eine weitere Dimension des sozialen und kulturellen Wandels lässt sich mit dem Begriff der Mediatisierung (Krotz 2001) bezeichnen. Um diesen Prozess und seinen Einfluss auf die Lebensräume Jugendlicher soll es hier gehen.

Wie gravierend die Änderungen, die durch die digitalen Medien möglich und realistisch werden, für die Lebensräume der heutigen Jugendlichen und den Sozialcharakter ist, ist natürlich nur schwer zu sagen. Aber ich gehe im folgenden Text davon aus, dass sie heute eher unter- als überschätzt werden. Damit will ich nicht den Radikalphilosophen wie Baudrillard oder Virilio das Wort reden, aber doch die meist beschränkte Optik von Sozialwissenschaftlern und Sozialwissenschaftlerinnen, die aufgrund ihrer konventionellen Methodengebundenheit mit Prognosen eher vorsichtig sind und, was sozialen Wandel angeht, eher zurückhaltend argumentieren, gleichwohl empiriegestützt ein wenig öffnen.

Dass es notwendig ist, sich mit den Konsequenzen der Medienentwicklung für Gesellschaft und Kultur, Alltag, Beziehungen und Identität der Menschen und insbesondere der Jugendlichen heute genauer, offener und in einem größeren Zusammenhang zu beschäftigen, liegt m.E. auf der Hand. Bereits in den letzten zwei Jahrzehnten haben sich die Lebensverhältnisse durch die digitalen Medien radikal geändert, ohne dass wir heute sagen können, wohin die Reise in den nächsten Jahrzehnten gehen wird. Die Luftblase der so genannten dot.com-Ökonomie hat gezeigt, dass Kultur und Gesellschaft durch die Medienentwicklung massiv beeinflusst und gefährdet werden können –, vor allem wenn sie bewusstlos oder von falschen Annahmen aus betrieben wird und die Gesellschaft sie nicht hinreichend steuert. Ein Blick in die Zeitungen macht deutlich, dass viel zu viele Entscheidungen über die generellen Entwicklungslinien der Gesellschaft heute auf der Basis ökonomischer Interessen getroffen und von der Politik lediglich abgesegnet werden. Die Zivilgesellschaft schweigt, und sie verfügt auch nur beschränkt über elaboriertes Wissen. *Sie* muss aber die relevanten Entscheidungen für die Zukunft treffen, nicht die Märkte.

Auch die Kommunikationswissenschaft muss heute neu erfunden werden. Sie ist mit den alten Medien entstanden und kann in ihrem Mainstream in einer kritischen Sichtweise als eine um reduzierte empirische Psychologie und um Marktforschung angereicherte Publizistikwissenschaft angesehen werden. Das reicht aber für die Zukunft nicht aus. Obendrein gilt, dass zwar viele ihrer Theorien und Ergebnisse immer noch gültig bleiben werden, aber welche dies unter welchen Bedingungen sind, wissen wir nicht.

Im Folgenden[1] wird versucht, die damit umrissenen Probleme zu diskutieren. Dazu werde ich zunächst auf einer eher grundsätzlichen Ebene ansetzen und daran erinnern, dass Kommunikation die Basisaktivität ist, mittels derer die Menschen ihre Welt und damit auch sich selbst als Gattung und als Individuen konstituieren. Medien, so zeige ich danach, verändern die vorherrschenden Kommunikationsweisen. Im Anschluss daran werde ich versuchen, die Entwicklung der digitalen Medien zu charakterisieren, und zwar dadurch, dass sie die traditionell gewachsenen Kommunikationsnetze nicht nur ergänzen und erweitern, sondern ein eigenes sekundäres Kommunikationsnetz generieren, das sich bildlich gesprochen darüber legt. Sodann werde ich zu einigen konkreten Thesen kommen, wie und wohin sich die Lebensräume Jugendlicher verändern.

---

1 Vgl. hierzu Krotz 2002.

1. Kommunikation und der Mensch als symbolisches Wesen

Ausgangspunkt hier sollen also einige Überlegungen zur Bedeutung von Kommunikation und Medien sein, um später die Entwicklungen von heute angemessen einschätzen zu können. Dazu knüpfe ich an viele Theorien an: an die von Norbert Elias entwickelte Symboltheorie (1989), an die philosophischen Entwürfe von Cassirer (1994) und Langer (1992), an den Symbolischen Interaktionismus (Mead 1969, 1973), die Cultural Studies (Real 1989), die Semiotik und eine Reihe anderer Theorien (vgl. genauer auch Krotz 2001).

Sie alle lassen sich zu der These verdichten, dass die Welt des Menschen symbolisch vermittelt, bzw. der Mensch Bewohner einer rein symbolischen Welt und damit ein symbolisches Wesen ist. Mehr noch: Der Mensch ist Mensch nur dadurch, dass er über Kommunikation, symbolisch vermittelte Interaktion und über Sprache verfügt. Durch die Möglichkeit und die Wirklichkeit des Hantierens mit Zeichen und Symbolen auf der Basis von aktiv konstituierten Bedeutungen und insbesondere durch die Sprache unterscheidet er sich als Gattung vom Tier. Im Gegensatz zum Pawlowschen Hund, dessen Speichelproduktion durch das Klingeln unmittelbar und automatisch angeregt wird, handeln Menschen im Normalfall weder automatisch noch primär reaktiv im Hinblick auf faktisch-unmittelbares Geschehen, auf Reize oder genormte Zeichen, sondern aufgrund der *Bedeutungen,* die ein Objekt, ein Geschehen, ein Reiz oder allgemein, ein Zeichen für sie hat. Ohne Kommunikationsfähigkeit wäre der Mensch in seiner Besonderheit deshalb nicht lebensfähig. Er ist auf Gemeinschaft und damit auf die ihr zugrunde liegende Kommunikation verwiesen. Mit seiner Geburt steht er vor der Notwendigkeit, Kommunikation zu lernen, und genau dafür ist er biologisch gerüstet.

Für Interaktion und Kommunikation heißt das zunächst vor allem, dass es dabei nicht so sehr auf Informationstransport ankommt, sondern auf das vom anderen Gemeinte und Bedeutete: Kommunikation mit einem anderen verlangt ein Einlassen auf diesen anderen, auf dessen Wirklichkeit und dessen Bedeutungskonstitution, auf die *Perspektive,* in der das Gegenüber handelt und interagiert, und auf seinen *Standpunkt,* von dem aus er das tut (vgl. auch Mead 1973; Krotz 2001). Deshalb schafft und vermittelt Kommunikation Bedeutung und dient als Grundlage der Interpretation der Welt.

Menschen zeichnen sich also durch die Fähigkeit zu symbolisch vermittelter Kommunikation aus. Sie leben in einer Welt aus gedeuteten Symbolen, die sie als Gesellschaftswesen in ihren Interaktionen konstruieren. Ihre Wirklichkeit ist deshalb immer symbolische, zeichenvermittelte, konstruierte Wirklichkeit. Weil soziales Geschehen und soziale Strukturen aus dem sozialen Handeln der Menschen

und damit aus ihren Interaktionen entstehen, wird damit deutlich, dass ‚Wirklichkeit', dass ‚das Soziale', ‚das Kulturelle', ‚das Psychische' und ‚das Individuelle'
kommunikativ erzeugte Phänomene sind.

2. Lebensräume als Kommunikationsnetze

Um diese Sichtweise des Menschen als kommunikatives Wesen noch etwas deutli-
cher zu machen, soll daran erinnert werden, dass jeder Mensch von Geburt an in
einem sich über die Zeit verändernden Netz kommunikativer Beziehungen unterschiedlicher Qualitäten lebt und dass dieses Netz kommunikativer Beziehungen
Basis für alles ist, was man als Lebensraum von Menschen betrachten kann.

Aus der Kommunikation in der Mutter-Kind-Dyade erwächst die Kommunikation in der Familie und darüber dann die in den Verwandtschafts-, Peergroup- und
in weiteren Netzen, und über diese ist jeder Mitglied abstrakterer und allgemeinerer
kommunikationsbasierter Zusammenhänge, die allerdings oft wie Staat oder Kultur
nicht mehr als Produkt eigenen Handelns erlebt werden können. In der modernen
Industriegesellschaft differenzieren sich diese Netze in abnehmender Verbindlich-
keit (und zugleich zunehmender Bedeutsamkeit) und in immer weniger überschau-
baren Zusammenhängen aus, aber sie bleiben - wie etwa „Zivilgesellschaft" – als
„Akteure" wie auch als Handlungs- und Sinnbezüge, als Alltagsressourcen wie auch
als Alltagszwänge bedeutsam (Berger/ Luckmann 1980).

Dieses Kommunikationsnetz basiert traditioneller Weise auf der Face-to-Face-
Kommunikation, stützt sich heute aber natürlich auch auf Briefe und Telefon,
Bücher und Fernsehen, ist also um medienvermittelte Beziehungen erweitert. Die
darin stattfindenden kommunikativen Akte reproduzieren die dieses Netz ausma-
chenden menschlichen Beziehungen; seien sie direkt zu persönlichen Bekannten
oder medienvermittelt (oder parasozial) wie zu Gott und Goethe, Picasso oder den
Rolling Stones, und durch die Kommunikation in diesen Netzen entstehen zugleich
kulturelle, also gattungsmäßige, wie auch individuelle Besonderheiten.

Um dieses Kommunikationsnetz herum konstituiert sich der Alltag der Menschen, wie sie ihn erleben. In diesem Kommunikationsnetz sind wir aufgewachsen,
denken und arbeiten wir, verlieben uns, verbringen unsere Freizeit und auch unser
Tod ist im Hinblick darauf definierbar. Und Netze verschiedener Personen, deren
Gestalt wir als Figurationen (Elias 1993) analysieren können, überlappen sich
natürlich. Unsere Kommunikationsnetze sind unsere Lebensräume.

3. Medien und Kommunikation

Dieses primäre Kommunikationsnetz wird also schon immer durch die Potenziale der Medien erweitert, insofern Kommunikation als Wirklichkeitskonstitution ja nicht nur durch Face-to-Face-Kommunikation stattfindet. Merkwürdigerweise verfügt die Kommunikationswissenschaft aber über keinen konsensuellen Medienbegriff, wie der Reader von Pias u.a. (1999) bzw. in die Kommunikationswissenschaft einführende Texte, wie etwa der von Bentele und Beck (1994) oder der von McQuail (1994) zeigen. Deshalb verwenden wir hier folgende, am Erkenntnisinteresse der Kommunikationswissenschaft ansetzende Definition: Die Kommunikationswissenschaft beschäftigt sich mit der differenzierten menschlichen Kommunikation und dem davon ableitbaren kommunikativen Handeln der Menschen. Ein Medium (als Gegenstand von Kommunikationswissenschaft) ist dann eine technisch umgesetzte, sozial institutionalisierte Transformation kommunikativen Handelns, insoweit dabei das komplexe Potenzial menschlichen Kommunizierens erhalten bleibt und insofern darüber weitere Kommunikation erzeugt wird.

Wir sprechen dementsprechend also dann von Medien, wenn es sich um menschlich hergestellte technische, zugleich aber auch sozial institutionalisierte Einrichtungen handelt, die die Komplexität menschlicher Kommunikation zum Ausdruck bringen können, die Kommunikate von Menschen und von Institutionen der Interpretation anderer Menschen zugänglich machen und die Teil des etablierten gesellschaftlichen Kommunikationssystems sind. Medien hängen dann von bestimmten, strukturierten, bedingten Kommunikationsweisen ab und lassen sich deshalb in einer Dimension auch als Dispositive (Hickethier 1993) für kommunikatives Handeln beschreiben.

Medien erweitern, verändern, gestalten, ermöglichen also Kommunikation – zum Beispiel tut dies das Telefon für Menschen an unterschiedlichen Orten, oder das Fernsehen macht es möglich, dass Millionen Haushalte gleichzeitig etwas Bestimmtes erfahren und dabei wissen, dass auch alle anderen das jetzt wissen (können). Sie schaffen erweiterte Kommunikationsgelegenheiten, weil sie neue ‚Gegenüber-Personen‘ individueller, aggregativer oder sonstiger Art in neuen Kommunikationszusammenhängen anbieten, allerdings in einer je medien- und gesellschaftsspezifischen Weise und insbesondere, indem sie Erleben ermöglichen, das die Menschen untereinander besprechen. Sie gestalten insbesondere folglich Kommunikation, indem Kommunikation in Bezug auf technische und organisatorische Gegebenheiten re-inszeniert wird, und sie verändern Kommunikation, indem sie sie beispielsweise nur gegen Bezahlung zugänglich, und zum Beispiel im Radio nur hör- und nicht sichtbar etc. machen oder auch mal Inhalte von den dahinter

stehenden Organisationen nicht zugelassen werden. Plakativ auf den Punkt gebracht: Medien sind einerseits Inszenierungsmaschinen, andererseits zugleich Erlebnisräume, und alle medienvermittelte Kommunikation bildet ein intertextuelles
Netz, zu dem auch (politische) Öffentlichkeit gehört.

Nun kann man systematisch mindestens drei Typen mediatisierter Kommunikation voneinander unterscheiden, die es ohne je spezifische Medien nicht gibt/ gab,
von denen jede eine Modifikation einer Face-to-Face-Kommunikation ist, aber mit
einer anderen Art des Gegenübers stattfindet:

* Die interpersonale *Kommunikation mittels Medien* (z.B. per Telefon), in denen
  eine, wenn auch zeitlich oder räumlich verschobene und auseinandergezogene,
  aber doch von den Beteiligten gemeinsam definierte Situation das Geschehen
  prägt,
* *Kommunikation mit Medien* wie beim Fernsehen oder Bücherlesen, die wir Rezeption nennen, und bei der wir standardisierte Produkte interpretieren, und
* *Mediatisierte interaktive Kommunikation*, die etwa mit „künstlichen Intelligenzen"
  oder Softwareprogrammen, z.B. in Computerspielen oder mit „Tamagotchis",
  stattfindet und die ähnlich wie Kommunikation zwischen Individuen als eine
  einmalige Folge von aufeinander folgenden kommunikativen Akten beschrieben werden kann – allerdings durch einen Rahmen begrenzt.

Nachdem wir damit den Bezug zwischen Medien und Kommunikation aufgehellt
haben, können wir uns um die Frage kümmern, welche Rolle Medien spielen und
warum es Sinn macht, den damit zusammenhängenden Prozess als einen Prozess
der Mediatisierung zu bezeichnen.

4. Der gesellschaftliche Prozess der Mediatisierung

Medien als technische Gegebenheiten und soziale Institutionen verändern also
Kommunikation und Erleben der Menschen, und deshalb haben sie für die Gesellschaft eine große Bedeutung. Um exakt zu sein: Nicht die Medien verändern
Kommunikation und Gesellschaft; sie bieten aber ein Potenzial, das die Menschen
für ihr Kommunizieren benutzen - und infolgedessen konstruieren sie ihre Welt
und damit sich selbst auf andere Weise. Für die damit aufgeworfenen Fragen bzw.
die Antworten darauf benutzt Meyrowitz (1990) den Begriff der Mediumstheorie.
Er versteht darunter: „die historische und interkulturelle Untersuchung der unterschiedlichen kulturellen Umwelten, wie sie verschiedene Kommunikationsmedien
schaffen" (1990: 46) und deren Konsequenzen; die Mediumstheorie versucht, „die

Aufmerksamkeit auf die potenziellen Auswirkungen von Medien zu lenken, unabhängig vom jeweiligen Medien-Inhalt." (1990: 47)

Gesellschaften und ebenso spezifische historische Phasen von Kulturen unterscheiden sich also durch die Art der Medien, die in ihnen benutzt oder die für sie wichtig sind. Medien als Gesamtheit ändern sich, insofern neue hinzukommen oder bereits vorhandene Medien weiter entwickelt werden und neue Funktionen übernehmen. Für diesen historischen Prozess soll hier nun wie im Fall von Individualisierung und Globalisierung, Modernisierung und Aufklärung ein Begriff verwendet werden, nämlich der der *Mediatisierung*. Mediatisierung meint, dass durch das Aufkommen und durch die Etablierung von neuen Medien für bestimmte Zwecke und die gleichzeitige Veränderung der Verwendungszwecke und Funktionen alter Medien sich die gesellschaftliche Kommunikation und deshalb auch die kommunikativ konstruierten Wirklichkeiten, also Kultur und Gesellschaft, Identität und Alltag der Menschen verändern.

Seit der Erfindung der Schrift lassen sich historisch immer wieder Mediatisierungsschübe nachweisen, die die soziale Bedeutung von Zeit und Raum veränderten. Die sozialen Beziehungen und Normen der Menschen, die Machtkonstellationen, Werte, Traditionen und soziale Regeln einerseits erodieren ließen, andererseits dafür entsprechende andere Bedingungen von Alltag und Leben anregten und ermöglichten. Das Buch im ausgehenden Mittelalter und die Tageszeitung am Beginn der modernen Demokratie, das Radio als Rundfunk an der Front, der Volksempfänger bei den Nazis oder die Fernbedienung in der Konsumgesellschaft, das Fernsehen als Emotionsmaschine, die digitale Vernetzung durch PC und Internet – sie alle haben mal mehr und mal weniger, mal schneller und mal langsamer Kommunikation und Gespräche der Menschen als Basis sozialer und kultureller Wirklichkeit verändert. (Für eine genauere Darstellung und für Belege vergleiche Krotz 2001.)

Der derzeitige Mediatisierungsschub hängt eng mit den digitalen Medien zusammen, um die es im Folgenden auch genauer gehen soll. Im Vorgriff darauf möchte ich an dieser Stelle daran erinnern, dass die digitalen Medien etwas Wesentliches mit den Printmedien gemein haben, was zugleich beide von anderen Medien unterscheidet: Sie werden in unserer Gesellschaft nicht, wie etwa das derzeitige „Leitmedium" Fernsehen, in der Freizeit genutzt, sondern sie spielen in allen Lebensbereichen, in Arbeit und Freizeit, in privaten und öffentlichen Beziehungen eine Rolle. Sie betreffen die interpersonale Kommunikation wie auch die Kommunikation mit Medien, und sie ermöglichen interaktive Kommunikation, deren Potenzial und Bedeutung wir noch nicht verstanden haben. Und all dies, ohne neue

Kulturtechniken wie Lesen oder Schreiben vorauszusetzen (wenn man den Umgang mit Windows nicht als Kulturtechnik begreifen will).

Die Frage ist nun, wie und worauf sich die heutige Form des Mediatisierungsprozesses auswirkt, was für Wechselwirkungen zwischen Digitalisierung und dem sozialen, politischen, ökonomischen und kulturellen Wandel bestehen, wie sich also Alltag und Identität, Kultur und Gesellschaft in Abhängigkeit von Mediatisierung weiter entwickeln.

5. Die digitalen Medien als Träger eines sekundären Kommunikationsnetzes

Die zentrale These ist hier, dass der Prozess der Mediatisierung heute nicht nur einzelne neue Medien für unseren Alltag und zur Erweiterung des oben so genannten primären Kommunikationsnetzes bereitstellt, sondern ein *völlig neues Kommunikationsnetz* produziert, das das alte (nicht ersetzt, sondern) überlagert.

Früher telefonierte man in der Wohnung meist in einem spezifischen Raum (etwa im Flur oder in den USA in der Küche), hatte woanders das Radio stehen und saß im Wohnzimmer im Sessel und sah fern. Die Zeitung las man morgens, abends entspannte man sich auf der Coach vor der Glotze usw.: Jedes Medium konstituierte bisher einen eigenen, besonderen Erlebnisraum, eröffnete eine einzelne Sinnprovinz kommunikativen Handelns, und jedes Medium hatte so seine Zeit und seinen Platz im Alltag der Menschen. Heute dagegen beobachten wir auf der Basis der Digitalisierung einen Prozess des Zusammenwachsens aller Medien zu einem universellen Netz, an dem unterschiedliche Endgeräte hängen, über die der Mensch zu spezifischen Inhalten in spezifischen Formen Zugang hat. Durch dieses Zusammenwachsen entsteht neben den alltäglichen interpersonalen Beziehungen, die wir sonst haben und die das oben genannte, vor allem räumlich strukturierte face-to-face-basierte primäre Beziehungsnetz ausmachen, ein zweites kommunikatives Netz, in dem ebenfalls alle Formen mediatisierter Kommunikation stattfinden. Wir müssen Mediatisierung deswegen als Prozess einer zunehmenden Entgrenzung und Vermischung der vorher vorhandenen Einzelmedien begreifen, die von begrenzten und relativ erwartungsstabilen sozialen Zwecken und Nutzungsweisen entkoppelt werden. Ein schönes Beispiel dafür ist der unerwartete SMS-Boom: Weil man meinte, dass ein Telefon primär zum (mündlichen) Telefonieren da sei, hat niemand den gewaltigen Erfolg dieser verschriftlichten Verwendungsweise von Mobiltelefonen erwartet.

Bisher, so können wir daraus folgen, standen in jeder historischen Phase eines kulturellen Zusammenhangs einzelne Medien, die zu den Leitmedien wurden, im Vordergrund. Jetzt entsteht aber ein digitales Datennetz, in dem Daten unabhängig von Endgeräten kursieren, und das für den Nutzer und die Nutzerin in komplexen Medienumgebungen auf unterschiedliche Weise erlebbar wird. Das ist das Zentrale, was uns die neuen Medien im Hinblick auf die alten Medien und im Hinblick auf die Nutzungsweisen bringen; wobei dazu gehört, dass dieses Netz von überall her und zu jeder Zeit erreichbar ist, alle „alten" Medien integriert und – ohne dies hier weiter zu vertiefen - in neuer Weise reflexiv ist. Dahinter steht die durch Digitalisierung erreichte einheitliche oder besser, medienübergreifende Form von Daten.

Diese Vernetzung hat mit Sicherheit Konsequenzen für das Zusammenleben der Menschen. Langfristig entstehen dadurch neue Kommunikationspotenziale, neue Wirklichkeitsvorstellungen, neue Alltagsbedingungen, neue Erlebnisbereiche. Zurzeit finden wir als *Kern dieser Entwicklung zunächst drei medial definierte neue Erlebnisräume der Menschen* (soweit sie Zugang zu all diesen Kommunikationsmodi haben, was bekanntlich im Weltmaßstab gesehen nur für wenige gilt), deren Potenziale dieses sekundäre menschliche Kommunikationsnetz erst möglich machen:

Zunächst Erlebnisräume, die als *interaktive Kommunikation* definiert sind, also Medienangebote, bezüglich derer die Nutzerinnen und Nutzer inhaltliche Unikate herstellen können. Sie offerieren etwas, das gewissermaßen ‚zwischen‘ interpersonaler mediatisierter Kommunikation (wie per Telefon) und Rezeption (wie beim Fernsehen) liegt. Computerspiele, ‚Gespräche‘ mit Avataren und Softwarerobotern im Netz, das lang erwartete interaktive Fernsehen sind Beispiele dafür. Der Bau von Hardware-Robotern, die an die „Tamagotchies" anknüpfen und kaum etwas tun, aber kommunikativ sind, macht Fortschritte.

Die zweite wesentliche Dimension ist die *globale kommunikative Vernetzung*, die heute als Internet bezeichnet wird und deren Endgeräte etwa die PCs sind, die als Universal- oder Hybridmedium dienen, insofern sie alle Arten von Kommunikation ermöglichen. Dieses Netz hat unterschiedliche Schnittstellen für die Menschen – manche seiner Inhalte werden auf Papier gedruckt und dann distribuiert, andere werden elektronisch analogisiert und auf Fernsehbildschirme gebracht usw. Zugleich hat jeder Mensch nur zu vergleichsweise kleinen Inhaltsmengen Zugang. Es ist zu erwarten, dass über diese Netze zunehmend Informationen verteilt werden, die nicht mehr an Menschen gerichtet sind, sondern der Steuerung und dem ‚Informationsaustausch‘ von Maschinen dienen.

Die dritte, heute zu beobachtende neue mediale Kommunikation ist die *mobile Vernetzung* (noch auf der Basis anderer Protokolle als das Internet), also eine Vernetzung nicht von Orten, sondern von Menschen und Objekten. Hier steht nicht der Computer als Maschine im Vordergrund, sondern eine darüber mögliche Form (interpersonaler) Kommunikation, weshalb die Endgeräte ganz traditionell als Telefone vermarktet werden. Jedoch ist im Grunde genommen jedes Handy ein Computer, der vor allem einen mobilen Zugang zu den an Menschen gerichteten Inhalten der globalen kommunikativen Vernetzung eröffnet. Für Kinder und Jugendliche in den Industrienationen ist dieses Gerät ein modisches Kommunikationsmittel und zugleich ein Attribut geworden mit allen damit verbundenen statusgenerierenden Elementen und der damit stattfindenden Distinktion von anderen, und sie verwenden es nicht nur, häufig nicht einmal vorrangig, zum Telefonieren, sondern für alles mögliche andere. Derzeit kommt dieser mobile Kommunikations-Computer bei den Erwachsenen an.

Diese drei Netze bzw. Potenziale sind in unserer Wahrnehmung und zum Teil durch technische Bedingungen noch voneinander getrennt, aber sie konstituieren gemeinsam den neuen Kern des zweiten, digital vermittelten, kommunikativen Netzes, in dem wir uns bewegen und in dem sich unterschiedliche Funktionen ausdifferenzieren. Es verschränkt sich immer mehr und auf unentwirrbare Weise mit dem Raum alltäglicher, nichtmedialer Kommunikation. Es entstehen so neue Typen von Beziehungen, neue alltagspraktische Umgangsweisen mit Raum und Zeit, und darüber verändern sich beispielsweise soziale Situationsdefinitionen, elementare Handlungsweisen (etwa beim Grüßen, beim Chatten im Internet), Weltwissen, Denkweisen und Erwartungen, in denen und in Bezug auf die wir handeln und kommunizieren.

Gleichzeitig wirft dieses zweite Kommunikationsnetz natürlich Probleme auf: Es verbraucht Energie, es kostet Geld, es ist kommerziell organisiert und voll von Werbung. Auch ist es im Hinblick auf individuelles kommunikatives Handeln kontrollierbar, vielleicht ohne dass der Datenschutz auf Dauer eine Chance hat. Trotzdem wird dieses mediatisierte Kommunikationsnetz von immer mehr Menschen für immer mehr Zwecke verwendet, und es bekommt immer mehr „Schnittstellen" zum Netz der alltäglichen Kommunikation außerhalb der Medien. Es besetzt immer mehr soziale Räume, wie zum Beispiel die Existenz von Fernsehen und Internetanschlüssen in Kneipen und U-Bahnen, am Bahnhof und in Schaufenstern, aber auch Business TV und School TV, und, vor allem, wie die Allgegenwart von Handys mit all ihren kommunikativen und anderen Möglichkeiten zeigen.

Vermutlich wird diese Entwicklung weitergehen, auch aufgrund der immer kleiner werdenden Chips und Teile, die zugleich immer billiger werden, immer weniger Energie verbrauchen und von denen es immer mehr gibt. Wir werden in absehbarer Zeit von Gegenständen umgeben sein, die fast alle ein Abbild im Internet haben, und die ohne Internet nicht funktionieren, mit welchen Problemen dies immer auch verbunden sein wird. Das Internet in Verschmelzung zum Netz der Mobilkommunikation wird so zum Netz, über das und in welchem vor allem Maschinen miteinander kommunizieren und sich gegenseitig koordinieren. Aber das sind zum derzeitigen Zeitpunkt noch Spekulationen. Wir fragen statt dessen im Folgenden lieber nach empirisch beobachtbaren, plausiblen Thesen, um Konsequenzen dieses Prozesses als einer weiteren Stufe des Mediatisierungsprozesses wenigstens in Ansätzen beschreiben zu können.

6. Thesen zur Veränderung und Ansätze für die Forschung

Die im Folgenden kurz skizzierten Veränderungen verstehen sich als unvollständige Reihe empirisch plausibler Thesen über die Veränderung des Zusammenlebens der Menschen, die aus den bisher dargestellten Überlegungen über die veränderte Rolle der Medien abgeleitet werden können. Sie sollen vor allem Tendenzen beschreiben, und damit dies anregend geschieht, sind sie zum Teil pointiert visualisiert.

Wir beginnen mit der folgenden These: *Mediennutzung nimmt immer mehr Zeit und immer mehr Bedeutung für Jugendliche in Anspruch.* Der zeitliche Mehraufwand ergibt sich aus langfristigen Untersuchungen (z.B. Krotz 1998), die Bedeutungszunahme ist Ergebnis einer international vergleichenden Studie (Livingstone/ Bovill 2001), auf deren Ergebnisse ich hier nicht weiter eingehen will. Die neuen Medienumgebungen, die sich im Musikkonsum, in Computergames, in Handys und Gameboys ausdrücken, sind für Kinder und Jugendliche von zunehmender Bedeutung. Bei Livingstone/ Bovill (2001: 179 ff.) ist deshalb von einer neuen medienbezogenen „Bedroom Culture" die Rede.

Eine weitere These behauptet, dass es eine *veränderte Grundwahrnehmung der Realität* durch die heutigen Kinder und Jugendlichen gibt. Wer im Verlaufe seiner Sozialisation vor allem mit materiegebundenen Spielzeugen von der Puppe bis zu Metallbaukästen und Legobausteinen spielt, erlebt die Welt und ihre Gestaltbarkeit anders, als wenn sie oder er vorrangig mit Medien, mit Gameboy, Pokémon und Bildschirmen beschäftigt ist, die letztlich immer mit einer Resettaste in ihren Ausgangszustand zurückgebracht werden können. Leben findet dabei auch als Simulation auf dem Bildschirm statt, man selbst hat seine Stellvertreter auf diesen Bildschirmen: Deshalb hat Sherry Turkle die computergestützte Simulation zum relevanten Sozialisationsmerkmal erklärt (1998). Und es scheint tatsächlich so zu sein, dass Kinder an der Schwelle zum Jugendlichen immer früher ihre materialen

Spielsachen beiseite legen und sich in die digitalen Welten begeben (vgl. Livingstone/ Bovill 2001).

Empirisch gestützt lassen sich eine Reihe weiterer Thesen zur Veränderung von Lebensräumen Jugendlicher behaupten und visualisieren:

* *Veränderungen des Alltags der Menschen und seiner Struktur:* Alltage sind heute und in Zukunft weniger klar strukturiert als es in der Industriegesellschaft etwa der fünfziger Jahre der Fall war. Immer mehr Jugendliche wachsen in einem individualisierten, gebrochenen und mediendurchsetzten Alltag auf – verbunden mit anderen Berufs-, aber auch mit anderen Erfahrungsformen. (Dafür sind neben der Entwicklung der Medien natürlich auch Prozesse wie Individualisierung und Globalisierung wichtig.)

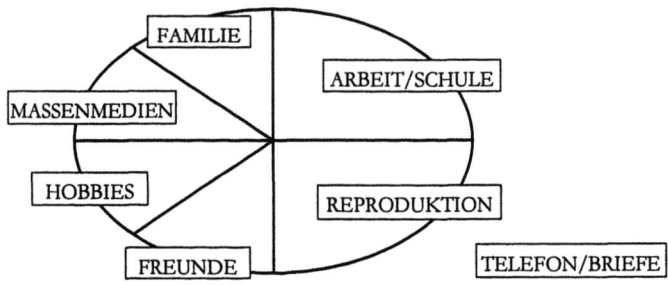

Abb. 1: Alltag in der Industriegesellschaft

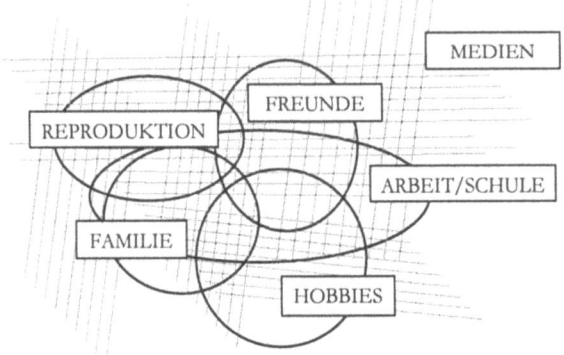

Abb. 2: Alltag in der Mediengesellschaft

* *Veränderungen der Art der Beziehungen*: Das primäre Beziehungsnetz, in dem Jugendliche aufwachsen und leben, besteht aus räumlich organisierten Face-to-Face-Beziehungen zu Familie, Nachbarn, Freunden, Kollegen, Mitschülern. Die Welt in der Perspektive dieses Kommunikationsnetzes lässt sich folglich als ein Fußball visualisieren, der aus lauter Lederflecken zusammen genäht ist. Dieses primäre Kommunikationsnetz verliert in der Zukunft seine Bedeutung im Allgemeinen nicht, aber es wird zunehmend überlagert und ergänzt von dem mediatisierten zweiten Beziehungsnetz, dem Ergebnis der digitalisierten Kommunikationsvernetzung. Es ist vergleichsweise raumunabhängiger und deshalb stärker nach Interessen organisiert. Als Veranschaulichung kann man sich dafür ein Wollknäuel vorstellen, auf dem sich Nähe durch Verbindung mittels des Fadens ausdrückt: Die Welt besteht dann aus vielen sich überlagernden Wollknäueln längs der verschiedenen Interessen, die einzelne Menschen verfolgen.

Abb. 3: Nähe ist nicht durch räumliche Nähe, sondern via Interessen definiert.

* *Veränderung von Wissensbeständen*: Fast alles, was wir wissen, wissen wir aus den Medien. Jetzt verändern sich nicht mehr nur unsere Wissensbestände, sondern auch deren Strukturen. Sie entkoppeln sich tendenziell vom Alter und anderen soziodemographischen Variablen. In welchem Teil der Welt oder in welchem Feld des Wissens sich jemand auskennen mag, ist immer weniger prognostizierbar, weil die Medien Zugang zu fast allen Wissensbeständen ermöglichen. Die Bereiche unseres Wissens, und vor allem die der Jugendlichen heute, bauen also nicht mehr aufeinander auf, sondern werden unzusammenhängender.

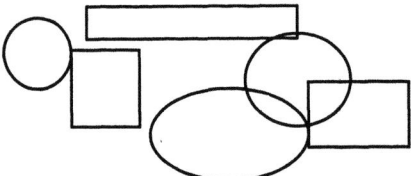

Abb. 4: In Zukunft: Heterogenisierung von Erfahrungen und Wissen, Entkoppelung vom Alter,
   unzusammenhängend

*   *Veränderungen von Sozialisationsbedingungen:* Diese Entwicklungen lassen sich auf
    Veränderungen in der Sozialisation verallgemeinern: Es sind dementsprechend
    Änderungen im Verhältnis zwischen Kindern und Erwachsenen zu prognosti-
    zieren. Sozialisation funktionierte in der Lesegesellschaft in Stufen, aber Alltag,
    Beziehungen und Wissensbestände entwickeln sich von kohärenten Mustern
    weg. Damit wird das Stufenmodell der Sozialisation unter Kontrolle der
    Erwachsenen, das auch über die Schule und die Ausgrenzung von Kindern aus
    dem Alltag der (männlichen) Erwachsenen garantiert wird, obsolet. Zugleich
    gerät auch die Berechtigung der Erwachsenen, Formen und Ziele des Auf-
    wachsens zu definieren, unter Druck. Denn das damit verbundene Konzept
    vom Erwachsen-Sein, das eine festgefügte Identität beinhaltet und die
    Fähigkeit impliziert, Verantwortung für die persönliche Zukunft zu überneh-
    men, ist heute für die meisten Menschen eine bloße Fiktion.

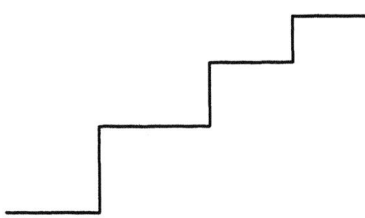

Abb. 5: Bisher: Sozialisation in Stufen: Wissen hängt vom Alter ab und baut auf Vorwissen auf.

*   *Veränderungen von Identität:* Damit lässt sich sagen, dass sich die Identitäten der
    Menschen von Inhalt, Struktur und Art her verändern. Vor allem Sherry
    Turkle (1998) hat gezeigt, wie dies etwa bei relevant im Internet verankerten
    Menschen über die dort möglichen Erfahrungen geschieht. In eine ähnliche

Richtung weisen Einflüsse, die in der Individualisierungstheorie (Beck 1986) deutlich werden oder die Folgen des „flexiblen Menschen" sind, den Sennett (2000) als Konsequenz von Markterfordernissen beschrieben hat. Persönliche Stabilität und feste Face-to-Face-Bindungen sind für derartige Lebensverhältnisse eher hinderlich und nur mühsam zu erhalten. Flexibilität ist unabdingbar und wird gegebenenfalls durch ökonomischen Druck erzwungen.

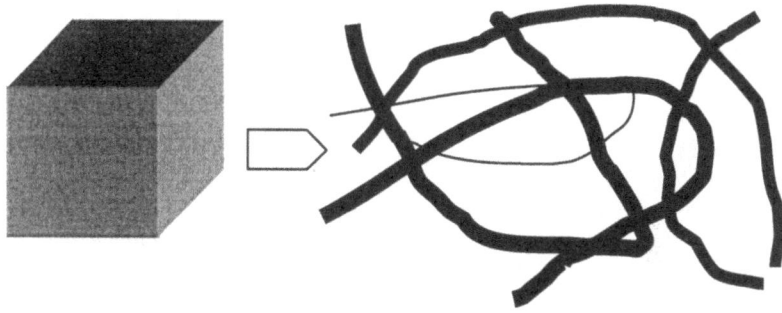

Abb. 6: Das Ich als stabiler Block oder als Schnittpunkt von Diskursen?

Der Prozess der Mediatisierung beinhaltet dementsprechend in seiner heutigen Form eine grundlegende und weitreichende Umwandlung der Gesellschaft, weil sich die Folgen der computervermittelten Kommunikation ebenso wie die Folgen der Erfindung der Druckmaschine nicht auf den Freizeitbereich beschränken, sondern alle Bereiche des Lebens betreffen. Zugleich werden sich aber auch die Menschen in ihren Eigenarten, in der Art, wie sie leben und kommunizieren, wie sie sich selbst und die anderen sehen, wie sie denken und fühlen, verändern. Die vorherrschenden Kommunikationsformen einer Gesellschaft, die an ein vorherrschendes Medium gebunden sind, wie im 19. Jahrhundert an die Zeitung und heute an das Fernsehen, tragen zur Strukturierung der Menschen und darüber natürlich auch zur Gestaltung makrosozialer und kultureller Einheiten wie auch der Gesellschaft oder Politik bei.

Schließlich muss als Charakteristikum der heutigen Entwicklung auf die Dynamisierung dieser Veränderungen hingewiesen werden. Im Gegensatz zur Einführung der Printmedien, denen eine langsam voranschreitende Entwicklung folgte, folgen heute Weiterentwicklungen immer schneller statt. Vor allem Kinder und Jugendliche zeigen sich in der Lage, mit diesen rasanten Entwicklungen nicht nur Schritt zu halten, sondern diese zum Teil kreativ mitzugestalten. Erwachsene, die gestern noch den Umgang mit E-Mails erlernten, können heute vielleicht nicht mehr mit

SMS oder mit Instant Message Systemen umgehen. Die Entwicklungen folgen in dynamischen Schritten aufeinander, und heute sind oft schon Dreißigjährige mit ihrem Wissen und ihrer Lernfähigkeit am Ende – vielleicht, ohne es zu merken. Die digitale Spaltung findet nicht auf der Ebene des Zugangs und erst recht nicht auf der Ebene des Gerätebesitzes statt, wie das Wort von den „haves" und „havenots" suggeriert, sondern auf der Ebene des Gebrauchs unter dem Einfluss stetiger Aktualisierung und der ständigen Akzeptanz des Neuen: Die Computerisierung und die damit verbundene Mediatisierung von Alltagsbereichen stehen erst am Anfang.

Literatur

Beck, Ulrich (1986): Risikogesellschaft. Frankfurt am Main: Suhrkamp

Bentele, Günter/ Beck, Klaus (1994): Information – Kommunikation – Massenkommunikation. Einführung in die Grundbegriffe der Publizistik- und Kommunikationswissenschaft. In: Jarren, Otfried (Hrsg.): Medien und Journalismus 1. Eine Einführung. Opladen: Westdeutscher Verlag: 16-50

Berger, Peter L./ Luckmann, Thomas (1980, zuerst 1969): Die gesellschaftliche Konstruktion der Wirklichkeit. Frankfurt am Main: Fischer

Cassirer, Ernst (1994): Wesen und Wirkung des Symbolbegriffs. Darmstadt: Wissenschaftliche Buchgesellschaft

Elias, Norbert (1989): The Symbol Theory: An Introduction. Part One. In: Theory, Culture & Society 6 (1989): 169-217. Part Two. In: Theory, Culture & Society 6 (1989): S. 339-383. Part Three. In: Theory, Culture & Society 6 (1989): 499-537

Elias, Norbert (1993): Was ist Soziologie? Weinheim/ München: Juventus

Habermas, Jürgen (1987): Theorie kommunikativen Handelns. Frankfurt am Main: Suhrkamp

Hickethier, Knut (1993): Film- und Fernsehanalyse. Stuttgart: Metzler

Krotz, Friedrich (2002): And the Winner is. BMW. James Bond, die Medien und die Märkte. In: Medien Praktisch Sonderheft 5 (Juni 2002): 26-35

Krotz, Friedrich (2001): Die Mediatisierung kommunikativen Handelns. Der Wandel von Alltag und sozialen Beziehungen, Kultur und Gesellschaft durch die Medien. Opladen: Westdeutscher Verlag

Krotz, Friedrich (2001a): Die Übernahme öffentlicher und individueller Kommunikation durch die Privatwirtschaft. Über den Zusammenhang zwischen Mediatisierung und Ökonomisierung. In: Karmasin, Matthias/ Knoche, Manfred/

Winter, Carsten (Hrsg.): Medienwirtschaft und Gesellschaft 1. Münster: LIT: 197-217

Krotz, Friedrich (1998): Media, Individualization, and the Social Construction of Reality. In: Giessen, Hans W. (Hrsg.): Long Term Consequences On Social Structures Through Mass Media Impact. Saarbrücken: Vistas: 67-82

Langer, Susanne (1992): Philosophie auf neuem Wege. Das Symbol im Denken, im Ritus und in der Kunst. Frankfurt am Main: Fischer

Livingstone, Sonia/ Bovill, Moira (Hrsg.) (2001): Children and Their Changing Media Environments. A European Comparative Study. Mahawah, New Jersey/ London: Lawrence Erlbaum Associates

McQuail, Denis (1994): Mass Communication Theory, Third edition. London u. a.: Sage

Mead, George Herbert (1969): Philosophie der Sozialität. Frankfurt am Main: Suhrkamp

Mead, George Herbert (1973): Geist, Identität und Gesellschaft. Frankfurt am Main: Suhrkamp

Meyrowitz, Joshua (1990): Die Fernsehgesellschaft. 2 Bd. Weinheim/ Basel: Beltz

Pias, Claus/ Vogl, Joseph/ Engell, Lorenz u.a. (Hrsg.): Kursbuch Medienkultur. Die maßgeblichen Theorien von Brecht bis Baudrillard. Stuttgart: DVA

Real, Michael (1989): Super Media. A Cultural Studies Approach. Newbury Park: Sage

Schiller, Herbert I. (1989): Culture, Inc. The coporate takeover of public expression. New York: Oxford University Press

Sennett, Richard (2000): Der flexible Mensch. Berlin: Siedler

Turkle, Sherry (1998): Leben im Netz. Identität in Zeiten des Internet. Reinbek: Rowohlt

Angaben zu den Autorinnen und Autoren

Bug, Judith hat an der Freien Universität Berlin Publizistik und Theaterwissenschaft sowie an der Universität Leipzig Kommunikations- und Medienwissenschaft und Theaterwissenschaft studiert, arbeitete dann als wissenschaftliche Mitarbeiterin am Institut für Medien- und Kommunikationswissenschaft der TU Ilmenau. Seit Oktober 2000 ist sie als wissenschaftliche Projektmitarbeiterin im Forschungsprojekt „Telekom Trends der dritten Generation" an der Universität Klagenfurt beschäftigt. Forschungsschwerpunkte: Medienaneignung von Kindern und Jugendlichen, Jugend- und Medienkultur, Konvergenz und neue Medien sowie qualitative Forschungsmethoden.

Dreier, Hardy studierte Publizistik, Politik- und Bibliothekswissenschaft an der Freien Universität Berlin. Von 1994 bis 1999 war er wissenschaftlicher Mitarbeiter im Arbeitsbereich Ökonomie und Massenkommunikation am Institut für Publizistik und Kommunikationsforschung der Freien Universität Berlin. Seit November 1999 arbeitet er als wissenschaftlicher Referent am Hans-Bredow-Institut. Forschungsschwerpunkte: Auswirkungen der Multimediaentwicklung auf die Strukturen des Mediensystems.

Eisenbürger, Iris, Magister Artium in Soziologie, Spanisch und Psychologie. Sie ist wissenschaftliche Mitarbeiterin im Fach Soziologie an der Universität Trier und Mitglied der interdisziplinären Arbeitsgruppe Jugend- und Medienkultur. Forschungsschwerpunkte: Konsum und Kultur Jugendlicher im Internet, Jugendsoziologie.

Gebhardt, Julian studierte Soziologie, Kommunikationswissenschaft und Psychologie an der Universität Augsburg. Von 2000 bis 2002 war er Projektmitarbeiter an der Universität Erfurt. Seit 2002 ist er wissenschaftlicher Mitarbeiter an der Professur für Kommunikationswissenschaft mit dem Schwerpunkt Medienintegration an der Universität Erfurt. Forschungsschwerpunkte: Interpersonale Kommunikation, computervermittelte Kommunikation, qualitative Methoden der empirischen Sozialforschung.

Dr. Hasebrink, Uwe wurde 2001 gemeinsam von der Universität Hamburg und vom Hans-Bredow-Institut auf eine Professur für „Empirische Kommunikationswissenschaft" an der Universität Hamburg berufen. Zuvor war er als wissenschaftlicher Referent am Hans-Bredow-Institut tätig, seit 1988 in der Funktion des geschäftsführenden Referenten. 1998 wurde er in das Direktorium des Instituts gewählt. Er ist Sprecher der Fachgruppe Rezeptionsforschung in der Deutschen Gesellschaft für Publizistik- und Kommunikationswissenschaft (DGPuK). Forschungsschwerpunkte: individuelle Nutzungsmuster von Fernsehzuschauern und Radiohörern, Veränderungen von Rezeptionsstilen durch neue Medienangebote sowie länder- und sprachraumübergreifende Kommunikation und europäische Öffentlichkeiten.

Dr. Höflich, Joachim R. ist seit 2002 Professor für Kommunikationswissenschaft mit Schwerpunkt Medienintegration an der Universität Erfurt. Forschungsschwerpunkte: Interpersonale Kommunikation, Mediennutzung und Medienwirkungen, „Neue" Informations- und Kommunikationstechnologien und Vermittlungskulturen, Theorie (technisch) vermittelter Kommunikation.

Dr. Dr. Karmasin, Matthias ist Ordinarius für Kommunikationswissenschaft und Institutsvorstand am Institut für Medien- und Kommunikationswissenschaft der Universität Klagenfurt. Von 1993-1997 war er Member des International Business Institute der UVM (USA). Seit 1996 Faculty Member IMBA WU-Wien/ USC (University of South Carolina); seit 1999 Faculty Member EMBA WU-Wien/ Carlson School. Lehrtätigkeiten an den Universitäten Wien, Graz, Ilmenau, Karlsruhe und University of Vermont. Forschungsschwerpunkte: Kommunikationstheorie, Medienökonomie, Kulturtheorie, Wirtschaftsethik, interkulturelle Kommunikation sowie Medien- und Konvergenzmanagment.

Dr. Krotz, Friedrich ist Professor am Institut für Kommunikationswissenschaft der Westfälischen-Wilhelms-Universität Münster. Er ist Vorsitzender des wissenschaftlichen Beirats zur Begleitung und Evaluation des Modellstudiengangs „Europäische Medienwissenschaft BA/MA" an der Universität Potsdam, CoSprecher der Sektion „Psychology and Public Opinion" der International Association of Media and Communication Research (IAMCR) und Mitglied des Redaktionsbeirats der Zeitschrift „Communication and Conflict Online", (http://www.cco.regeneronline.de). Er lehrte und forschte an verschiedenen Hochschulen im In- und Ausland. Forschungsschwerpunkte: Kommunikationssoziologie und -psychologie, insbesondere im Hinblick auf neue Medien, Kulturwissenschaft und interkulturelle

Kommunikationsforschung, zudem qualitative Methoden und Methodenintegration.

Kubisch, Susanne studierte Publizistik und Germanistik an der Freien Universität Berlin. Von 1998 bis 2000 war sie am Hans-Bredow-Institut als wissenschaftliche Mitarbeiterin im DFG-Forschungsprojekt „Medienforschung und Medienberichterstattung: Infrastrukturen, Inhalte und Prozesse ihrer Kopplung" tätig. Von 2000 bis 2001 hat sie als wissenschaftliche Mitarbeiterin am Lehrstuhl für Kommunikationswissenschaft der Universität Erfurt eine Assistentenstelle vertreten. Seit Oktober 2001 ist sie als wissenschaftliche Mitarbeiterin am Lehrstuhl für Empirische Kommunikationswissenschaft an der Universität Hamburg tätig. Forschungsschwerpunkte: Rezeptions- und Wirkungsforschung der audiovisuellen und neuen Medien insbesondere bei Kindern und Jugendlichen sowie Methoden der empirischen Medien- und Kommunikationsforschung.

Orthmann, Claudia hat an der Freien Universität Berlin Psychologie studiert, war dann von 1998-2000 wissenschaftliche Mitarbeiterin am Center for Media Research (Institut für Pädagogische Psychologie und Medienpsychologie) an der Freien Universität Berlin; von 1999-2001 führte sie am CMR das Forschungsprojekt „Prozessanalyse der Kommunikation von Kindern und Jugendlichen im Internet" durch. Forschungsschwerpunkte: Computer- und Internetnutzung von Kindern und Jugendlichen, computervermittelte Kommunikation und Interaktion sowie der Einsatz von neuen Medien in Lehr- und Lernprozessen.

Dr. Paus-Hasebrink, Ingrid ist Universitätsprofessorin am Institut für Kommunikationswissenschaft der Universität Salzburg und leitet dort den Schwerpunkt audiovisuelle und digital-elektronische Kommunikation. Seit Oktober 2002 leitet sie auch die Abteilung für multimediale Gestaltung und neue Kommunikationstechnologien. Sie ist Sprecherin der Fachgruppe Medienpädagogik der Deutsche Gesellschaft für Publizistik- und Kommunikationswissenschaft (DGPuK) sowie Vorsitzende des ZFL-Beirates der Universität Salzburg. Sie ist Mitglied in der Gesellschaft für Erziehungswissenschaft (DGfE) und der Gesellschaft für Medienpädagogik und Kommunikationskultur (GMK). Beispiele abgeschlossener bzw. aktueller Forschungsprojekte: „Analyse der multimedialen Verwertung von Markenzeichen am Beispiel von Kindersendungen und Entwicklung medienpädagogischer Materialien", „Erstellung eines netztauglichen Lehr-/ Lernmoduls zum Thema ‚Talkshows im Unterricht'", „Taxi Orange in der

Identitätsgenese von Jugendlichen", „Kinder- und Jugendmedien in Österreich", „Daily Soaps und Daily Talks im Alltag von Jugendlichen".

Dr. Vogelgesang, Waldemar ist wissenschaftlicher Angestellter im Fach Soziologie an der Universität Trier sowie Mitbegründer der interdisziplinären Arbeitsgruppe Jugend- und Medienkultur. Forschungsschwerpunkte: Medien und Globalisierung, Medien und Kultur, Jugendsoziologie, Medien und Gewalt.

Winter, Carsten ist Universitäts-Assistent am Institut für Medien- und Kommunikationswissenschaft der Universität Klagenfurt. Er hat an der Universität Lüneburg Angewandte Kulturwissenschaften (Medien- und Kommunikationswissenschaft und Betriebswirtschaftslehre) studiert, war von 1995 bis 1997 wissenschaftlicher Mitarbeiter für angewandte Medienforschung an der Universität Lüneburg; danach als wissenschaftlicher Mitarbeiter am Institut für Medien- und Kommunikationswissenschaft der TU Ilmenau tätig. Er ist Sprecher der Fachgruppe „Soziologie der Medienkommunikation" in der Deutschen Gesellschaft für Publizistik- und Kommunikationswissenschaft (DGPuK). Forschungsschwerpunkte: Mediensoziologie, Kommunikations- und Kulturtheorie, Cultural Studies, Globalisierung, Medienkulturgeschichte sowie Medien- und Konvergenzmanagment.